国家重点研发计划项目"城市与区域能流-物流-信息流传输过程与耦合机制"课题（2017YFC0505703）资助

城市能量过程及其结构解析

张力小 著

科学出版社
北 京

内容简介

本书基于能量的视角，系统解析城市的结构-过程-功能特征与规律，以城市生态学、产业生态学、系统动力学及系统生态学等学科理论为指导，基于静态核算与结构解析方法，分析了我国城市能源消费的空间差异，能源转型特征、驱动因素及部门重构规律等；基于动态过程模拟，对北京市未来城市发展的能源需求与碳排放进行分析与预测，提出了峰值拐点与路径实现，并综合考虑公平、效率和能力等因素对区域节能减排指标进行分解；基于生态能量视角，系统核算了北京市物质能量流动与资源代谢效率。相关研究结论可为科学建设低碳城市、优化城市能源结构、促进城市节能减排、提高城市生态竞争力等方面提供理论支持和实践指导。

本书可供城市生态学、产业生态学等领域的研究人员及政府有关部门的决策人员阅读和参考。

图书在版编目（CIP）数据

城市能量过程及其结构解析/张力小著. — 北京：科学出版社，2018.6
ISBN 978-7-03-057042-0

Ⅰ. ①城… Ⅱ. ①张… Ⅲ. ①城市–能源管理–研究–中国 Ⅳ. ①F206

中国版本图书馆CIP数据核字（2018）第055627号

责任编辑：李 敏 杨逢渤 / 责任校对：彭 涛
责任印制：张 伟 / 封面设计：无极书装

科学出版社 出版
北京东黄城根北街 16 号
邮政编码：100717
http://www.sciencep.com

北京建宏印刷有限公司 印刷
科学出版社发行 各地新华书店经销

*

2018年6月第 一 版 开本：720×1000 1/16
2021年1月第三次印刷 印张：15 1/4
字数：300 000
定价：168.00元
（如有印装质量问题，我社负责调换）

前　　言

当前，中国处于快速城镇化阶段，城市规模的迅速膨胀以及人口的急剧增长引发能源尤其是化石能源消费量的激增，进而导致我国城市面临着巨大的大气污染与碳排放压力。作为社会–经济–自然复合生态系统，城市中各要素（部门）之间无时无刻不在发生复杂的相互作用和变化，城市系统能量过程错综复杂，单从能量的输入、输出或者局部子过程进行研究难以系统地表征城市内部经济、资源和环境间错综复杂的关系，需要从能量输入、转化、储存及废弃物的排放等过程对复杂的城市生态系统进行分析。因此，通过系统分析城市能源消费现状，解析城市能量在各个组分之间的流动过程、转换关系及其驱动机理，了解能量投入、输送和消耗及其与城市载体的关系，预测未来城市能源需求和碳排放，并从广义能量视角模拟城市物质能量流动，不仅对丰富城市能量生态学研究的方法体系具有重要的理论意义，而且也是当前的迫切需求，具有重要的实践指导意义。

北京作为我国首都和国际化大都市，是我国城市化发展速度最快的地区之一，近十几年来对能源的需求迅速增加，然而本地能源资源极为有限，需从外地调入大量煤炭、油品等能源，能源对外依存度很高；同时北京也是我国节能减排的先行先试地区，长期致力于产业结构调整、技术进步和优化能源结构等工作，并取得了一定的成效。研究表明，北京已经发生较为显著的能源转型，由以煤炭为主的单一能源消费结构逐渐转向电力、天然气等多元化、清洁化的能源结构，而北京能源消费变化的主要驱动因素为直接能源消费强度和最终需求变化效应；在能源转型过程中，北京的能源消费总体规模不断扩大，而能源消费强度大幅下降，第三产业能源消费比重持续增长，主要能耗部门也由化学工业部门等第一、第二产业转向具有低直接耗能、高间接耗能特征的服务业等第三产业部门，间接能耗日渐成为能源管理的重要部门；预测北京的能源消费与碳排放将在2030年左右达到峰值，服务业将逐步取代工业成为能源消费的主要行业；然而因支撑经济发展所需的能源大都来自外界输入，北京的生态竞争力较差。通过对北京的能源消费现状与未来能源需求进行解析和预测，以期构建城市能量过程及其驱动机理研究的分析框架，丰富城市能量生态学研究的理论体系和案例实践。

本书的目的在于通过系统研究城市能量在各个组分之间的流动过程、转换关系及其驱动机理，揭示能量投入、输送和消耗及其与城市载体的关系，并以北京为实证案例，对城市能源消费现状进行系统解析及对未来能源消费趋势进行预测，并从广义能量视角模拟城市物质能量流动，可为北京未来能源发展和建设低碳城市提供重要的定量化依据，也可为国内其他城市乃至世界其他发展中国家城市的能源消费管理和节能减排工作提供经验借鉴。

本书内容凝聚了我们研究组十余年的工作成果，对参与本书研究工作的梁竞、胡秋红、冯悦怡、张鹏鹏等研究生表示感谢，在本书的编辑和修改过程中得到了庞明月、张鹏鹏、杨举华、唐守娟、熊欣等同学的帮助，在此一并感谢。

尽管如此，书中不足和疏漏之处在所难免，敬请读者批评指正。

作　者

2018.5

目 录

第1章 城市系统及其能量驱动过程 ·· 1
  1.1 引言 ·· 1
  1.2 开放的能量系统 ·· 2
  1.3 城市的时空维度 ·· 3
  1.4 城市主要的能量流 ·· 5
  1.5 总体研究思路与章节安排 ·· 5
  参考文献 ·· 5

第2章 城市能源消费的态势判断 ··· 7
  2.1 引言 ·· 7
  2.2 北京市能源消费现状分析 ·· 8
  2.3 北京市能源消费结构分析 ·· 12
  2.4 北京市能源消费的产业分布结构分析 ·· 16
  2.5 北京市能流图分析 ·· 20
  参考文献 ·· 23

第3章 基于指数分解的城市能量消费变动解析 ·································· 24
  3.1 引言 ·· 24
  3.2 方法与原理 ··· 25
  3.3 模型建立与数据来源 ·· 31
  3.4 北京市能源消耗影响因素分解结果分析 ·· 32
  3.5 结论与建议 ··· 39
  参考文献 ·· 40

第4章 城市能源系统模拟 ··· 42
  4.1 城市与能源之间的关系 ·· 42
  4.2 国内外能源模型研究进展 ·· 43

4.3 北京市能源环境模型构建 ··· 47
4.4 能源消费 ··· 60
4.5 碳排放 ·· 62
4.6 节能减排潜力分析 ·· 64
4.7 结果讨论 ··· 66
参考文献 ··· 68

第 5 章 基于生产与消费视角的城市能源消费 ································· 71

5.1 城市能量过程分析 ·· 71
5.2 投入产出模型构建及体现能耗系数推导 ································· 73
5.3 城市能量总量变化规律分析——以北京市为例 ························ 79
5.4 城市经济活动的能量影响——以北京市为例 ··························· 86
5.5 北京市 1987~2007 年能量消费部门结构分析 ························· 90
参考文献 ··· 96

第 6 章 基于结构分解方法的城市系统能量解析 ································ 98

6.1 基于结构分解分析方法的能量变动驱动机理研究 ···················· 98
6.2 城市系统分析与数据来源 ·· 99
6.3 城市能量总量变化的结构分解 ·· 101
6.4 北京市能量消耗变动影响因素的结构分解 ···························· 104
6.5 小结 ··· 115
参考文献 ··· 115

第 7 章 城市能量消费空间分异特征 ··· 117

7.1 城市能量消费的空间差异研究进展 ······································ 117
7.2 研究区域和方法 ··· 124
7.3 典型城市能源消费的空间分布特征 ······································ 128
7.4 基于 Theil 指数的中国典型城市能源消费空间差异测度分析 ········ 140
参考文献 ··· 146

第 8 章 城市节能目标分解模型 ·· 150

8.1 引言 ··· 150
8.2 节能减排目标分解国内外研究进展 ······································ 151
8.3 北京市节能目标分解研究 ·· 153
8.4 结果与讨论 ··· 158

8.5　结论与政策建议 ……………………………………………… 163
　　参考文献 …………………………………………………………… 164

第 9 章　我国城市群发展与系统分析 …………………………………… 166
　　9.1　城市群的发展及其生态环境问题 ……………………………… 166
　　9.2　国内外研究现状 ………………………………………………… 173
　　9.3　珠江三角洲城市群概述 ………………………………………… 178
　　9.4　长江三角洲城市群概述 ………………………………………… 180
　　9.5　京津唐城市群概述 ……………………………………………… 184
　　9.6　三大核心城市主要指标比较 …………………………………… 187
　　参考文献 …………………………………………………………… 188

第 10 章　生态能量视角下的城市群可持续性分析 …………………… 193
　　10.1　城市群生态经济系统分析方法 ……………………………… 193
　　10.2　城市群间的资源支撑系统分析 ……………………………… 195
　　10.3　城市群间的生态经济效率分析 ……………………………… 206
　　10.4　城市群间的环境负荷分析 …………………………………… 209
　　10.5　城市群内部城市生态经济系统分析 ………………………… 211
　　10.6　结论与展望 …………………………………………………… 226
　　参考文献 …………………………………………………………… 227

第 11 章　结论与展望 …………………………………………………… 229
　　11.1　主要结论 ……………………………………………………… 229
　　11.2　研究展望 ……………………………………………………… 230

附录 ………………………………………………………………………… 232

第1章　城市系统及其能量驱动过程

1.1　引　　言

城市是人类居住与活动的核心场所，也是人类经济活动、能源消费的聚集区，并且这种聚集效应会随着城市化的进程越来越显著。21 世纪将是城市主导的时代，一个重要的变化是到 2050 年全球城市人口将从 2010 年的 35 亿增长至 65 亿（Kennedy et al.，2014）。另一个重要的变化是全球人口超过百万的城市从 1950 年的 75 个增加至 2011 年的 447 个，百万人口以上城市平均人口规模从 200 万增长至 760 万。到 2020 年全球将有 527 个百万以上人口城市，其城市平均人口将达到 850 万（Programme，2011）。截至 2013 年底，我国城市人口已达 7.3 亿，城市化率为 53.73%（国家统计局，2014），而 20 世纪 90 年代初期这个数据只有 26%，20 年翻了一番。根据《国家新型城镇化规划（2014—2020 年）》，预计到 2020 年我国的人口城市化率要达到 60% 左右，这毫无疑问将对我国能源安全与环境安全提出新的挑战。

城市地区不仅是人口的聚集地，也是经济和生产力的集聚地。正因为这个原因，城市地区才常常形成集聚的劳动力市场。亚洲国家人口基数大、人口增长速度快，所以亚洲城市人口在 2011 年已超过世界城市人口的一半，这一比例将在 2050 年达到 53%，而欧洲和北美等发达国家城市人口占全球城市人口比重将在 2050 年有所下降。因而，包括中国在内的亚洲城市在全球城市化及能源利用、温室气体排放等方面会产生更加显著的影响（蔡博峰，2014）。

由此可见，城市是人口、物质、经济、社会活动和科学技术高度集中的复杂人工巨系统。如果把该人工系统与自然生态系统相比较，可以看出城市地区属于以化石燃料驱动的异养型（heterotrophic）生态系统，不具备自我维生能力，必须依靠以太阳能驱动的自然地区及农业地区等自养型（autotrophic）生态系统为其提供资源与物质来维持生命，并容纳城市运转所产生的各种污染（Odum，1989）。从广义生态系统的观点来看，城市是生态系统的一部分，而生态系统中的任何结构与功能的实现，均需要能量作为驱动力，均涉及能量的流动、储存与转换。正如人体新陈代谢与生命活动中需要消耗物质和能量一样，城市的运转也依赖于持续不断的能量、资源和信息的供应，因此我们可以从物质输入、转化、储存及废弃物的排放等过程对城市系统进行分析。

换句话讲，能量贯穿于整个结构功能复杂的生态系统的动态演化过程中。同样，能量对城市生态系统的发展演化至关重要。纵观5000多年的城市形成演化史，不难发现，城市的源起与进化均与能量有关，能量是隐含在影响城市发展的科技与环境等因素中的内在驱动力。借由自然环境所提供的可再生能量，人类得以获取维生所需的食物、水与空气；通过对不可再生能量的开采，人类得以利用高效能的燃料，带动工业化的脚步。也正是人类劳动力的提高，对能量的收集利用能力不断增强，有了能量剩余，才产生了产品交易行为，以及社会分工制度，进而推动城市系统的形成与进化。

根据生态学家Cottrell的观点，城市可以说是文明演进下人类的一种组织，可收集并重新分配各生产行业所产生的多余能量，此组织也是由剩余能量所形成（Cottrell，1955；黄书礼，2004）。

1.2 开放的能量系统

在热力学视角下，与外界既有物质交换，又有能量交换的系统称为开放系统。与开放系统相对应的有孤立系统和封闭系统。在客观世界中封闭系统与孤立系统的存在是相对的（即绝对地阻止能量交换或者物质交换是不可能的，只能在限定程度上尽可能地降低通量，降低交换的物质能量与系统自身的物质能量的比），而开放系统的存在是绝对的。

城市就是这样的一个开放系统，与周围环境不断进行着物质和能量的交换。城市生态经济系统的物质流动主要包括自然物质流、经济物质流和废弃物质流等。城市生态经济系统要维持其经济功能和生态功能，就需要源源不断地从外界输入物质能量（广义上都可以称为能量）。例如，化石燃料、食物、建筑材料、水等，并通过进一步的加工、存储、使用和循环利用等环节，能量在城市经济系统中进行流动，其影响的边界远大于城市的物理边界，如图1-1所示。

脱离与为其提供能量、食物、原料和消纳废弃物的区域环境间稳定的联系，城市的自组织体系将不能维系。如同人体新陈代谢与生命活动中需要消耗物质和能量一样，城市的运转也依赖于持续不断的能量、资源和信息的供应。在一个城市中，"新陈代谢"开始于物质的利用、能量的消耗和城市的发展，一部分物质和能量被作为城市基础设施储存起来，物质和废弃物则通过人工循环系统进行迁移，伴随着这一系列过程，污染物被排放到大气、陆地和水系统中，进一步影响着其生命支持系统。城市及其生命支持系统之间这些循环能否高效、流畅运行直

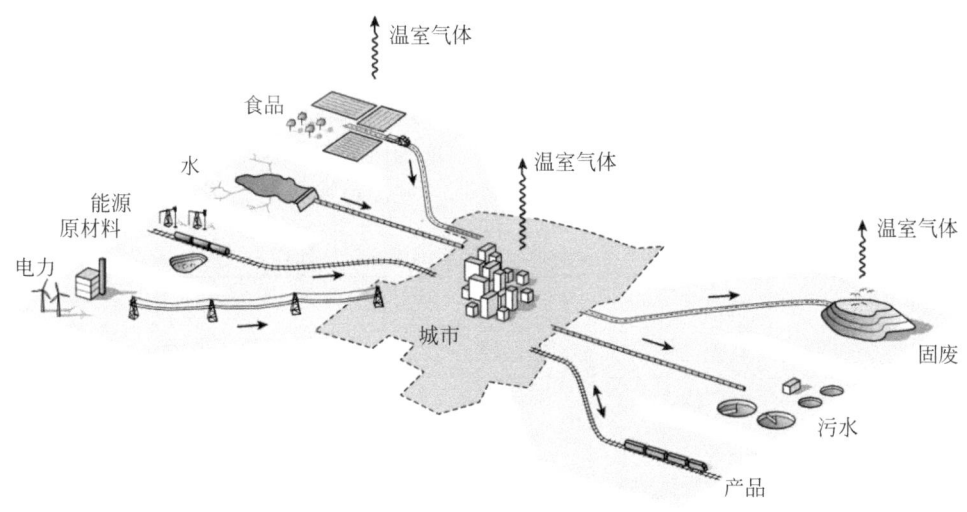

图 1-1　城市系统物质能量交换示意图（赵荣钦，2011）

接决定了城市发展潜力的高低和生态环境质量的好坏，也间接影响着人类生活的质量。

1.3　城市的时空维度

城市复杂性就来源于人类活动在时间和空间两个维度上的持续作用和不断"演化"。也就是说，像城市这样一个庞大的复杂系统，借助于能量的驱动，它们自下而上有机生长，由小及大空间拓展。因此，我们对城市能量过程的解析也需要从"时间"和"空间"两个维度对其演化过程和自组织特征进行复杂性研究。另外，城市的复杂性也提醒我们，对城市系统的研究需要做特定假设和简化。

根据城市空间影响范围，城市生态经济系统可分为城市蔓延区（urban sprawl）和城市足迹区（urban footprint）。城市蔓延区主要是指城市建成区及城市形态集中连片的区域，或者说以水泥地面为覆盖特征的区域。城市足迹区，主要是指城市边界之外，直接或间接为城市提供能源和原料的区域。需要说明的是，城市的足迹区不一定就紧挨着城市蔓延区，可能位于数公里外。

对于中国而言，需要注意的是，中国的城市首先是一个行政区的概念，所以，在一定程度上会混淆城市的空间概念，也就导致对城市资源核算系统边界的混淆。我国对城市的概念有不同的界定，即"城区"（人口、经济活动较为密集的区域，一般理解为中心城区地带）、"建成区"（城镇非农业活动的建设地段）、"市辖区"(包括城区和郊区)和"市域"(包括市辖区、下辖的县和县级市)。蔡博峰(2014)对四个区域进行系统的界定与分析,见表1-1。其中,市域属于中国行政区划内的一级,由于行政归属和管理特点及统计资料相对完整,中国城市排放清单和低碳城市规划主要是基于市域范围进行的。鉴于此,本研究的系统边界也是采用"市域"的空间范围,兼顾其"城市足迹"的虚拟区域。

表1-1 我国四种城市边界的地理范围比较

城市边界	范围	说明
市域	城市行政辖区	城市最大的地理范围,包括一定数量的农村等非城市建设用地
市辖区	城市所辖区(不包括县)	城市中经济活动较强,人口密度相对较大的区域
建成区	城市物理硬化地面范围,或"水泥地面"区域	比较严格意义上的城市和城镇范围
城区	城市人口密度超过1500人/km² 的区域	和发达国家的城市边界最为接近的中国城市边界,往往是中国许多城市的老城区或者主城区

资料来源:蔡博峰,2014。

除了物理上的空间维度外,城市系统也存在一个虚拟的空间维度,或者说结构上的空间维度,即城市能量会在城市各个产业部门之间进行流动、交换与转化,也构成了一个空间维度(图1-2)。同时,对于单个节点来说,存在"存量"与"流量"一动一静两个状态/过程,就会涉及能量在多年之间的"滞留"与"消费"。因为,城市系统能量过程是错综复杂的,既涉及空间在多个部门之间的分配,又涉及能量流动在多年之间的时间累积。因此如何对城市系统能量的时空过程进行剖析并对直接与间接的能量流进行系统核算成为研究的重点与难点。目前的研究多侧重于能量的输入、输出或者局部子过程的研究,而对城市能量复杂过程的系统性研究仍处于初级探索阶段。

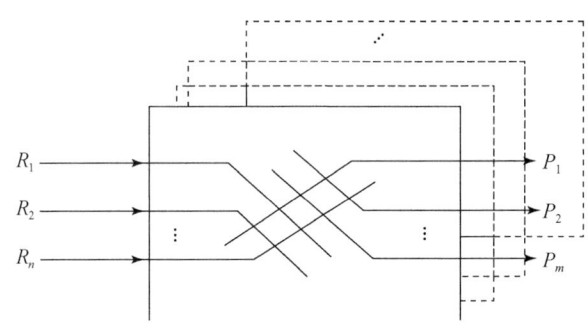

图1-2 能量过程示意图

注:R代表进入城市系统的不同种类的能源;P代表城市不同产业部门的产品。

1.4 城市主要的能量流

同时，伴随着城市化进程的进一步加快和经济的高速发展，城市空间大规模拓展，城市的人口急剧膨胀，与城市系统能量输入（资源支撑）、输出（环境负荷）相关的资源环境问题越来越严重，成为制约城市发展的重要障碍。因此系统研究城市能量在各个组分之间的流动过程、转换关系及其驱动机理，了解能量投入、输送和消耗及其与城市载体的关系，认识能量功效与耗散的特点，不仅对了解城市动态机理、空间结构、功能原理等具有重要意义，而且也是当前探索和挖掘城市系统开源节流途径的迫切需求。

1.5 总体研究思路与章节安排

本书的内容主要涉及城市能源消费及其碳减排等相关问题，或者说，主要关注化石燃料消费等内容。但在此基础上，基于广义能量的视角，本书也系统核算与模拟了城市物质能量流动，特别是自然生态流的部分，详细可见本书第9章与第10章。本书的章节安排如下：

第1章 城市系统及其能量驱动过程
第2章 城市能源消费的态势判断
第3章 基于指数分解的城市能量消费变动解析
第4章 城市能源系统模拟
第5章 基于生产与消费视角的城市能源消费
第6章 基于结构分解方法的城市系统能量解析
第7章 城市能量消费空间分异特征
第8章 城市节能目标分解模型
第9章 我国城市群发展与系统分析
第10章 生态能量视角下的城市群可持续性分析
第11章 结论与展望

参考文献

蔡博峰.2014.城市温室气体清单核心问题研究.北京：化学工业出版社.
国家统计局.2014.中国城市统计年鉴.北京：中国统计出版社.
黄书礼.2004.都市生态经济与能量.台北：詹氏书局.
赵荣钦.2011.城市生态经济系统碳循环及其土地调控及控制研究——以南京市为例.南京：南京大学博士学位论文.

Cottrell F. 1955. Alternative strategies for integrating economics and ecology//Jansson A M. Integration of Economy and Ecology-An Outlook for the Eighties. Stockholm: Asko Laboratory, Univ of Stockholm: 19-29.

Kennedy C, Stewart I D, Ibrahim N, et al. 2014. Developing a multi-layered indicator set for urban metabolism studies in megacities. Ecological Indicators, 47: 7-15.

Odum E P. 1989. Ecology and Our Endangered Life-Support Systems. Sunderland: Sinauer Associates.

Programme U N H S. 2011. Cities and Climate Change: Global Report on Human Settlements. London: Earthscan.

第 2 章 城市能源消费的态势判断

2.1 引　　言

如 1.1 节所述，城市作为人类社会经济活动的中心，聚集了世界一半以上的人口，城市能源消费占全球能源消费总量的 75%，温室气体排放占全球排放总量的 70%（IEA，2016），为主要能源消费者与温室气体排放源。庞大的人口规模和持续增长的经济发展势头使得包括中国在内的世界各国以惊人的速度迈向城市化时代的同时，城市也逐步患上了高能耗、高排放与高污染的"三高综合征"，城市的脆弱性不断显现并且有加剧的倾向，频繁发生的气候灾害威胁到了未来经济社会的发展及城市居民正常的生产生活（梁朝晖，2010）。因此，遏制全球变暖、削减碳排放，已成为 21 世纪国际社会的共识（Jr et al.，2008），城市作为气候变迁全球化与低碳化之间的关键网络节点，在全球应对气候变迁过程中，将扮演更为主导性的角色。

近年来，越来越多的中国城市、研究机构和非政府组织等开始关注低碳城市，并开展了不同层面的项目与活动，见表 2-1。城市低碳化发展已经成为中国应对气候变化和促进城市可持续发展的新坐标（潘烨和刘雪，2010）。

表 2-1　国内低碳城市的尝试

组织机构	试点城市	目标
世界自然基金会	上海市、保定市、广州市、攀枝花市、伊春市	上海市——生态建筑示范城市；保定市——新能源制造业城市；广州市——可持续交通示范城市；攀枝花市——生物柴油发展之城；伊春市——生态保护低能耗发展之城
气候组织	广东省、贵阳市、杭州市、天津市、武汉市、重庆市、德州市	从政策、技术、投融资和市场多维角度探索城市低碳实践路径、开发城市规划、能源管理、绿色产业化、可再生能源利用、交通和金融 7 个领域的 10 个示范项目
国家发展和改革委员会	广东省、辽宁省、湖北省、陕西省、云南省五省和天津市、重庆市、深圳市、厦门市、杭州市、南昌市、贵阳市、保定市	一是编制低碳发展规划；二是制定支持低碳绿色发展的配套政策；三是加快建立以低碳排放为特征的产业体系；四是建立温室气体排放数据统计和管理体系；五是积极倡导低碳绿色生活方式和消费模式

资料来源：国家发展和改革委员会，2010；李建明等，2011；中新网，2011。

北京市是一个拥有2114.8万人口（北京市统计局，2014）、能源消费量巨大但能源资源非常匮乏的超大型城市，能源资源问题一直是困扰其经济社会发展的重要因素。近十几年来，北京市经济快速发展，对能源的需求迅速增加，2009年能源消费总量达到65.70Mtce（百万吨标准煤当量），人均能耗为3.74tce（吨标准煤当量），为全国平均水平2.3tce的1.6倍（国家统计局，2010）。而北京地区本身能源资源极为有限，能源对外依存度很高，自供能源仅占能源消费总量的6%，100%的天然气、100%的原油、95%的煤炭、64%的电力和60%的成品油都需从外地调入（Li et al.，2010）。

与此同时，随着北京市经济的发展和居民生活水平的提高，持续增长的能源消费尤其是传统能源消费，将使得北京市的温室气体排放量继续攀升。据统计，2008年北京市人均CO_2排放量达到6.91t，为全国人均排放量5.3t的1.3倍多（孙宇挺，2010）。如果未来北京市的经济社会发展依惯性推进，则人均碳排放量将达到全球其他城市所未曾有过的规模。因此，"低碳化发展"是北京市必须面对的一个严肃课题。同时，北京市作为中国的首都，有着特殊的政治地位，又是国际大都市，其能源消费态势在应对全球气候变化和温室气体排放等方面发挥着决定性的作用。

在这种情况下，对北京市的能源消费现状进行研究，不仅是国际社会应对全球气候变化的需求，也是为国内其他城市开展节能减排工作做出表率，也可为其他发展中国家的城市能源消费现状管理提供经验借鉴。

2.2 北京市能源消费现状分析

北京市经济迅速发展，"十一五"期间保持了年均11%以上的较快增速，人均地区生产总值（gross domestic product，GDP）实现了从5000美元到10 000美元的跨越。为了支撑经济的快速发展，北京市能源消费增长推动经济社会发展的同时，也面临着环境污染和生态破坏等问题。

2.2.1 北京市能源资源储量与供给

北京市属于能源资源较为贫乏的地区，所拥有的一次能源主要是煤炭、水电和地热等，大多依赖于外部调入，2012年能源对外依存度已超过95%（北京市统计局，2013）。本市的煤炭和水电供给量仅为3.52Mtce、0.21Mtce，且煤炭资源主要分布在京西[①]，多为无烟煤，热稳定性差、灰分高，只有少量用于烧结、炼焦

[①] 京西主要包括门头沟、房山和海淀等地。

配煤、高炉喷吹等工业生产。目前京西煤炭主要用于加工民用型煤，发电与焦化用煤主要从外地供应（王敏和杨朝宇，2006）。虽然全市的一次能源资源极为有限，但拥有一定规模的能源加工转换工业，能源加工转化种类主要有火力发电、供热、炼焦及炼油，每年都有不少的二次能源（如成品油 9.36Mtce）调出北京市。

2.2.2 北京市能源消费现状

（1）能源消费总量

改革开放以来，北京市能源消费规模不断提高，消费水平在全国各主要城市中排在前列。2012 年能源消费总量为 71.78Mtce，较 1990 年增长了 1.64 倍，年均增长率达到 4.51%，低于同年全国能源消费年均增长率（11.43%）。2000~2007 年，能源消费总量大幅度上升，7 年内增加了约 51.67%，年均增长率高达 6.13%。然而 2007 年以后，北京市能源消费总量增长率呈现下降趋势，2007~2012 年，其年均增长率仅为 2.69%（图 2-1）。

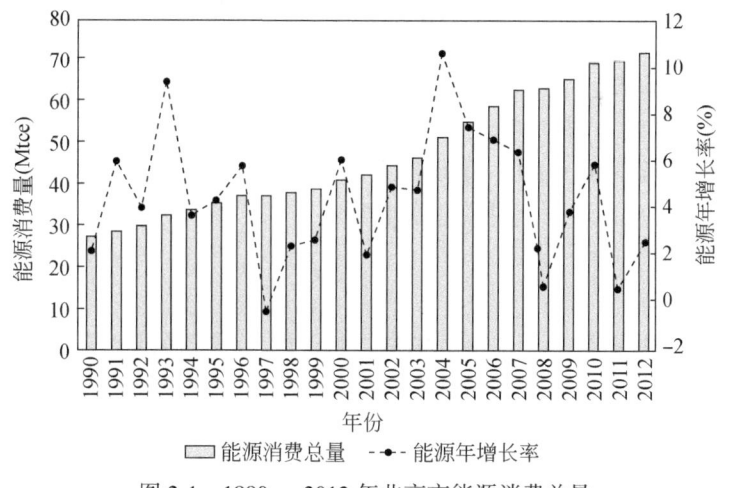

图 2-1　1990~2012 年北京市能源消费总量

（2）能源消费强度

能源消费强度指国民经济在生产中的单位能耗水平，通常量化为生产单位国内生产总值所消耗的能源量，它能反映经济结构和能源利用效率的变化。

1990~2012 年，北京市能源消费强度下降幅度很大，1990 年能源消费强度为 5.41tce/万元，到 2012 年已经下降至 0.40tce/万元，如图 2-2 所示。近年来，北京市能源利用效率逐步提高，特别是 2005~2012 年，北京市能源消费强度由

2005年的0.79tce下降至2012年的0.40tce，累计下降49.33%，下降幅度排在全国第一位。与天津市、上海市相比，北京市的能源消费强度是三个直辖市中最低的，2012年北京市万元GDP能耗比天津市低0.21tce，比上海市低0.16tce，且只有全国平均水平0.70tce的42.70%。

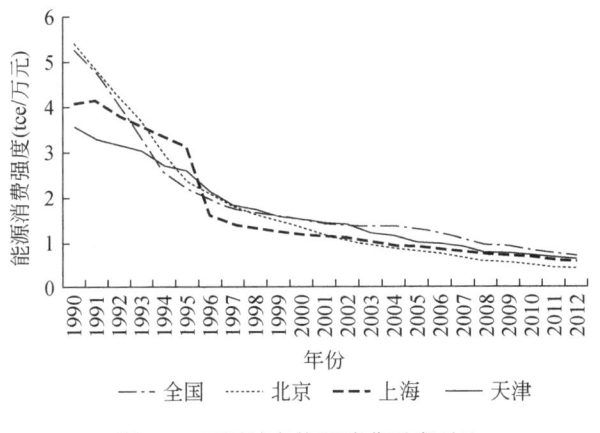

图2-2 不同城市能源消费强度对比

"十一五"期间北京市的能耗强度虽有降低，但能源消费总量和碳排放总量快速上升的趋势并未得到扭转，反而增速惊人。2009年能源消费总量为6570.3万tce，比2005年增长19%，年增长率为4.5%。因此，抑制能源消费总量的快速增长和CO_2排放总量的上升就非常重要。

（3）能源消费弹性系数

能源消费弹性系数是反映能源消费增长速度与国民经济增长速度之间比例关系的指标，通常用两者年平均增长率间的比值表示。计算公式为

$$能源消费弹性系数 = \frac{能源消费量年增长速度}{GDP年增长速度}$$

计算与分析能源消费弹性系数的目的，主要是研究国民经济发展与能源消费间的关系。能源消费弹性系数的发展变化与国民经济结构、技术装备、生产工艺、能源利用效率、管理水平乃至人民生活等因素密切相关。在国民经济中耗能高的部门（如重工业）比重大，科学技术水平还很低的情况下，能源消费增长速度总是比GDP的增长速度快，即能源消费弹性系数大于1；反之，若经济的增长速度快于能源消费的增长速度，则能源消费弹性系数会小于1。

如图2-3所示，北京市的能源消费弹性系数经历了一个比较大的振荡过程。

但总体来看，历年的能源消费弹性系数均小于 1，说明 GDP 的增长速度快于能源消费的增长速度。2004 年弹性系数达到最高点 0.75 之后，呈现了较快的下降趋势，特别是在 2008 年奥运年，弹性系数仅有 0.07，但 2009 年又迅速反弹，2010 年达到 0.57 后，出现下降趋势。和发达国家相比，北京市的能源消费弹性系数数值偏大，一般发达国家能源消费系数在正常情况下为 0 ~ 0.5。相对而言，北京市目前的经济发展比较依赖于能源消耗，仍有提升空间。

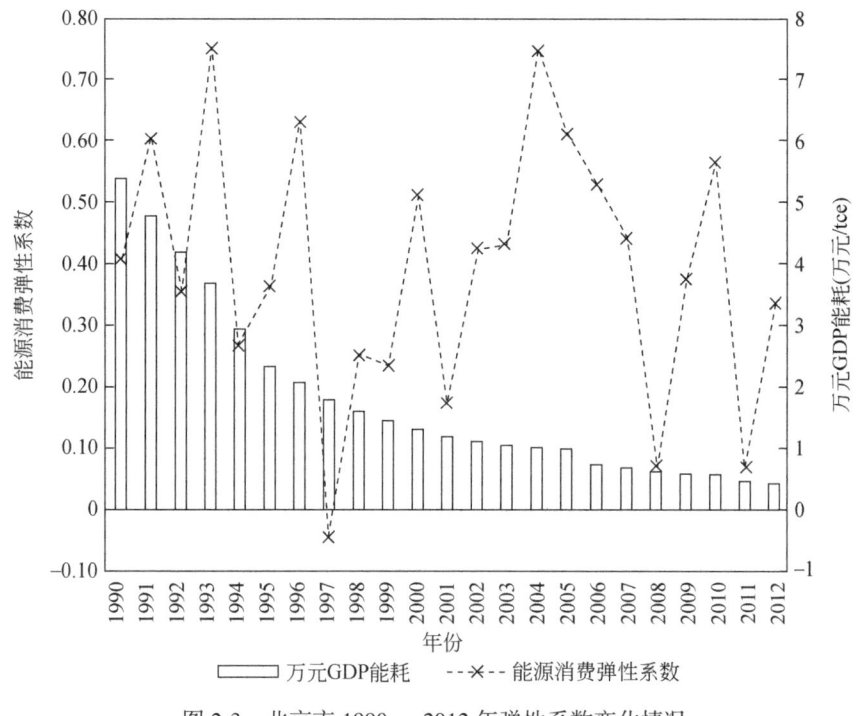

图 2-3　北京市 1990 ~ 2012 年弹性系数变化情况

（4）万元 GDP 能耗

从北京市 1990 ~ 2012 年的万元 GDP 能耗的变化趋势可以看出，北京市的万元 GDP 能耗呈现逐年下降的态势（图 2-3）。万元 GDP 能耗是反映能源消费水平和节能降耗状况的主要指标。北京市万元 GDP 能耗从 1990 年的 5.41 万元/tce 降至 2012 年的 0.44 万元/tce，这 22 年间，其下降速度分为三个阶段，1990 ~ 1995 年下降速度较快，大致为 3.07 万元/tce；1995 ~ 2005 年为中速下降，降幅为 1.35 万元/tce；2005 ~ 2012 年下降速度缓慢，仅为 0.55 万元/tce。这表明北京市的经济增长方式逐渐由粗放型转向集约型，主要依靠科技进步和提高劳动者的素质等来增加产品的数量和提高产品的质量，推动北京市经济发展。科技进步可以提升设备技术装备的水平、能源利用的技术水平和能源生产、消费的管理水平；除此之外，能源结构变化，即不同类型的能源通过自身所占能源消费总量比重的变化，影响万元GDP能耗。

2.3　北京市能源消费结构分析

北京市能源消费品种繁多，主要包括煤炭、油品、电力、热力、天然气和可再生能源等。煤炭主要是原煤，油品包括的种类较多，主要包括原油、煤油、汽油和柴油等。而煤炭、油品、天然气、电力四种能源消费量每年均占北京市能源消费总量的96%以上。因此，对北京市的煤炭、油品、天然气和电力等能源进行系统的分析。

如图2-4所示，20多年来北京市终端能源消费结构不断优化，清洁能源在能源消费总量中的比重大幅上升。煤炭的消费量基本上保持平衡，始终在1000万tce位置波动，变化最明显的是油品、电力和天然气，这三种能源的消费量逐年增加的趋势明显，这也是能源消费总量逐年增加的主要原因。

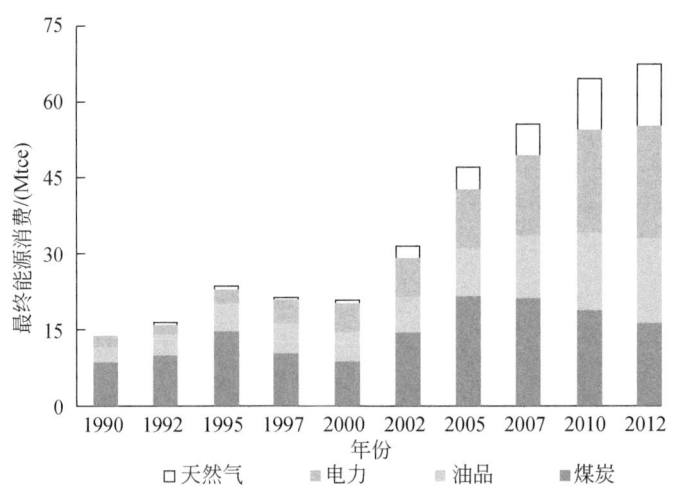

图2-4　北京市1990～2012年终端能源分品种消费情况

2.3.1　北京市煤炭消费分析

一直以来，煤炭是支撑北京市经济发展的重要能源，其消费量排在各类能源消费量的前列，是能源消费构成中的重要组成部分，如图2-5所示。但是，北京市本身煤炭资源短缺，大部分只能从外地调入，煤炭消费量大，且使用效率较低。以煤炭为主的能源消费结构和大量直接燃烧原煤是造成北京市大气污染严重、PM2.5 超标的重要原因。

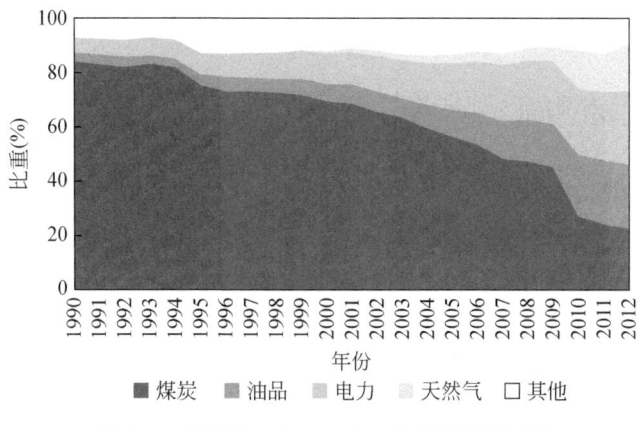

图 2-5　北京市 1990～2012 年终端能源结构

作为推动北京市经济社会发展的最主要的动力，煤炭对北京市发展做出了极大贡献。煤炭消费在这 20 多年中波动起伏较大，1990～1995 年煤炭使用率急速增加，1995 年的煤炭消费量为 14.99Mtce。1995～2000 年，煤炭消费量出现负增长，2000 年的煤炭消费量仅为 8.84Mtce，仅为 1995 年的 58.97%，这与北京市出台有关限制煤炭消费的政策，以及亚洲金融危机有关。2000 年以后，其消费量上升趋势明显，2005 年增至 21.92Mtce。"十五"期间，北京市对煤炭利用采取控制性措施，清理整顿"五小"企业，关停了一批小水泥企业、小煤矿及各类小型矿山。淘汰全市行政区内工商注册的全部水泥立窑生产线和平板玻璃平拉生产线。整治重点污染企业，关停了北京造纸一厂、北京木材防腐厂等一批重点污染企业。启动中国首钢集团（简称首钢）搬迁工作，到 2005 年底，首钢已陆续关停一些工厂和设备，包括北京首钢新钢有限责任公司第一炼钢厂、北京首钢特殊钢有限公司 17 座电路、电炉，北京首钢特殊钢有限公司白灰窑和五号高炉等。但是采暖用煤受到北京市城市建设——建筑面积扩张的影响，虽然城区削减了部分煤炭，然而煤炭消费量整体尚未表现出明显的波动。此后，煤炭消费量持续下降，2012 年降至 16.21Mtce。北京市"十一五"规划提出要优化生产和消费结构，构筑稳定、经济、清洁、安全的能源供应体系，意味着北京市旨在推广低碳能源，降低煤炭在能源消费中的比重。首钢 2007 年底完成压缩万吨钢铁生产任务，2008 年奥运会期间暂停烧结、焦炉生产；2010 年冶炼、热轧能力全部停产，完成北京市炼焦化学厂、北京化学工业集团有限责任公司化工二厂、北京东方石油化工有限公司有机化工厂等重点企业的搬迁调整。其中，2008年北京市万元GDP能耗累计降低度和"十一五"节能目标完成进度两项指标均排名全国第一，并连续3年超额完成"十一五"年度节能减排目标，但北京市进一步减排的空间相对狭小。

2.3.2 北京市油品消费分析

我国的能源资源禀赋是富煤、缺油、少气。从能源资源分布的情况来看，我国能源资源总量分布现状是北多南少、西富东贫，能源类别分布是北部煤炭和西部油气。北京地区的能源资源极其有限，除了少量的煤炭和水力发电外，所需的油、气全部依靠外地调入。北京市油品消费水平排在全国各城市的前列，主要用于交通运输、仓储及邮政服务业，工业生产和化工原料。

根据图2-4与图2-5的数据可以看出，北京市油品消费正在逐年上升，从1990年的2.98Mtce上升至2012年的16.90Mtce，年均增长率约达8.21%。油品消费占全市终端能源消费总量的比重也是逐年上升的：1990年，油品消费的比重还不到10%，到2012年，它所占的比重已经超过24%。随着人民生活水平的提高，北京市作为人均居民消费水平较高的特大城市，机动车数量增长迅速（图2-6），由1990年的38.9万辆增至2012年的520.0万辆，加上现代物流，交通运输、仓储及邮政业，汽车市场和城镇化发展，带动油品消费量的增长，使得交通用油量不断扩大。不难看出，今后北京市油品消费增加将主要来自交通运输，包括家用车辆的增加。而北京市经济发展转向"消费拉动"更有利于汽油和煤油消费。

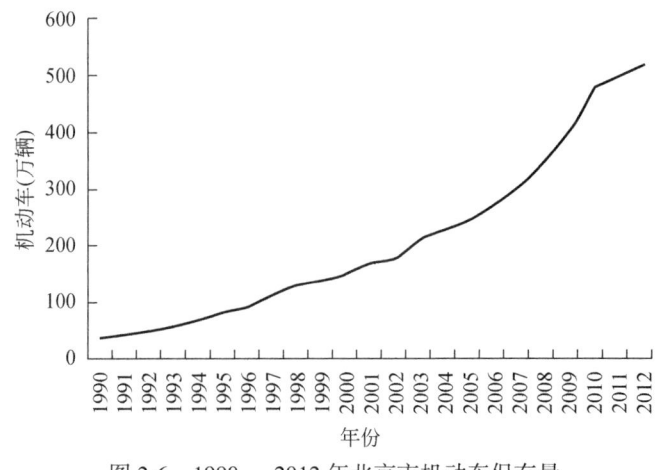

图2-6　1990~2012年北京市机动车保有量

2.3.3 北京市电力消费分析

受地区资源限制及环保要求，北京市范围内不宜大量建设电厂，北京电网三分之二的电力由区域外供给，外调电比例较高，是典型的受端电网。从图2-4（外调电与水力发电之和）与图2-5可看出，这20多年中，北京市电力消费一直处于增长的状态，由1990年的2.07Mtce到2012年的21.96Mtce，年均增长率为11.33%，远高于北京市能源消费总量的年平均增长率4.53%。同时，电力消费量占终端能源消费总量的比重也在不断上升，由1990年的27.67%上升至2012年的35.21%，已超过煤炭消费量，成为支撑北京市经济发展的第一能源动力。同时也表明粗放型的煤炭直接消费逐渐转向清洁、便利的集约型电力消费，即实施"以电代煤"是减少碳排放，降低大气污染的重要途径。随着产业结构的变化，北京市的用电结构发生了一定变化：工业领域用电量不断下降，而现代服务业的高速发展使得第三产业用电持续增加。同时，经济的发展和居民收入水平的提高带来居住环境的大幅度改善，现代家用电器拥有量迅速增长，特别是空调在家庭中的普及，使得居民生活用电快速增长，全社会电力消费持续上升。

北京市电力消费增长除了与经济发展和人们生活水平提升密切相关，还在一定程度上与气候变化有关联。生活用电受气候和温度变化的影响较为明显，随着未来城市的增温，生活用电量和能源消费量也会相应增加。例如，居民受到城市增温的影响，空调等家用电器的拥有量会进一步增长。近年来，北京市夏季空调负荷率创新高，成为电力运行瓶颈的一个重要原因。

2.3.4 北京市天然气消费分析

目前，北京市天然气从外地调入，主要来自陕甘宁天然气田和华北油田，大多数通过管道输送。今后还可能从俄罗斯东西伯利亚进口天然气或液化天然气。从图2-4和图2-5可见，北京市天然气的消费量也逐年上升。1990年北京市天然气消费当量仅为0.11Mtce，而2012年消费量已达12.25Mtce，年均增长率为23.89%，成为全国最大的以天然气为主要燃料的城市。1990～2000年北京市天然气消费量增长速度缓慢，从2001年开始，即"十五"期间，北京市政府确立了"改变以煤为主的能源结构，大量引进天然气"的基本方针，天然气进入快速发展阶段。2002年天然气消费量已增至2.50Mtce，比1990年增长2.39Mtce，加上"十一五"期间天然气应用领域扩大，市场活跃，刺激了天然气资源需求的进一步扩大。"十二五"时期作为北京市能源结构转型的关键时期，能源利用政策进一步调整，明确了采暖用能以"天然气为主，其他清洁能源为辅"的基本要求，启动了四大燃气热电中心的建设，带动天然气需求量的进一步增加，天然气用户从1990年的176.1万户增至2012年的713.5万户。除满足采暖、居民和公共建筑炊事、生活热水用气之外，还用于制冷、天然气汽车、冷热电三联供和生态农业等，如图2-7所示。虽然天然气的消费量也是逐年增加，但相对于其他能源来讲，其所占比重还是偏小的，2012年，天然气的消费比重仅占17.49%。

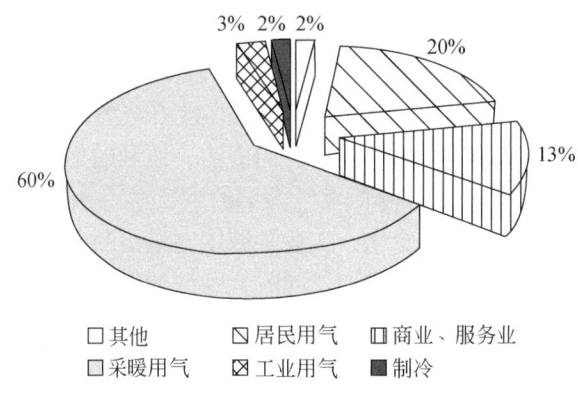

图2-7 北京市2004年天然气用气结构

2.4 北京市能源消费的产业分布结构分析

2.4.1 北京市城镇化与经济发展特点

改革开放初期，北京市城镇化率约为55%，1990年城镇化率增至73.48%，年均增长率为2.45%。此后，北京市城镇化进程持续推进，2012年北京市城镇化率达到86.2%，1990～2012年，城镇化年均增长率为0.73%，比1978～1990年的年均增长率低1.72个百分点。2012年与1978年相比，同比增长56.73%。而2012年全国城镇率仅为52.75%，北京市城镇化率比全国水平高出33.45%。

改革开放以后，北京市三次产业的发展速度及构成发生较大变化，1987～2012年，第一、第二、第三产业所占比重变化如图2-8所示，且第三产业的增长速度明显快于第一、第二产业。第一产业的比重持续下降，2005年以后，其比重基本保持不变；第二产业比重下降幅度较大；第三产业1992年开始增速加快，1994年首次超过第二产业，成为北京市经济增长的主要动力。产业结构调整，从工业化逐渐向第三产业（消费化）城市转型。

20世纪90年代以来产业结构变化显著：第一、第二产业迅速下降，第三产业迅速上升,服务业主导经济发展的格局初步形成。20世纪90年代以后,北京市产业结构变动较为显著,特别是2000年以来服务业结构上升态势趋缓,与此对应,第一、第二产业所占比重下降态势也趋于缓和。从图2-8可以看出,第三产业结构呈现"S形"趋势,第二产业结构"反S形"趋势显著。从产业结构变化趋势看,1990~2002年,第二产业比重持续下降,第三产业比重随之上升,到2002年第三产业比重为69.5%。2002~2004年出现反弓,2004年第二产业缓升至30.3%,此后又开始下降,而第三产业2002~2004年略有下降(68%),而后开始上升。到2012年,第一、第二、第三产业的比重分别为0.84%、22.70%和76.46%。从北京市产业结构演进的总体情况来看,第二、第三产业结构呈现较为明显的剪刀状分布。

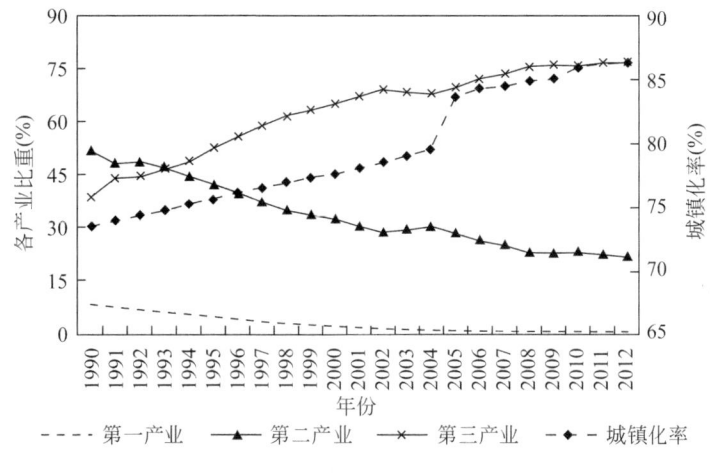

图2-8 北京市1990~2012年产业结构与城镇化率变化

2.4.2 北京市各产业能源消费结构

能源消费的产业分布结构是指把能源消费按产业分成第一、第二、第三产业和居民生活消费四个部门。图2-9为北京市1990~2012年各产业能源消费所占的比重。可以明显看出,北京市第三产业的能源消费比重上升明显。第一产业能源消耗量基本在0.89~1.05Mtce,所占能源消费比重较小。第二产业占总能耗的比重变化与第一产业相同,呈逐年递减趋势,1990~2000年比重一直在60%以上,2001~2008年在50%~60%,2009年至2012年为30%~40%。第二产业中,工业所在比重也在逐年减少,从98.30%减少至93.80%。相对于第一、第二产业来说,第三产业是随着社会经济发展新兴的产业。除1990～1995年略有降低,其他年份均是逐渐增加的。它所占的比重从17.15%增长至45.31%,年均增长率为4.51%。2010年第三产业比重超过第二产业所占比重,成为北京市能源消费的主体。

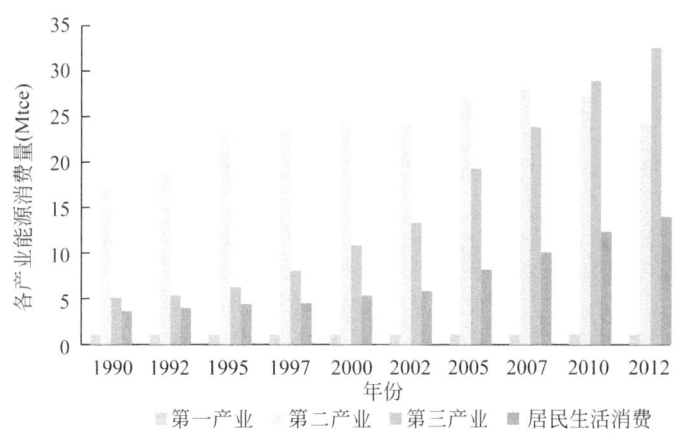

图2-9　北京市1990～2012年各产业能源消费量

第二产业中,以制造业能耗最高,2009年消耗能源20.27Mtce,占第二产业总耗能的72.54%。而在制造业中,又以石油加工、炼焦及核燃料加工业,黑色金属冶炼及压延加工业,电力、燃气及水的生产和供应业,非金属矿物制品业,化学原料及化学制品制造业五个行业耗能最多,占整个第二产业耗能总量的66%。因此,要有效减少各类能源消耗,就需要从这些重点耗能行业入手,控制高耗能行业的发展规模、调整工业结构、淘汰高耗能产品、降低产品单耗、提高能源使用效率,加强对其能源消耗的管理措施,是抑制北京能源需求过快增长和实现节能目标的关键环节。

第三产业中,交通运输、仓储及邮政业,房地产业,住宿和餐饮业,批发与零售业这四个行业是重点耗能行业,如2009年这四个行业所消耗能源的总量比重高达第三产业能耗总量的66%,特别是交通运输行业。如何调控这些重点行业,发展现代服务业、高附加值产业是第三产业结构调整的重点。

在产业结构方面,随着经济的增长,北京市的产业结构在不断地演进和优化。根据《北京统计年鉴》数据,从能源消费量来看,2000～2012年,北京市农林牧渔业和工业能源消耗量没有太大变化,而建筑业,商业,交通运输、仓储及邮政业对经济的作用不断增强,能源消耗量也显著增加;从能源消费消耗比重来看,农业和建筑业能耗所占比重基本稳定,工业能耗所占比重由2000年的65.27%减少至 2012 年的 39.38%，交通运输、仓储及邮政业能耗从 2000 年的 7.17% 增加至 2012 年的 21.37%，商业能耗由 2000 年的 22.76% 上升至 2012 年的 34.90%。北京市产业能源消耗量和能源消耗比重情况见表 2-2、表 2-3。

表 2-2 北京市产业能源消耗量　　　　　　　　　　（单位：万 tce）

年份	总能源消费量	农林牧渔业	建筑业	工业	交通运输、仓储及邮政业	商业
2000	3610.5	104.8	68.4	2356.4	259.0	821.9
2001	3668.2	105.4	78.9	2287.7	313.4	882.8
2002	3852.1	103.0	89.2	2325.4	340.0	994.5
2003	3967.6	99.9	96.5	2380.2	355.2	1035.8
2004	4387.8	85.6	114.0	2550.2	395.2	1242.8
2005	4707.5	86.3	103.4	2599.1	563.4	1355.3
2006	4994.7	92.3	103.0	2670.1	717.6	1411.7
2007	5279.7	96.4	108.8	2685.0	840.8	1548.7
2008	5257.9	96.9	119.7	2430.8	993.9	1616.6
2009	5403.5	99.0	151.8	2392.4	1025.2	1735.1
2010	5724.4	100.3	167.0	2559.7	1104.2	1792.6
2011	5689.6	100.1	159.1	2329.7	1185.9	1914.6
2012	5779.0	100.8	150.4	2275.7	1235.1	2017.0

表 2-3 北京市产业能源消耗比重　　　　　　　　　　（单位：%）

年份	农林牧渔业	建筑业	工业	交通运输、仓储及邮政业	商业
2000	2.90	1.90	65.27	7.17	22.76
2001	2.87	2.15	62.37	8.54	24.07
2002	2.67	2.32	60.37	8.83	25.82
2003	2.52	2.43	59.99	8.95	26.11
2004	1.95	2.60	58.12	9.01	28.32
2005	1.83	2.20	55.21	11.97	28.79
2006	1.85	2.06	53.46	14.37	28.26

续表

年份	农林牧渔业	建筑业	工业	交通运输、仓储及邮政业	商业
2007	1.83	2.06	50.86	15.92	29.33
2008	1.84	2.28	46.23	18.90	30.75
2009	1.83	2.81	44.28	18.97	32.11
2010	1.75	2.92	44.72	19.30	31.31
2011	1.76	2.80	40.95	20.84	33.65
2012	1.75	2.60	39.38	21.37	34.90

2.5 北京市能流图分析

对北京市1995年与2012年的能源消费过程进行分类整理，绘制出北京市能流图（图2-10和图2-11）。通过能流图可以看出北京市能源消费中，煤炭、油品、电力和天然气是主要的四大能源消费类型，能源消费逐步呈现多元化结构。同时，对一次能源的处理加工也大大提高了能源利用效率，减少了能源利用过程中产生的污染。

能流图左侧表示能源供给端，如图2-10与图2-11所示，1995年北京市煤炭的输入量为25.96Mtce，其中有7.71Mtce原煤是由北京市本地生产的，其他均需外地调入。2012年煤炭的供应量是20.33Mtce，但本地供应量减少，仅为3.52Mtce。这主要受北京市逐步取缔部分煤炭开采业的政策影响，而北京市这一举措一方面是基于煤炭生产安全的考虑，另一方面则为了满足北京城市规划中保护环境和恢复植被的要求（李效臻等，2011）。油品，不管是原油还是成品油，均需从外部调入，油品供应量从1995年的12.83Mtce增至2012年的32.29Mtce，年均增长率达到5.58%，且进口油量增长较快。电力方面，除去北京市煤炭、油品和天然气发电外，主要是从外地调入，还有少部分的水力发电。1995年调入电为1.64Mtce，水力发电量为0.04Mtce，而随着北京市出台"以电代煤"和大力推广清洁能源的政策，北京市电力消费急速上涨，到2012年水力发电量为0.06Mtce，外调电较1995年增长6.04Mtce，电力供应量超过煤炭消费量。天然气作为清洁能源的新生力量，在推动北京市经济社会发展过程中发挥着重要作用，1995年天然气供应量仅占总供应量的0.40%，但是到2012年已达到16.87%，为12.25Mtce。

能流图右侧表示能源需求端，如图2-10与图2-11所示，通过比较1995年与2012年北京市各行业的能源最终需求可发现，二者之间存在较大的差异。农业对能源的最终需求量呈下降趋势，2012年比1995年最终的能源需求量少

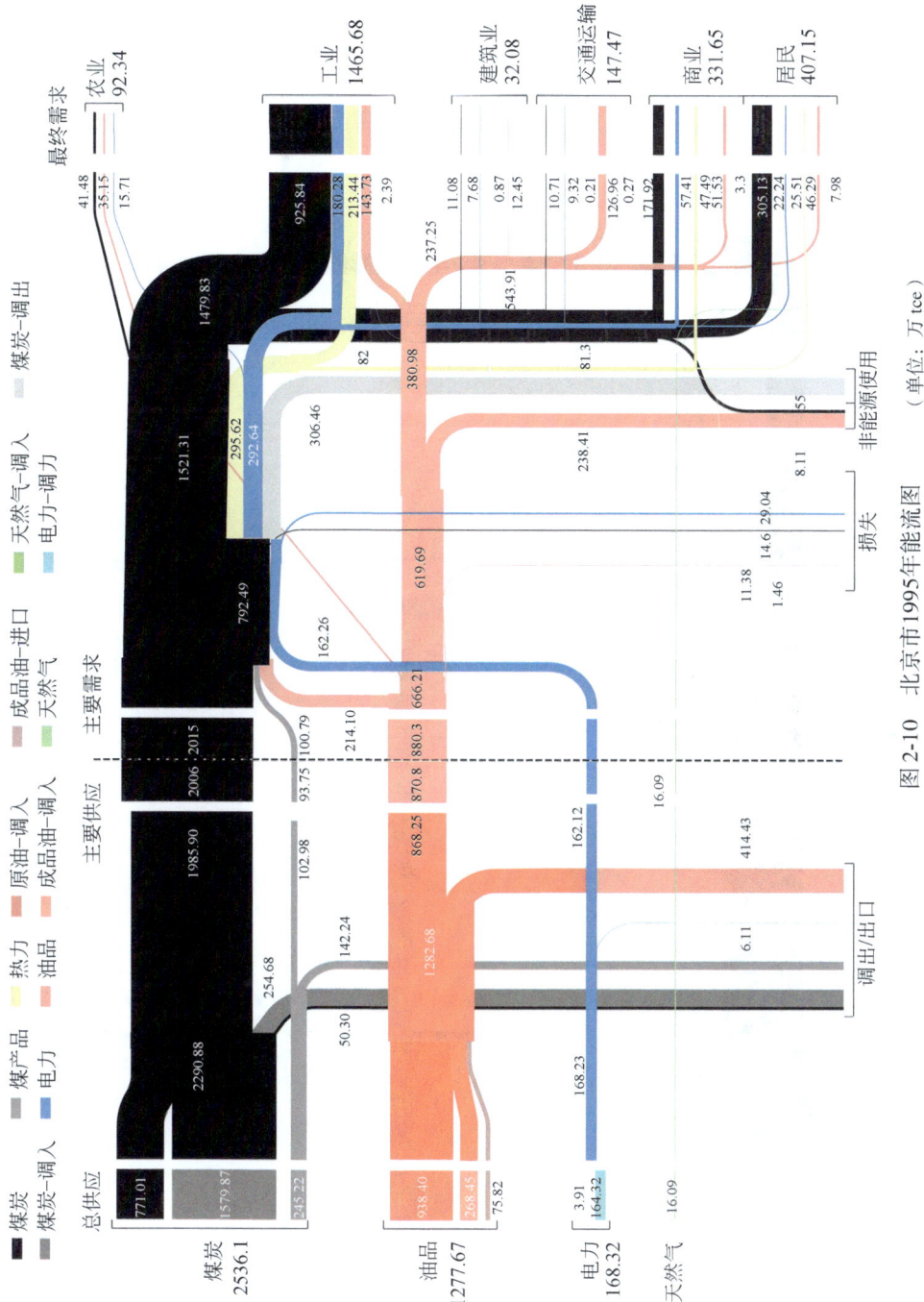

图 2-10 北京市1995年能流图
（单位：万 tce）

城市能量过程及其结构解析

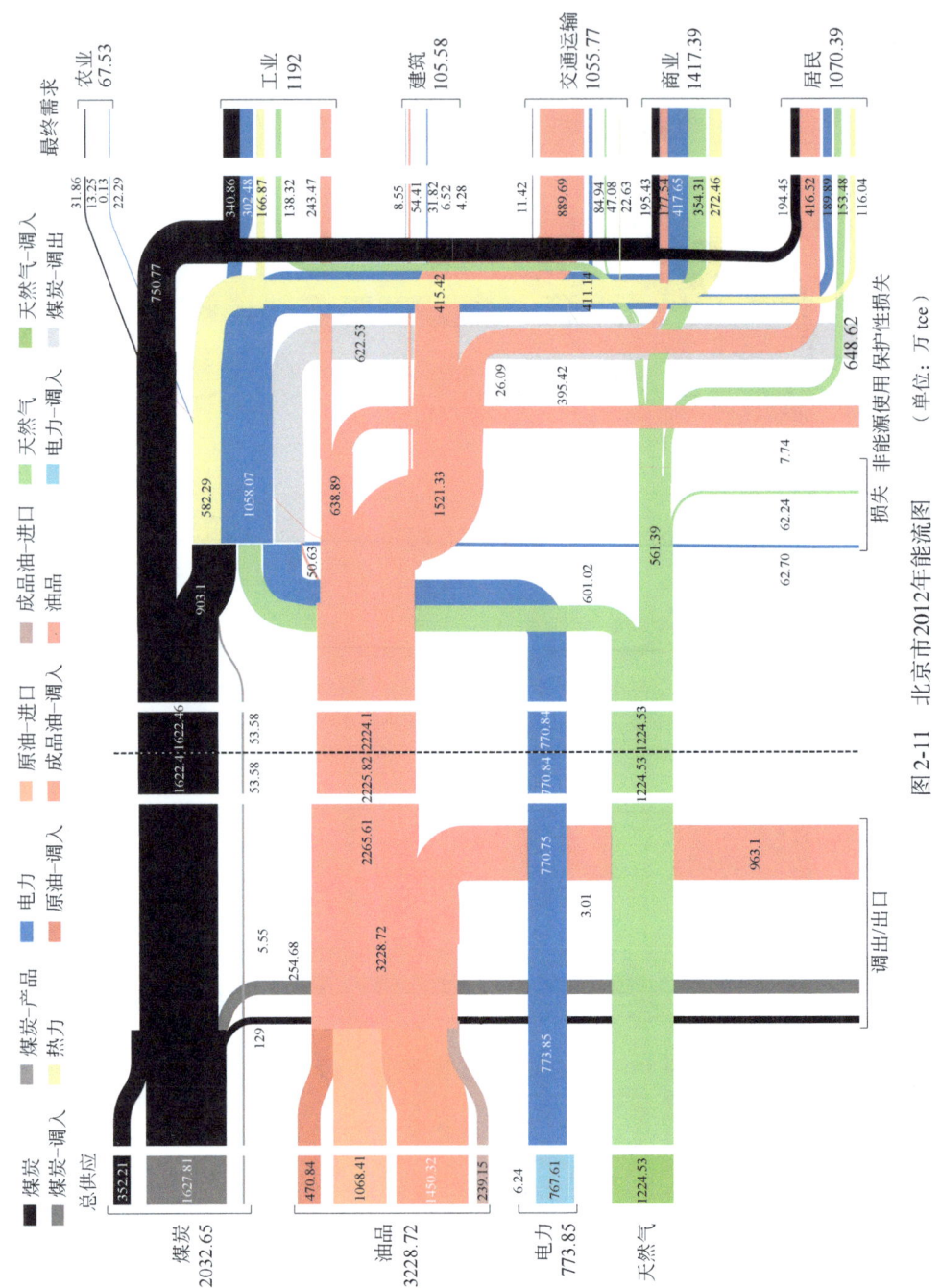

图 2-11 北京市2012年能流图（单位：万 tce）

0.25Mtce，煤炭消费量从 0.41Mtce 降至 0.32Mtce，而电力所占比重则从 17.01％上升至 33.01％，且天然气也逐渐应用于农林牧副渔各行业部门。工业作为能耗量最大的行业，1995 年其最终能源需求量为 14.66Mtce，煤炭和电力分别占到 63.17％和 12.30％，而 2012 年工业中煤炭和电力分别占到 28.60％和 25.38％，天然气消费量也占到了 11.60％。建筑业，交通运输、仓储及邮政服务业，其他服务业与居民的最终能源需求均出现不同幅度的增长，其中交通运输、仓储及邮政服务业中油品的最终需求增加了 6 倍，到 2012 年为 8.90Mtce；其他服务业中，电力和天然气的最终需求量分别从 0.57Mtce、0.03Mtce 增至 4.18Mtce 和 3.54Mtce；居民生活对煤炭的需求有所下降，降幅为 36.27％，而对油品、电力和天然气的需求较大，这与北京市经济社会发展、人们的生活水平提高及居民的喜好关系密切。特别要注意的是，各行业对煤炭的直接需求量下降，但是由煤炭经过火力发电和供热的需求量显著增加，交通运输、仓储及邮政服务业对油品的需求量是北京市应该关注的能源安全和环境问题的重点之一。

参 考 文 献

北京市统计局. 2013. 北京统计年鉴. 北京：中国统计出版社.
北京市统计局. 2014. 北京统计年鉴. 北京：中国统计出版社.
国家发展和改革委员会. 2010. 国家发展改革委关于开展低碳省区和低碳城市试点工作的通知. http://qhs.ndrc.gov.cn/dtjj/201008/t20100810_365271.html [2018-02-01].
国家统计局. 2010. 中国统计年鉴. 北京：中国统计出版社.
梁朝晖. 2010. 城市能源管理. 上海：上海人民出版社.
李建明, 孙正, 祝大勇. 2011. 保定市经济发展方式变迁及效应评估——对低碳城市发展动力的探寻. 理论界, 4: 45-47.
李效臻, 饶晓, 宋艺航, 等. 2011. 北京市煤炭生产及消费分析与需求展望. 中国能源, 33（12）: 29-32.
潘烨, 刘雪. 2010. 城市低碳化成为中国应对气候变化新坐标. http://news.163.com/10/0704/08/6AO31PEL000146BC_mobile.html[2018-02-01].
孙宇挺. 2010. 北京征集"十二五"规划不复制发达国家"老路". http://www.chinanews.com/gn/2010/08-16/2470328.shtml [2018-02-01].
王敏, 杨朝宇. 2006. 北京能源消费与经济发展分析报告. 北京：经济观察, 24-27.
中新网. 2011. 布莱尔率气候组织"再设计"中国 7 城低碳蓝图. http://www.cnstock.com/index/gdbb/201103/1228616.htm[2018-02-01].
International Energy Agency（IEA）. 2016. Energy technology perspectives 2016: towards sustainable urban energy systems. https://www.iea.org/publications/freepublications/publication/Energy-TechnologyPerspectives2016_ExecutiveSummary_EnglishVersion.pdf [2018-02-01].
Jr P R, Wigley T, Green C. 2008. Dangerous assumptions. Nature, 452: 531-532.
Li Z, Tong L Z, Sun J. 2010.Analysis of energy consumption in Beijing. China's Foreign Trade, 1: 59.

第3章 基于指数分解的城市能量消费变动解析

3.1 引　　言

　　城市由于聚集了众多生产性企业和大量人口成为能源消费的主要区域，因此分析城市能源变化的规律，寻找城市能源变化的驱动因素，是减少能源消耗、实施节能减排战略的关键。目前，中国已进入城市化的快速发展阶段，城市化水平在未来20～30年仍将不断上升，与此同时，能源问题也将变得更为引人关注。城市和农村作为两种不同承载人类生产和生活活动的空间载体，对能源的消费有着本质区别，城市的人均能源消费远高于农村。因此城市化水平的提高必将带动能源消费水平的整体上升。在过去的50多年中，中国能源消费量表现出随城市化水平的提高而不断上升的趋势，能源供需矛盾已经开始凸显。联合国人居署指出的中国城市化四大挑战（能源问题、固体废弃物处理、城市发展监测系统和信息交流）中，能源问题首当其冲。随着我国城市化进程的不断推进，必将对能源消费总量和结构提出新的要求，因此，如何保障中国城市化未来发展的能源需求，是我国城市化进程中无法回避的一个重大问题。

　　北京市作为特大型城市，是我国的首都，也是全国政治、文化、科研教育中心及对外交流中心，北京市的能源发展在城市能源转型和变化中具有典型性和代表性，可以为我国其他城市能源消费的发展和调控提供参考和借鉴。

　　因此，本章将立足北京市能源开发利用现状，对北京市能源消耗主要制约因素进行分析，通过对能源消耗的影响因素进行系统评价，提出北京市能源消耗管理的思路框架和建议措施，以期从理论上完善北京市能源消耗的研究理论体系，从实践上对政府决策提出可以借鉴的发展思路。

　　基于以上背景和意义，本章以北京市为尺度，分析了2005～2014年北京市能源消耗变化的主要推动因素，利用对数平均迪式分解法（logarithmic mean divisia index，LMDI）对主要效应因素进行了分离和定向定量分析。通过研究其变化的趋势及特点，为北京市及国家有关部门制定能源发展政策提供理论依据。

3.2 方法与原理

3.2.1 指数分解分析方法历史

指数分解分析方法（index decomposition analysis，IDA）是用来测定受多种因素影响的某种现象总变动中各因素的影响方向和影响程度的一种统计分析方法。该方法将统计学中的指数理论应用在变化量（如能源效率）的分解分析中。指数分析法既可以全面分析各指数对某一指标的影响，又可以单独分析某个指数对指标的影响。

广义的指数是指"用来测定一个变量对于一个特定的变量值大小的相对数"；狭义的指数是指因不同度量而不能直接汇总的多种事物在不同时间对比的综合相对数。英国经济学家兼数理统计学家鲍利指出，"指数是用来测定'不能直接观察的某种数量的变化'的指标"。

指数分解分析方法最早可以追溯到1871年Laspeyres提出的以基期价格为权重的指数，主要用来解决一些经济问题，如产品产量变化和价格变化各自对企业销售额的影响，但在能源领域并没有得到广泛应用。20世纪70年代石油危机的爆发使发达国家开始关注能源消费问题，研究者力图探索工业能源消费变化的机理，或者说工业内部行业结构变化对总体能源需求的影响。于是，指数分解分析逐渐被应用到能源问题的研究之中（张炎治和聂锐，2008）。到了20世纪80年代指数分解分析在方法论和应用方面得以完善和发展，该时期的应用主要是分析一些重要因素（如产业结构、部门能源强度）变化对工业能源消耗（或工业能源消费强度）变化的影响效应，随着世界对环境污染全球变暖问题的日益关注，20世纪90年代以来，指数分解分析用于废气排放方面的研究越来越多。

指数分解分析的基本思想是把一个目标变量（如能源消耗或二氧化碳排放量）的变化分解成若干个影响因素的组合，从而可以辨别各个因素影响程度的大小，即贡献率，进而客观确定出影响比较大的因素。在可得到数据的情况下，把这种分解逐层进行下去，最终把各种影响因素对目标变量的影响区分开来（张明，2009）。指数因素分解分析方法目前有Laspeyres、Divisia、Fisher、Marshall-Edgeworth、投入产出（input-output）等10种之多，因存在无分解残差项的改进版本且易于计算，前两种方法在研究中被广泛采用。

20世纪70年代末期和80年代初期研究中所采用的分解方法基本上都属于Laspeyres指数法，其特点是在保持其他因子不变的情况下，通过计算一个因子的变化来分析该因子的影响，即计算一个变量的变化值同时固定其他变量的值（固定为基年的值）。采用百分比变化概念来表现效应因素的影响。Jenne和Cattell

(1983)对英国工业能源使用的趋势分析和 Marlay（1984）对美国工业部门的分析中就采取了 Laspeyres 指数法。Divisia 指数法是 Laspeyres 指数法的一种发展版本，其主要不同在于计算方法的不同，同时在分解模型中引入了对数累积加权的概念（在计算变量变化时），相关的研究包括 Boyd 等（1988）、Liu 等（1992）、Ang 和 Lee（1994）等。

有关指数分解中存在的残差项及 Laspeyres 指数法和 Divisia 指数法何为最优分解方法的争论较大。当指数分解存在残差项时，说明能源强度变动的部分不能被模型所解释。Laspeyres 指数法及绝大部分 Divisia 指数法都存在这个缺陷。如果残差项很大，进行因素分解的意义不大。Ang 和 Zhang（2000）的研究显示，不同方法的残差大小差异很大，有些方法的残差项甚至超过了能源强度变动量，这将导致结论说服力下降。在随后的研究中，学者针对这一问题进行了改进，Ang 和 Choi 在 1997 年提出了对数平均迪氏分解法，该方法通过引入对数平均数 $L(a,b)$，进行了完全分解，从此在理论上基本解决了分解法的余值问题，但是该法的主要不足在于分解形式复杂。Ang 和 Zhang 在 1998 年进行进一步研究，提出了对数均值迪氏分解法，该方法能处理零值且简化了分解形式。Zhang 和 Ang（2001）和 Ang（2005）通过使用 LMDI 方法分析中国 1985~1990 年中国制造业能源消耗相关的 CO_2 排放量和加拿大 1990~2000 年工业能源消耗的影响因素，验证了 LMDI 方法的优越性。

主春杰等（2006）使用 LMDI 方法对我国部分省份、区域在 1996~2004 年能源消费导致的 CO_2 排放量进行了分析，研究结果表明我国各省（地区）的 CO_2 排放量在 1996~2004 年基本呈现零（或负）增长趋势，主要原因是能源强度的提高；各省（地区）的 CO_2 排放量地区差异显著。齐志新和陈文颖（2007）利用 Laspeyres 指数法把国内产业分为六大产业（农业、工业、建筑业、交通、商业和服务业），并分析了 1980~2003 年中国宏观能源强度和 1993~2003 年工业部门能源强度下降的主导因素，发现技术进步带动的能源利用效率提升是中国能源效率提高的决定因素。宁自军等（2013）使用 LMDI 方法对浙江省能源强度变动影响因素进行了分析，研究结果表明，产业结构的变动对能源强度的变化具有积极的促进作用，但其作用相对较小，产业能源强度的变动是影响整体能源强度变化的主要因素。

3.2.2　指数分解分析方法的应用形式

国内对指数分解分析方法的研究起步较晚，而且基本上都属于应用性研究。从研究采用的方法来看，指数分解分析中的 Laspeyres 分解方法和 Divisia 分解方法应用较为普遍，投入产出分解和其他方法的应用较少。关于我国能源消费相关的分解分析主要有以下代表文献。①基于 Divisia 分解方法：Huang（1993）分解了我国第二产业中化学、钢铁、电力、造纸、建筑、电子部门 1980～1988 年的能源强度变化，并将其归结为结构变动效应和能源强度改进效应。结果表明，能源强度对这 6 个部门能源强度的改进起到积极作用，而这 6 个部门产品结构变动引起的产业结构变动对能源强度变动贡献不大。Sinton 和 Levine（1994）利用 Laspeyres 分解方法对我国工业部门 1980～1990 年结构变动和实际强度变动效应（生产结构/技术效应）进行分析，得出与 Huang 相似的结论。史丹（1999）认为经济结构变动不仅可以实现经济增长，而且可以降低单位 GDP 能耗，其研究结论是中国在能源弹性系数较小的条件下实现高速经济增长主要是经济结构的变动降低了单位 GDP 能耗的结果。②基于 Laspeyres 分解方法：吴巧生和成金华（2006）对我国能源强度进行分解，得出结论是 1980 年以来，我国能源使用效率虽有很大提高，但与发达国家相比，能源强度的下降空间仍很大，我国能源强度下降主要是各产业能源使用效率提高的结果，相对于效率份额，结构份额对能源强度的影响较小，而产业结构调整对降低能源强度的作用是负面的。

指数分解分析用于能源消费的研究，可以采取以下两种形式来分解：

（1）加法形式

以 T 年（目标年）和 0 年（基准年）的能源强度差值来表示，即 $\Delta E_{tot}=E_T-E_0$。

（2）乘法形式

以 T 年和 0 年的能源强度指数来表示，即 $D_{tot}=E^T/E^0$。然后把变化量分解为 n 个效应。

指数分析法一般步骤如下（以能源应用为例）：

设 E 为能源消费的总量，在一个时间跨度内有 n 个因素对 E 的变化起作用，即有 n 个变量：x_1，x_2，…，x_n。下标 i 表示总量指标的次级分类，用于进行结构变化的分析。在次级分类的水平上，存在关系：$E_i=x_{1,i}\,x_{2,i}\cdots x_{n,i}$。一般地，指数分解定义为

$$E=\sum_i E_i=\sum_i x_{1,i}\,x_{2,i}\cdots x_{n,i}$$

0 时期总量的变化为：$E^0=\sum_i x^0_{1,i}\,x^0_{2,i}\cdots x^0_{n,i}$，时期 T 为：$E^T=\sum_i x^T_{1,i}\,x^T_{2,i}\cdots x^T_{n,i}$。利用乘法分解，可以将变化率分解为

$$D_{\text{tot}}=E^T/E^0=D_{x1}\ D_{x2}\cdots D_{xn} \quad (3\text{-}1)$$

利用加法分解，将差分分解为

$$\Delta E_{\text{tot}}=E^T-E^0=\Delta E_{x1}+\Delta E_{x2}+\cdots+\Delta E_{xn} \quad (3\text{-}2)$$

式中，下标 tot 表示总的变化，式（3-1）及式（3-2）等号右侧每项表示相对应因素的效应。

3.2.3　LMDI 方法简介

LMDI 方法由 Ang 和 Choi 在 1997 年提出，是一种能够无残差分解且可以处理零值与负值的指数分解分析法。

Ang（2004）指出 LMDI 方法具有以下优势：① LMDI 方法能够给出较为合理的因素分解，结果不包括不能解释的残差项，使模型更有说服力；② LMDI 方法中，分部门效应加总与总效应保持一致，即不同的分部门效应总和与各个部门作用于总体水平上获得的总效应相一致，这一点在多层次分析中十分有用，如总体的产业活动能够分为次产业活动，国家能够分为区域等，这就提供了分析经济集团内部效应对比的依据。

LMDI 方法的基本步骤与一般的指数因素分解法相同，其主要特点在结果计算上代入了对数平均数 $L(a,b)$。在 LMDI 方法中，式（3-1）及式（3-2）右边对应的第 k 个因素的效应（i 表示能源类型或能耗部门）表示为

$$D_{x_k}=\exp\left[\sum_i \frac{L(E_i^T,E_i^0)}{L(E^T,E^0)}\ln\left(\frac{x_{k,i}^T}{x_{k,i}^0}\right)\right]$$

$$\Delta V_{x_k}=\sum_i L(E_i^T,E_i^0)\ln\left(\frac{x_{k,i}^T}{x_{k,i}^0}\right)$$

$$L(a,b)=\begin{cases}\dfrac{(a-b)}{(\ln a-\ln b)} & (a\neq b)\\ a & (a=b)\end{cases}$$

3.2.4　LMDI 方法的基本步骤——加法分解部分推导

以能源消费为例，设

$$E=IG$$

$$E=\sum E_i=\sum I_i G_i$$

式中，E 为能源消费量；I 为能耗强度；G 为行业总产值；i 为能源类型或能耗部门，$i=1,2\cdots$

对等式两边进行微分，得

$$\frac{dE}{dt}=\sum I_i \frac{dG_i}{dt}+\sum G_i \frac{dI_i}{dt}$$

对等式两边进行积分

$$\int_0^t \frac{dE}{dt}dt=\sum \int_0^t I_i \frac{dG_i}{dt}dt+\sum \int_0^t G_i \frac{dI_i}{dt}dt$$

可以表示为

$$E_t-E_0=\sum I_i^*(G_{i,t}-G_{i,0})+\sum G_i^*(I_{i,t}-I_{i,0})$$

3.2.5 关键部分解释

对引入的 ω_i^* 的解释：积分相当于被积函数所包围面积，则必有 $\omega_i^* \equiv \omega(t_i,\omega)$（$t_i,\omega \in [0,t]$）使得

$$\sum \omega_i^* \frac{\ln G_{i,t}}{\ln G_{i,0}}=\int_0^t \omega_i \frac{d\ln G_i}{dt}dt$$

有关对数平均概念的引入：为什么要在对 X_i^* 的定义中引入平均数的概念？

因为在对类似 $\int_0^t I_i \frac{dG_i}{dt}dt$ 的求解中，我们所拥有的数据是离散的（定义在有限的一组值上不连续的），所以我们在求解时必须将其转化为类似 $\sum I_i^*(G_{i,t}-G_{i,0})$ 的格式，在这一步中引入 X_i^* 的是介于 X_i^0 与 X_i^t 间的特定一项，积分在几何意义上相当于被积函数在指定区间内所包围面积，积分的计算如图3-1所示：

在本研究的计算过程中，由 0 到 t 的区间内的变化我们是不确定的，所包围的面积也是无法确定的，所以就无法确定 X_i^* 项的真实值，需要通过取近似值的方法来接近正确的结果，这种近似值被称为托恩奎指数（Tornqvist index）。在早期的研究之中，我们取两值之间的算术平均值来近似代替真实的 X_i^* 值 [算术平均 Divisia 指数法（arithmetic mean Divisia index，AMDI）]，在结果验证中也确定了 AMDI 方法的可靠性，但这种方法有两个缺点：一是存在残差，二是无法对零值进行处理。

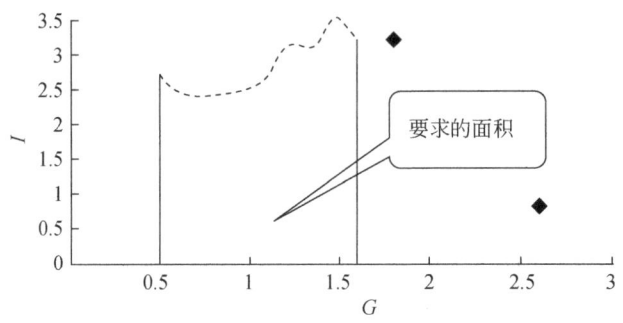

图 3-1　积分计算示意图

相比于 AMDI 方法，LMDI 方法在可靠性上并没有显著的提升，其主要优点就是解决了残差和零值的问题。

[对数均值的性质：$(xy)1/2 < L(x,y) < (x+y)/2, L(x,y) = L(y,x)$]
在 LMDI 方法中，设

$$I_i^* = \frac{L(E_{i,t}, E_{i,0})}{L(G_{i,t}, G_{i,0})}$$

$$G_i^* = \frac{L(E_{i,t}, E_{i,0})}{L(I_{i,t}, I_{i,0})}$$

$$L(a,b) = \frac{a-b}{\ln a - \ln b}$$

代入得

$$E_t - E_0 = \sum L(E_{i,t}, E_{i,0}) \frac{\ln G_{i,t}}{\ln G_{i,0}} + \sum L(E_{i,t}, E_{i,0}) \frac{\ln I_{i,t}}{\ln I_{i,0}}$$

LMDI 在模型中对于 X_i^* 项的定义中引入了对数平均的概念。例如，$I_i = \frac{E_i}{G_i}$，则 $I_i^* = \frac{L(E_{i,t}, E_{i,0})}{L(G_{i,t}, G_{i,0})}$，同理 $\omega = \frac{I_i G_i}{E} = \frac{E_i}{E}$ 则 $\omega_i^* = \frac{L(E_{i,t}, E_{i,0})}{L(E_t, E_0)}$，代入公式得

$$\frac{E_t}{E_0} = \exp\left(\sum \frac{L(E_{i,t}, E_{i,0})}{L(E_t, E_0)} \frac{\ln G_{i,t}}{\ln G_{i,0}}\right) \exp\left(\sum \frac{L(E_{i,t}, E_{i,0})}{L(E_t, E_0)} \frac{\ln I_{i,t}}{\ln I_{i,0}}\right)$$

3.3 模型建立与数据来源

3.3.1 模型一：能源消费的分解分析模型

$$E = G \times \frac{E}{G} \times \frac{E}{P} \times \frac{P}{A} \times \frac{A}{E}$$

式中，E 为能源消费总量（tce）；G 为地区生产总值（万元）；P 为总人口（万人）；A 为面积（km²）。

通过加法分解可以得出每个影响因子对于能源消费量变化的贡献。

$$\Delta E = E^T - E^0 = \Delta E_g + \Delta E_{eg} + \Delta E_{ep} + \Delta E_{pa} + \Delta E_{ae}$$

$$\Delta E_g = \sum_i \frac{E_i^T - E_i^0}{\ln E_i^T - \ln E_i^0} \ln \frac{G^T}{G^0}$$

$$\Delta E_{eg} = \sum_i \frac{E_i^T - E_i^0}{\ln E_i^T - \ln E_i^0} \ln \frac{\left(\frac{E}{G}\right)^T}{\left(\frac{E}{G}\right)^0}$$

$$\Delta E_{ep} = \sum_i \frac{E_i^T - E_i^0}{\ln E_i^T - \ln E_i^0} \ln \frac{\left(\frac{E}{P}\right)^T}{\left(\frac{E}{P}\right)^0}$$

$$\Delta E_{pa} = \sum_i \frac{E_i^T - E_i^0}{\ln E_i^T - \ln E_i^0} \ln \frac{\left(\frac{P}{A}\right)^T}{\left(\frac{P}{A}\right)^0}$$

$$\Delta E_{ae} = \sum_i \frac{E_i^T - E_i^0}{\ln E_i^T - \ln E_i^0} \ln \frac{\left(\frac{A}{E}\right)^T}{\left(\frac{A}{E}\right)^0}$$

式中，T 为时间（年）；i 为能源类型或能耗部门；ΔE 为第 T 年与基础年能源消费变化量；ΔE_g 为地区 GDP 变化引起的能源消费变化；ΔE_{eg} 为能源强度变化引起的能源消费变化；ΔE_{ep} 为人均能耗变化引起的能源消费变化；ΔE_{pa} 为人口密度变化引起的能源消费变化；ΔE_{ae} 为能源空间支持系数变化引起的能源消费变化。

3.3.2 模型二：基于能源种类和产业部门的分解分析模型

基于 LMDI 方法，北京市能源消费变化可以分解为经济发展水平、经济结构、能源强度和部门能源结构四个部分。公式表达为

$$E = \sum_{ij} E_{ij} = \sum_{ij} G \frac{G_i}{G} \frac{E_i}{G_i} \frac{E_{ij}}{E_i} = \sum_{ij} G\, S_i\, I_i\, M_{ij}$$

式中，E 为能源消费总量（tce）；i 为部门分类；j 为能源种类；E_{ij} 为 i 部门 j 类能源使用量（tce）；G 为地区国民生产总值（万元）；S_i 为 i 部门产出占总产出的比重；I_i 为 i 部门能源强度（tce/万元）；M_{ij} 为 i 部门 j 类能源消费量占 i 部门能源消费总量的比重。

通过加法分解可以得出每个影响因子对于能源消费量变化的贡献。

$$\Delta E_{tot}=E^T-E^0=\Delta E_{act}+\Delta E_{str}+\Delta E_{int}+\Delta E_{mix}$$

$$\Delta E_{act}=\sum_{ij}\frac{E_{ij}^T-E_{ij}^0}{\ln E_{ij}^T-\ln E_{ij}^0}\ln\frac{G^T}{G^0}$$

$$\Delta E_{str}=\sum_{ij}\frac{E_{ij}^T-E_{ij}^0}{\ln E_{ij}^T-\ln E_{ij}^0}\ln\frac{S_i^T}{S_i^0}$$

$$\Delta E_{int}=\sum_{ij}\frac{E_{ij}^T-E_{ij}^0}{\ln E_{ij}^T-\ln E_{ij}^0}\ln\frac{I_i^T}{I_i^0}$$

$$\Delta E_{mix}=\sum_{ij}\frac{E_{ij}^T-E_{ij}^0}{\ln E_{ij}^T-\ln E_{ij}^0}\ln\frac{M_{ij}^T}{M_{ij}^0}$$

式中，ΔE_{tot} 为第 T 年与初始年相比能耗变化量；E^T 为第 T 年能耗量；E^0 为基准年能耗量；ΔE_{act} 为总产出变化引起的能耗变化量；ΔE_{str} 为部门产出比例变化引起的能耗变化量；ΔE_{int} 为能源强度变化引起的能耗变化量；ΔE_{mix} 为能源结构变化引起的能耗变化量。

3.3.3 数据来源

本章研究选取的时间段为 1981～2014 年，其中所用数据均来源于《北京统计年鉴》（1980～2015 年）、《中国能源统计年鉴》（2004～2015 年）。并以 1978 年和 2005 年为不变价格来表示，单位为亿元。能源数据均来自相应年份的能源平衡表（实物量），计算范围为三大产业的终端能源消费量，单位为万 tce。

3.4 北京市能源消耗影响因素分解结果分析

近十年来，北京市经济迅速发展，经济总量不断增长，到 2015 年北京市 GDP 达到了 68 205.37 亿元（2005 年可比价），是 2005 年的 6969.5 亿元的 9.78 倍。2014 年北京市能源消费总量为 6831.2 万 tce，比 2005 年的 5521.9 万 tce 增加了 23.71%。全市积极推进结构调整，大力推进技术节能，深入开展全面节能行动等措施，使能源强度（单位 GDP 能耗）由 2005 年的 0.792tce/万元下降至 0.36tce/万元，能源利用效率得到有效提高。3.4.1 节将驱动 1981～2014 年能源消耗量的变化按照经济规模、能耗强度、人均能耗、人口密度和能源空间支持系数五个因素进行分解；3.4.2 节考虑数据可得性，将驱动 1981～2014 年能源消耗量的变化按照部门分类分解为 GDP、产业结构、能源强度和能源结构四个因素。下面将逐一阐述分解结果。

3.4.1 能源消费的分解分析结果

将 1980 年设为能源消费分解分析的基准年，在 1981～2014 年的能源消耗分解结果如图 3-2 所示。经济规模的扩大对能源消费的拉动是能源消费量不断增加的最主要原因，尤其在 2002～2008 年，经济增长对能源消费的贡献率显著提升，2010 年之后，经济增长的拉动效应逐渐减弱，2013 年甚至出现了负增长。

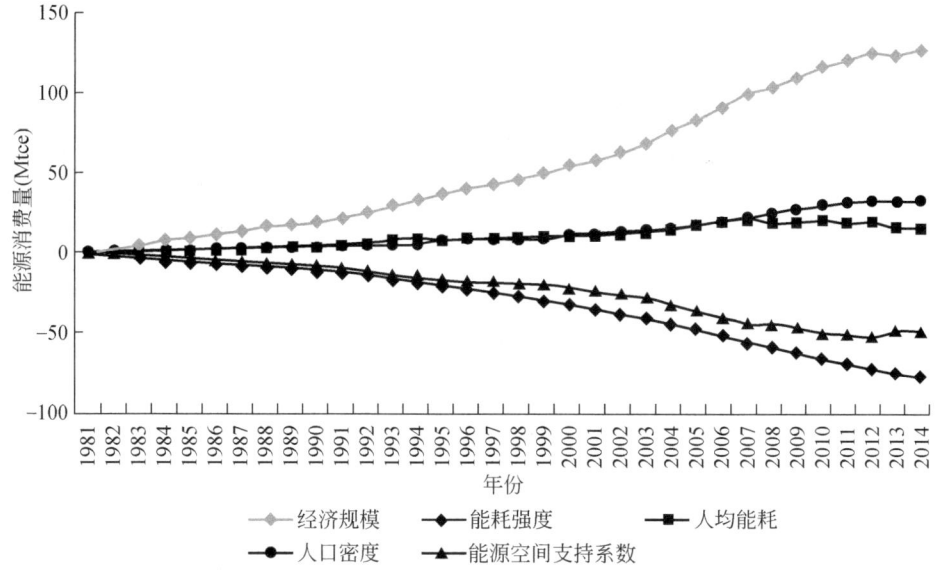

图 3-2　北京市能源消费变化贡献量（1981～2014 年）

人口密度代表了人口规模与空间扩张的关系，在能源利用方面是一个具有双刃剑性质的复杂因素。密度增大可以提高空间利用率，减少距离因素引起的能源消耗，但一定面积上人口数量的增加却可以通过人均能耗乘以人口规模数量增加能耗。自 1981～2007 年，人口密度和人均能耗具有高度的一致性，在 2007 年之后，随着大量外来人口涌入城市，导致城市的人口密度不断攀升，同时，节能减排等措施的有力实施，使人均能耗及人均能耗对能源增长的贡献率有所下降。

能源空间支持系数是假设能源消耗不变，所能支持的城市面积。其反映了特定城市发展水平下（包括经济水平、人民生活水平、基础设施水平）的能源利用特征，其值越大表明城市发展方式趋向低能耗型，反之则是高耗能的。能耗强度对能耗增长呈现出显著的抑制作用，随着技术水平的不断进步，能源利用率也不断提高，能耗强度对能源增加的抑制作用也不断增强。

3.4.2 基于产业部门的分解分析结果

3.4.2.1 综合分解分析结果

四种因素对北京市能源消费变化产生的综合影响结果见表3-1。从LMDI分解分析的结果可以发现，不同因素对北京市能源消费变化的影响显著不同。由于北京市经济快速发展，经济增长对北京市能源消费变化产生正向影响，年均贡献值达到11.59Mtce，特别是在2009～2014年，经济发展对能源消费增长的贡献量不断下降，2013～2014年，经济发展对能源消费变化的抑制量为12.79Mtce，而产业结构、能源强度和能源结构三个要素对北京市能源消费增长呈现负向作用，是抑制北京市能源消费的主要驱动力，就贡献量而言，能源强度＞产业结构＞能源结构，对能源消费的年均抑制贡献值分别为10.68Mtce、5.10Mtce和2.06Mtce。

表3-1 北京市各因素对能源消费变化的影响结果　　（单位：Mtce）

时段	GDP	产业结构	能源强度	能源结构
2005～2006年	15.40	1.80	−14.09	0.57
2006～2007年	20.53	−3.88	−13.26	−0..55
2007～2008年	15.28	−1.85	−12.23	0.94
2008～2009年	10.89	0.61	−8.29	−0.82
2009～2010年	17.22	4.52	−17.94	−0.003
2010～2011年	16.38	−1.67	−16.03	0.04
2011～2012年	13.39	1.04	−10.52	0.12
2012～2013年	8.01	−1.44	−8.80	0.19
2013～2014年	−12.79	−4.22	1.61	−1.98
平均	11.59	−5.10	−10.68	−2.06

进一步分析上述结果可以得出，近年来，北京市在保障经济持续快速增长的前提下，通过科学技术提升单位经济产出的能源消耗，调整产业结构和改变单一的能源结构是最为有效的方式。与此同时，也应更注重挖掘多元化能源结构对减少北京市能源消费的作用。就产业结构而言，2005～2014年，产业结构对北京市能源消费变化的影响贡献呈现正负交替现象，表明北京市在调整产业结构方面已经取得了一定成效，但是仍然处于不稳定的状态。因此，仍需要对北京市产业结构进行深入优化。

3.4.2.2 经济发展对北京市能源消费变化的影响分析结果

根据国民经济行业分类，对北京市各行业部门进行调整和合并，共分为七大类，分别包括农业，采矿业，制造业，建筑业，交通运输、仓储及邮政业，其他服务业及电力、热力、燃气和热水的生产和供应业。上述七大类产业产值对北京市能源消费变化的影响贡献如图3-3所示。从图3-3中可以看出，整体而言，随着北京市经济增长，能源作为支撑经济发展的主要动力，其消费量也随之增长，尤其是2005～2013年，能源消费量呈现"线性"增长趋势。2005～2013年北京市经济发展对能源消费的贡献值为117.11Mtce，而2014年出现反转，北京市能源消费量较2013年，降低12.79Mtce。

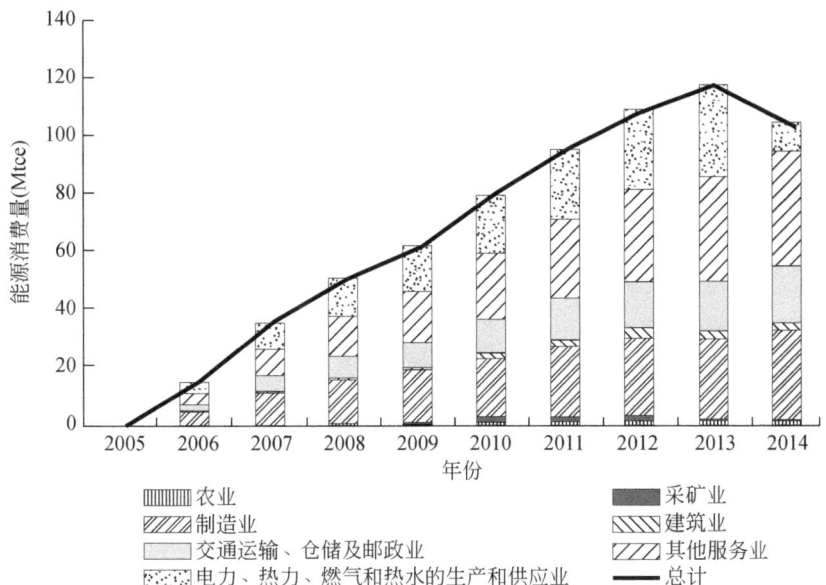

图 3-3 北京市 GDP 对能源消费变化的贡献趋势图（2005～2014 年）

从图3-3中可以看出，制造业，其他服务业，交通运输、仓储及邮政业及电力、热力、燃气和热水的生产与供应业这四类行业对北京市能源消费增长的正向贡献较大，超过能源总消费量的90%。其中，制造业对能源消费的正向贡献值从2006年的4.92Mtce增至2014年的30.11Mtce，而其他服务业的能源消费量于2010年超过制造业的能源消费，成为北京市排行第一的能耗行业。交通运输、仓储及邮政业对能源消费的年均贡献值为10.23Mtce，2014年对能源消费的贡献值为19.22Mtce，电力、热力、燃气和热水的生产和供应业对能源消费的贡献变化趋势与总GDP的贡献趋势相似，2005～2013年逐年增长，且于2010年超过制造业成为北京市第二大能耗行业，但2014年表现为抑制能源消费增长，能源消费量仅为9.99Mtce，较2013年减少21.20Mtce。农业和建筑业对能源消费的贡献率较小，且变化趋势大致相似，而采矿业对能源消费的贡献变化较大，2005～2010年，其贡献值是正值，且逐渐增加，到2010年，能源消费量为2.01Mtce，而后下降，到2014年下降至0.54Mtce。总体来看，其他服务业，制造业及电力、热力、燃气和热水的生产和供应业仍是北京市节能减排的重点行业。

3.4.2.3 产业结构对北京市能源消费变化的影响分析结果

2005～2014年产业结构整体上对北京市能源消费的影响呈现波动变化（图3-4）。其中，2010年和2012年的产业结构对北京市能源消费增长的贡献为正向，分别为1.19Mtce和2.41Mtce。其余年份的产业结构对北京市能源消费增长的贡献均为负向，特别是2008年、2009年和2014年的负向贡献值分别达到3.94Mtce、3.33Mtce和5.01Mtce，由此可见，北京市产业结构调整已见成效。

就七大类行业而言，农业、制造业和交通运输、仓储及邮政业对北京市能源消费增长的贡献在这10年里表现为抑制作用，特别是制造业，抑制作用较强，削减能源消费量在1.79～6.87Mtce，2014年交通运输、仓储及邮政业和农业也分别减少能源消费量2.22Mtce和0.54Mtce。而采矿业，其他服务业及电力、热力、燃气和热水的生产和供应业则是促进能源消费增长。对其他服务业而言，2005～2012年能源消费量增长较快，而2012～2014年能源消费增长速度有所减缓。电力、热力、燃气和热水的生产和供应业在2005～2014年对能源消费变化的影响波动较大，2005～2006年对能源消费增长的贡献值为0.96Mtce，而后逐渐上升，2012年能源消费量为9.70Mtce，2013年和2014年能源消费量下降较快。由此表明，2005～2014年，北京市始终致力于经济结构调整和产业优化，特别是随着北京市的城市功能定位逐渐从生产型城市转变为消费型城市，改变了北京市以能源密集型产业为主的状况。但值得注意的是，电力、热力、燃气和热水的生产和供应业仍将是北京市未来产业结构调整的重中之重。

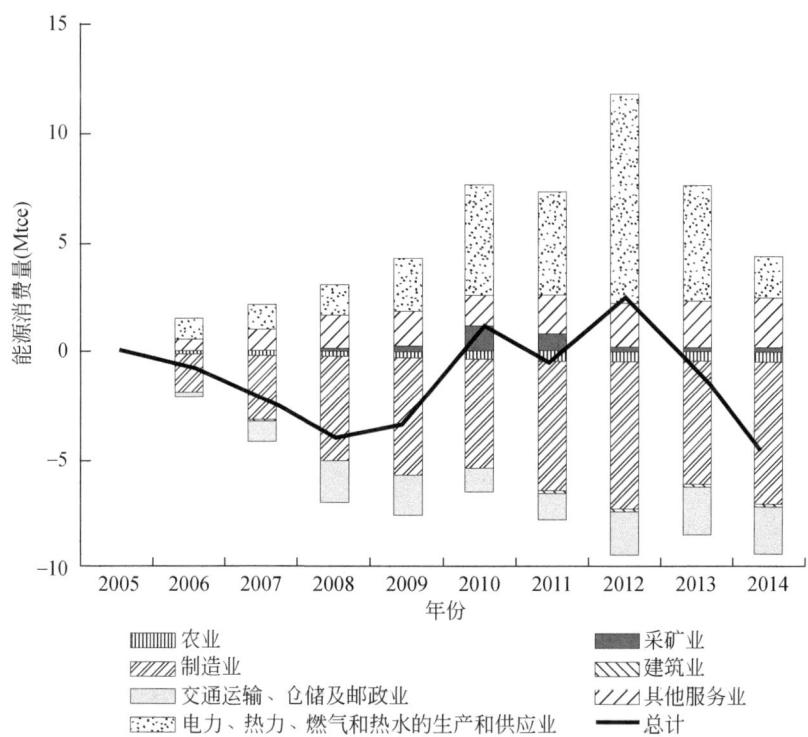

图 3-4 北京市产业结构对能源消费变化的贡献趋势图（2005～2014 年）

3.4.2.4 能源强度对北京市能源消费变化的影响分析结果

能耗强度是指单位 GDP 的能源消耗量，反映了技术水平变化对能源消费量的贡献情况。能源强度的提高意味着单位 GDP 的能耗下降和能耗效率的提升。通过分析可以发现，能耗强度是驱动北京市能源消费量下降的最重要因素之一，如图 3-5 所示。

2005～2014 年，制造业，其他服务业和电力、热力、燃气和热水的生产和供应业的能耗强度对抑制能耗的增长起到了主要作用。2013～2014 年，电力、热力、燃气和热水的生产和供应业抑制能耗的作用有所下降，可能是新建集中供暖等热电项目的投产导致了能耗强度的增加。

交通运输、仓储及邮政业在 2009 年以前所占的比重很小，但 2009 年以后交通运输、仓储及邮政业对能耗增长的抑制作用不断加强，可能是新能源汽车的不断普及及北京市开始实行单双号限行和机动车限购政策所发挥的作用。

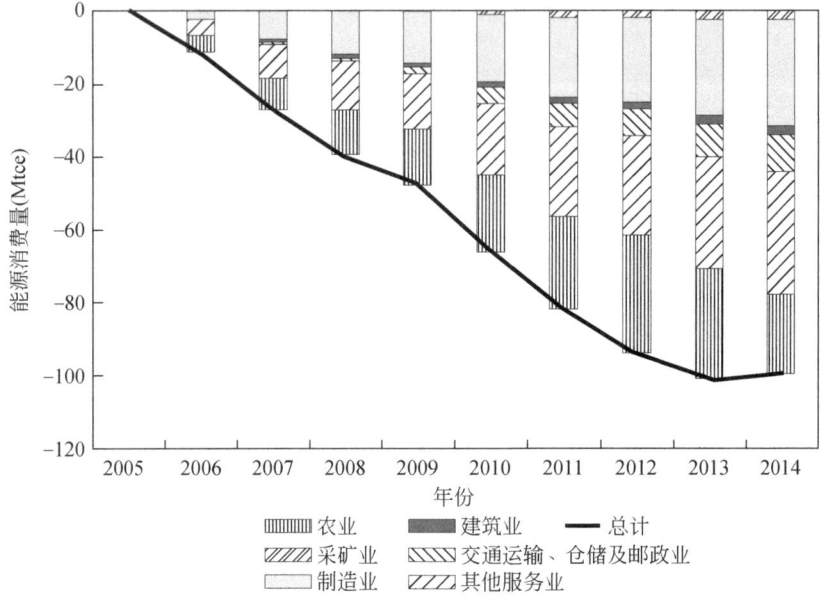

图 3-5　北京市能耗强度对能源消费变化的贡献趋势图（2005~2014年）

建筑业的能耗强度对能源消耗的抑制作用不明显，在未来可以考虑建设更多的绿色建筑，提高新建建筑的能源利用效率，使用经济性更高的材料来提高整个建筑行业的能源利用效率。北京市采矿业和农业本身在经济部门中所占的比重偏低，所以对能源消费的贡献也非常有限。

3.4.2.5　能源结构对北京市能源消费变化的影响分析结果

本章对煤炭、油品、天然气和电力四种能源的结构效应进行分解分析，结果如图3-6所示。2005~2013年能源结构是促进北京市能源消费增长的动力之一，在这段时间内，除去2006年和2013年对能源消费增长的促进作用较大，其余年份的变化较为平缓，然而在2014年，能源结构对北京市能源消费变化的影响出现大逆转，削减能源消费量为1.50Mtce，表明北京市能源结构调整初见成效。

就行业而言，制造业由于能源结构的调整，对能源消费增长的抑制作用逐渐显现，2008~2014年，其贡献始终为负向，特别是2013年负向贡献率达到54.43%。而交通运输、仓储及邮政业、其他服务业、农业和建筑业的能源结构的变化则促进了能源消费增长。尤其是电力、热力、燃气和热水的生产和供应业的正向贡献较大，2005~2013年均占能源消费变化的80%以上。而2014年出现大幅下降，这10年间，电力、热力、燃气和热水的生产和供应业部门由于北

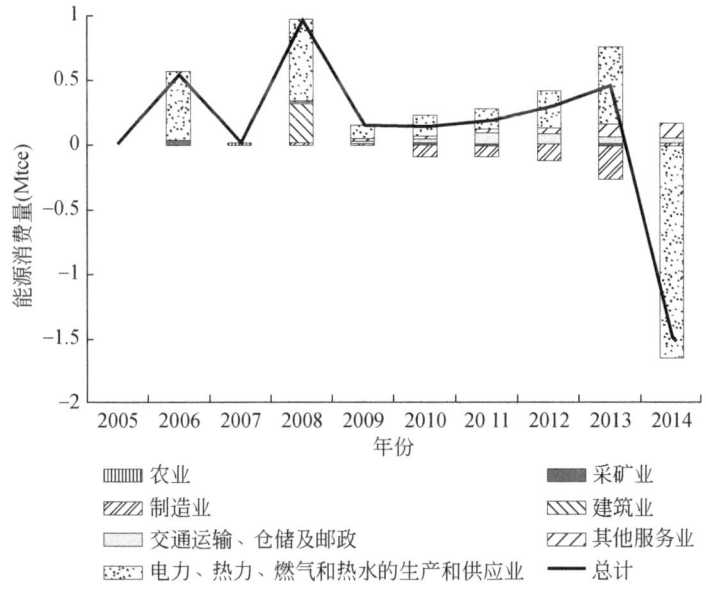

图 3-6 北京市能源结构效应对能源消费变化的贡献趋势图（2005～2014 年）

京市推行"以外调电力为主，自发电为辅"及天然气发电等政策促进了电力和天然气的消费，煤炭的消费量有所下降。建筑业的能源结构效应在 2007～2008 年增长加快，主要是 2008 年北京市举办第 29 届奥运会，2005～2014 年基础设施和场馆的建设和改造可能对其产生了较大的影响。而交通运输、仓储及邮政业和其他服务业的能源结构对能源消费增长的变化也表现为电力和天然气的正向贡献增加，煤炭和油品的负向贡献逐渐增加。

3.5 结论与建议

本章以北京市能源消费与经济发展、产业结构等因素之间的关系为研究对象，运用 LMDI 方法系统分析影响其能源消费变化的因素，旨在详细阐述北京市能源消费变化与经济发展、产业结构、能耗强度及能源结构等之间的内在联系，为优化北京市能源结构，发展低碳城市提供定量化的科学依据。具体结果如下：

1）1981～2014 年，经济规模是促进能源消耗增长的主要因素，能耗强度是抑制能源消费的主要因素。能源空间支持系数反映了一定能源所支持的城市面积，在研究期内能源空间支持系数对抑制北京市能源消费的增加也起到了一定作用。

2）2005～2014 年，经济规模方面，制造业，其他服务业，交通运输、仓储及邮政业及电力、热力、燃气和热水的生产和供应业这四类行业对北京市能源消费增长的正向贡献较大，超过能源总消费量的90%，是能源消费的主要部分。产业结构方面，北京市产业结构调整已见成效，但仍不稳定。北京市的城市功能定位逐渐从生产型城市转变为消费型城市，第二产业的GDP比重逐渐降低，而第三产业的GDP比重逐渐增加。但值得注意的是，电力、热力、燃气和热水的生产和供应业仍将作为北京市未来产业结构调整的重点。能耗强度仍是驱动北京市能源消费量下降的最重要因素之一。能源结构对北京市能源消费变化在近年起到了抑制作用，表明北京市能源结构调整初见成效。

3）通过以上的分析结果可以发现，北京市的经济结构调整潜力已经挖掘到一定水平，应该加强高新技术在不同行业的应用，鼓励高新技术的开发，大力加强科技创新，从强度效应上深入挖掘能源消费降低的潜力，提高能源利用率，为节能减排贡献出新的力量。

参 考 文 献

宁自军，吴德彪，杨松. 2013. 基于LMDI模型的浙江省能源强度变动影响因素分析. 统计与信息论坛，28（2）：80-83.

齐志新，陈文颖. 2007. 工业轻重结构变化对能源消费的影响. 中国工业经济，（2）：35-42.

史丹. 1999. 结构变动是影响我国能源消费的主要因素. 中国工业经济，（11）：38-43.

吴巧生，成金华. 2006. 中国工业化中的能源消费强度变动及因素分析——基于分解模型的实证分析. 财经研究，32: 75-85.

张明. 2009. 基于指数分解的我国能源相关CO_2排放及交通能耗分析与预测. 大连：大连理工大学博士学位论文.

张炎治，聂锐. 2008. 能源强度的指数分解分析. 管理学报，5: 647-650.

主春杰，马忠玉，王灿，等. 2006. 中国能源消费导致的CO_2排放量的差异特征分析. 生态环境，15（5）：1029-1034.

Ang B W. 2005. The LMDI approach to decomposition analysis: a practical guide. Energy Policy, 33: 867-871.

Ang B W, Choi K H. 1997. Decomposition of aggregate energy and gas emission intensities for industry: a refined divisia index method. The Energy Journal, 18（3）：59-73.

Ang B W, Lee S Y. 1994. Decomposition of industrial energy consumption: some methodological and application issues. Energy Economics, 16（2）：83-92.

Ang B W, Zhang F Q. 2000. A survey of index decomposition analysis in energy and environmental studies. Energy, 25（12）：1149-1176.

Ang B W, Zhang F Q, Choi K H. 1998. Factorizing changes in energy and environmental indicators through decomposition. Energy, 23（6）：489-495.

Boyd G A, Hanson D A, Sterner T. 1988. Decomposition of changes in energy intensity: a comparison of the divisia index and other methods. Energy Economics, 10（4）: 309-312.

Huang J P. 1993. Industry energy use and structural change: a case study of The People's Republic of China. Energy Economics, 15: 131-136.

Jenne C A, Cattell R K. 1983. Structural change and energy efficiency in industry. Energy Economics, 5（2）: 114-123.

Liu X Q, Ang B W, Ong H L. 1992. Interfuel substitution and decomposition of changes in industrial energy consumption. Energy, 17（7）: 689-696.

Marlay R. 1984. Trends in industrial use of energy. Science, 226: 1277-1283.

Sinton J E, Levine M D. 1994. Changing energy intensity in Chinese industry. Energy Policy, 17: 239-255.

Zhang F Q, Ang B W. 2001. Methodological issues in cross-country/region decomposition of energy and environment indicators. Energy Economics, 23（2）: 179-190.

第4章 城市能源系统模拟

4.1 城市与能源之间的关系

城市属于开放系统，其运行和扩张需要持续不断地从外界输入物质和能量，同时输出产品和废物。国际能源机构2010年的调查结果显示，城市地区占全球与能源相关的碳排放的71%。城市能源消费量占我国能源总消费量的75.15%（Zhou et al.，2013），城市居民家庭碳排放占总排放量的73%（Liu et al.，2011）。因此，城市已成为能源的主要消费者和温室气体排放源。城镇化是与现代化和工业化相伴而生的（Lipton，1993；Black and Henderson，1999）。我国城镇化水平从1980年的19.4%增至2013年的53.7%，但与同一时段的中等和高收入国家相比，低6.3%和24.3%（Jiang and Lin，2012）。也就是说我国城镇化进程会继续加速（Rosenzweig et al.，2010；Jiang and Lin，2012；Wang，2014），如果以当前的发展速度，20年后城镇人口数量将会超过10亿（Bai et al.，2014），人口所需的粮食、住房、汽车和基础设施等配套拉动煤炭、油品等能源的增长。也就是说城镇化未完成之前，环境和资源的压力仍处于加大期，包括能源消费和碳排放压力（Jones，1989；Dahl and Erdogan，1994；Parikh and Shukla，1995；Dhakal，2009；Zhang and Lin，2012）。

中国城镇化的轨迹与世界上其他经济体的经历不同，中国城镇化是一个更加多样化的城市人口、城乡迁移、城市土地利用变化、空间重组、城市郊区化、多中心和城市形态结构重组的城市管理系统（Zhang and Lin，2012）。一般来说，城镇居民对能源的需求量比农村地区高3.5~4倍，而且城镇化过程中，基础设施（如房屋、交通等）需要大规模的水泥、钢铁和其他能源产品。大量经典文献表明，城镇化是与现代化、工业化相伴而生的（Shen et al.，2005）。工业化和现代化推动城镇化，并消耗大量资源。城镇化被工业化刺激，在工业化和现代化的竞争中也需要资源（Lipton，1993），现代化包括工业化的发展、城镇化、文化、教育、财富及比以往更复杂、多元化的职业结构。城市人口的集聚给城市提供了大量和多样化的劳动力、市场和机会，并且有便利的交通，为企业发展、社会进步提供便利条件。此外，还可以通过整合教育和创意，孕育新思想和新技术，增强社会收益和人力资本效率（Black and Henderson，1999）。因此，中国的城镇化主要是对城市及其周边区域的土地利用方式进行空间重组，从而改变了城市的空间管理系统。因为其独特模式的快速工业化与城市人口增长之间的不平衡，中国的城镇化往往被认为是一个"独特的个案"。Smith（2000）认为中国现代化的空间影响主要集中在资本和人口变化上，在过去的20年里最明显的表现是大量农村人口向城镇转移。Zhang 和 Zhao（2000）认为在社会主义经济过程中，城镇化进程由于自身资源生成模式受到一些负面的影响。他们在2001年研究了国家资源分配（主要是资本投入）对中国城镇化的影响，结果发现国家资源的投入方向已经严重扭曲了工业化与城镇化之间的关联。

城镇化对能源和环境的影响越来越引起大家的关注，而如何解析城镇化与能源消费之间的关系始终是学术难题。大量学者从不同的角度对城镇化与能源消费之间的关系进行了研究。在国家尺度上，大多数研究发现城镇化与能源消费之间存在正向关系。Shahbaz 和 Lean（2012）指出 1971～2008 年突尼斯的能源消费和城镇化之间存在一种长期的关系，也就是城镇化对能源消费的贡献是正向促进的，但二者之间没有因果关系。Shahbaz 等（2015）以马来西亚为案例区，调查城镇化对能源消费的影响，结果发现城镇化是能源消费的主要贡献者。Poumanyvong 和 Kaneko（2010）也展示了城镇化对能源使用的影响，城镇化在中等和高收入国家增加能源消费，而在低收入国家则是降低能源使用。Hossain（2011）实例论证新型工业化国家 1971～2007 年 CO_2、能源消费和城镇化之间的动态因果关系，发现在新型工业化国家，城镇化程度越高则越能促进经济增长，进而产生更大的碳排放量。Wang 等（2013）探索广东省城镇化与碳排放之间的关系，发现城镇化水平显著影响碳排放强度。

4.2 国内外能源模型研究进展

4.2.1 国外能源模型研究进展

（1）能源模型发展概述

20 世纪 70 年代爆发的能源危机使得世界各国对能源形势普遍关注，推动和促进了能源模型的研究，出现了一系列用来研究能源规划及预测能源供应和需求的模型，这些能源模型为制定国家能源政策和能源政策分析提供了有力的工具。1982 年欧洲共同体（现为欧盟）研究开发了能源流供应最优化模型（energy flow optimization model，EFOM），被欧盟成员国广泛应用于能源系统规划方面的研究（Lehtilä and Pirilä，1996）。国际能源署（International Energy Agency，IEA）开发了以技术为基础的能源分配长期动态线性规划（MARKAL）模型，其优化目标是在满足各种用能需求的前提下保证规划期内能源系统贴现的总供能成本最低，主要是利用能源市场分配技术对国家或地区进行能源规划和政策分析，以及贯彻落实碳减排政策（Sato et al.，1998）。能源需求长期预测（MEDEE）模型是法国格林诺布尔市的能源经济与政策研究所（IEPE）开发的能源技术经济模型，它是建立在对一定时期内社会、经济、人口和技术等一系列宏观驱动因素进行假设的基础上，通过对工业、交通、居民生活、商业和农业5个部门发展水平的仿真模拟来预测各部门的能源需求，在美国及欧洲各国能源规划及能源预警中得到广泛应用（Lapillonne，1980；Messenger，1981）。

  随着20世纪70年代石油危机的结束，环境问题尤其是全球气候变暖成为研究的焦点，各国积极开发和研究能源环境模型。日本国立环境研究所（National Institute for Environmental Studies，NIES）以能源需求、消费为焦点开发了终端能源消费、能源技术模型（Asian Pacific integrated model，AIM），该模型既可对由于人类行为活动引起的温室气体排放、气候变化，以及对环境、经济带来的影响进行综合分析与评价，还可用来评价应对气候变暖的政策措施（Matsuoka et al.，1995；Kainuma et al.，2000）。瑞典斯德哥尔摩环境研究所（Stockholm Environment Institute，SEI）1980年开发的静态能源经济环境模型（long-range energy alternatives planning system，LEAP），以能源需求、成本分析和环境影响为研究对象，通过数学模型来预测各部门的能源需求、经济成本及环境影响，并对各种能源方案进行详细的经济效益分析，被广泛应用于国家、地区的部门的中长期能源供求分析及环境影响分析中：Price等（2009）应用LEAP模型对全球工业、交通和建筑部门的能耗和CO_2排放进行情景分析；Dhakal和Pradhan应用LEAP模型对城市交通的节能减排潜力进行评价研究（Dhakal，2006；Pradhan et al.，2006）；Winkler等（2006）利用LEAP模型开展了开普敦能源政策情景分析，探讨城市可持续能源发展；Bala（1997）针对孟加拉国农村生物能传统燃烧方式的弊端，应用LEAP模型研究了农村能源的供应和需求状况，并评价了其对全球气候变暖的影响。这一时期的模型主要是通过对能源终端消费、转换和生产过程中的技术方式及在此过程中所产生的环境影响进行模拟和仿真，并进行能源供需分析、成本效率分析和环境影响分析，为决策者制定能源和环境政策提供依据。

  20世纪90年代以后，各国为实现可持续发展的目标，所关注的焦点已从单一的能源问题转向能源-经济-环境等多视角问题，这就形成了能源-经济-环境（energy-economy-environment，3E）模型。20世纪60年代挪威经济学家约翰森（Jorhansen）开发的可计算一般均衡模型（computable general equilibrium，CGE），由一组描述经济的所有产品、要素和外汇市场供需平衡的方程及瓦尔拉斯均衡条件组成。该模型依据新古典经济学成熟的一般均衡理论，以价格、弹性变量为主要参数，描述了国民经济各部门的相互作用，以及资源和经济之间的关系，可以较好地分析政策的成本与各部门的响应与反馈情况。该模型广泛应用于能源贸易、能源环境及税收政策的分析中（Selcuk and Glu，2003）；缺点是不能对能源系统做详细的描述，不能了解减排技术选择的细节。大型能源综合规划模型（MESSAGE）是国际应用系统分析研究所（Intenational Institute for Applied Systems Analysis，IIASA）、Messner等研究开发的，用于研究中长期能源系统规划、能源政策和情景发展的动态线性规划模型，目标函数是寻求能源系统的总成本最小（Messner，2000）。上述这些模型发展趋向于目标多元化、建模方法综合化、模型具体地区化及模型结果对比分析。

（2）能源模型的分类

国际上比较成熟的能源模型类型很多，因为各模型的建立服务于不同的目标，所以能源模型间存在一定的差异性。目前国际上还没有统一的能源模型分类标准，本研究仅按照研究内容、研究方法、模型功能、研究范围和建模方法5类分类标准对能源模型进行分类，并对各分类模型的典型代表、主要研究问题及研究的时间跨度进行简要说明，见表4-1。

表4-1 能源模型分类

分类方法	划分类别	典型代表	主要研究问题	时间跨度
按研究内容	能源-经济模型	MACRO模型	能源经济	长期
	能源-环境模型	AIM模型	能源消费、能源环境	长期
	能源-经济-环境模型	3E模型	能源经济、环境、政策	长期
	综合模型	IIASA-WEC-E$_3$模型	能源技术、经济、环境	长期
按研究方法	能源仿真模型	POLES模型	能源经济	长期
	能源优化模型	MESSAGE模型	能源技术、经济、政策	长期
	能源均衡模型	CGE模型	能源经济、环境	中期
	能源投入-产出模型	HERMES模型	能源经济	中期
按模型功能	能源供应模型	PRIMES模型	能源经济、环境、技术	长期
	能源需求模型	MEDEE模型	能源技术、经济	长期

续表

分类方法	划分类别	典型代表	主要研究问题	时间跨度
按模型功能	能源技术模型	ERIS 模型	能源技术、能源发电	—
按研究范围	全球能源模型	IIASA-WEC-E$_3$ 模型	能源技术、经济、环境	长期
	区域能源模型	GEM-E$_3$ 模型	能源经济、环境	长期
	国家能源模型	NEMS 模型	能源经济、环境、政策	中期
	部门能源模型	LEAP 模型	能源经济、环境	长期
按建模方法	自顶向下模型	CGE 模型	能源经济、环境	中期
	自底向上模型	MARKAL 模型	能源技术、环境	长期
	混合能源模型	NEMS 模型	能源经济、环境、政策	中期

资料来源：魏一鸣等，2005。

下面按建模方法对各种模型进行详细的分类介绍。按照建模方式的不同大致分为三大类：自顶向下模型、自底向上模型和混合能源模型（魏一鸣等，2005）。

自顶向下模型（top-down model）以经济学模型为出发点，以能源价格、经济弹性为主要的经济参数，集中地表现它们与能源消费和能源生产之间的关系，主要适用于宏观经济分析和能源政策规划方面的研究。典型代表有 CGE 模型、3E 模型、MACRO 模型和 GEM-E$_3$ 模型等。这类模型比较适合对市场体系比较完善的宏观经济系统进行模拟。

自底向上模型（bottom-up model）是以工程技术模型为出发点，以能源消费和能源生产过程中所使用的技术为基础进行详细的描述和仿真，并以能源消费、生产方式为主进行供需预测及环境影响分析的模型。自底向上模型按研究方法可分为两类：第一类是以能源供应与转换为切入点，用于分析高效能源技术的引入及其效果的模型，典型代表为 IEA 的 MARKAL 模型和欧盟的 EFOM 模型；第二类是以能源需求与能源消费为切入点，对各部门由于人类活动变化所引起的能源需求和消费方面的变化，进行详细分析计算的模型，典型代表有 MEDEE 模型、LEAP 模型。

混合能源模型（hybrid energy model）综合了自顶向下的宏观经济模型和自底向上的能源供需模型这两类模型的优点，通过对整个能源系统（从能源的开采、转化、运输、市场到最终能源需求）的模拟来预测各部门的能源供应、能源价格、终端需求量及宏观经济参数等，为国家制定能源政策提供信息支持。混合能源模型研究范围多为全球的、区域的或是国家的，模型结构上大多涉及经济、能源供应、能源转化、能源需求和环境保护与控制等多个模块。代表模型有 NEMS 模型、IIASA-WEC-E_3 模型、PRIMES 模型、POLES 模型和 MIDAS 模型等。

4.2.2 国内能源模型研究进展

我国从 20 世纪 80 年代初期开始了对能源系统的研究,陆续引入国外现有优秀模型,将其应用到我国能源中长期规划、需求预测、系统优化和温室气体减排情景分析等多个研究领域中。例如,佟庆等(2004)、陈长虹等(2002)采用 MARKAL 模型研究了北京、上海等城市中长期能源系统建设及对未来环境的影响;国家发展和改革委员会能源研究所于 1994 年与日本国立环境研究所合作建立了中国 AIM 模型,研究了中长期温室气体排放情景(胡秀莲和姜克隽,1998);黄东风(2006)利用 MESSAGE 模型对能源系统(如电源)结构进行优化;借助 LEAP 模型进行多领域多角度的能源、环境研究:如上海、厦门和景德镇等地区的中长期城市能源规划和碳减排、大气污染物减排研究(陈长虹等,2004;曹斌等,2010;贾彦鹏和刘仁志,2010),可再生能源规划(高虎等,2004),交通领域的能源需求和污染物排放研究(朱松丽和姜克隽,2002;黄成等,2005),电力、钢铁等具体部门的能耗与碳排放情景分析(张颖等,2007;王克等,2006;Cai et al.,2008)。

与此同时,我国学者在长期的能源系统分析研究过程中,通过多种国际国内合作,开发了适宜本国国情的能源模型。例如,国家发展和改革委员会能源研究所开发构建了中国能源政策综合评价模型(integrated policy assessment model for China,IPAC)(胡秀莲等,2008),包括多种方法论的多模型框架:自顶向下型的一般均衡模型、描述分部门技术的自底向上型模型及介于两者之间的部分均衡模型和动态经济学模型等。

国外理论和技术的引进、能源模型的应用对我国能源系统管理有一定的决策指导作用。但是我国能源模型的研究不连续,区域性能源模型研究及应用性研究不多,特别是缺乏将应用模型分析成果作为区域规划和政策制定依据的应用。

4.3 北京市能源环境模型构建

本章通过建立北京市能源与环境系统模型(Beijing LEAP)模型并结合情景设计来分析评估未来北京市的能源消费及碳排放状态。模型描述了影响能源需求和碳排放的经济、社会和技术因素的作用机制,其中包含了表征这些因素的参数。而情景是对未来经济、社会和技术发展路径的预期,不同预期通过赋予模型参数不同数值实现。

1）情景分析方法。情景分析（scenario analysis）是假定某种现象或趋势持续到未来的前提下，对可能出现的情况或引起的后果做出评估的方法。

近十多年来，国际上一些机构越来越多地采用情景分析方法研究未来的能源发展问题。所谓情景，既不是预言也不是预测，它只是展示了未来可能的发展方向。在设计情景时，每个人都会对未来的蓝图进行构想，或者更确切地说，是对未来的发展情景进行构想。在进行情景设定之前，人们需要对过去的发展历史现状进行回顾分析，然后对未来的发展趋势进行一系列合理的、可认可的、大胆的、自圆其说的假设，或者说确定未来希望达到的目标，然后再来分析达到这一目标的种种可行性及需要采取的措施（朱跃中，2001）。

采用情景分析方法评估北京市未来能源需求和碳排放，因其考虑到产业结构演变、能源系统结构变化等多种因素的影响，可以避免传统预测分析模式的缺点，能够对未来能源需求与能效水平进行更客观和深入的分析，更能反映未来北京市可持续能源发展的道路选择，从而制定多种预案。

2）情景分析模型的选择。通过对国内外能源模型分析比较，结合北京市特点，特别是北京市统计数据特点，本研究采用由瑞典斯德哥尔摩环境研究所美国分中心研发的 bottom-up 计量经济模型软件——LEAP（SEI and TI，2006）。

LEAP 模型软件是一个基于情景分析的能源-环境模型工具。该模型包括能源供应、能源加工转换和终端能源需求等环节，可用于国家和城市中长期能源环境规划，并可以用来预测不同驱动因素的影响下，全社会中长期的能源供应与需求，计算能源在流通和消费过程中的大气污染物及温室气体排放量。它被应用于地方的、国家的和地区的能源战略开发、温室气体减排评估和可持续能源分析中，目前已经在150多个国家和地区中得到了广泛应用。

LEAP 模型软件是一个以可供多种选择情景为基础的能源-环境建模的工具。其不同的选择情景是基于在给定的地区或经济制度下人口、经济发展、技术进步和价格变化等不同的假设条件下，对能源如何消费、转换和生产等环节进行综合考虑。使用 LEAP 模型软件能够制定各种选择情景，然后进行比较，评估它们的能源需求、社会成本和收益，以及对环境的影响。

LEAP 模型软件的重要优点是其操作弹性和容易使用，使用者可以根据数据的可得性、分析的目的和类型等来构造数据结构（张建民和殷继焕，1999）；拥有内置的技术和环境数据库（technology and environmental database，TED），技术和环境方面的大部分数据可以从这里直接引用；可使决策者能够迅速从政策思想过渡到政策分析，而无须使用更复杂的模型。

4.3.1 模型结构

Beijing LEAP 模型基于 LEAP 模型提供的建模基础框架构建，覆盖了北京市终端能源消费部门和加工转换部门，并涵盖了终端能源消费主要的能源品种。考虑数据的可获得性，模型以 2007 年作为基准年，研究时间跨度为 2007~2030 年。模型的驱动因素包括 GDP 增长、人口规模变化、产业结构调整、能源技术进步和能效提高等。

根据北京市的产业部门分类和终端能源消费特点，模型将终端能源需求部门划分为农业、工业、建筑业、交通运输、商用服务业和居民生活 6 个部门。其中交通运输部门分为城市客运、城际客运和货运 3 个子部门，居民生活用能分为城镇居民用能和农村居民用能。此外，加工转换部门分为输配损失、热电联产、发电和供热 4 个分支，每个分支又分为加工转换方式和能源产出两部分。

模型中共包括 18 种能源载体，包括固体能源（煤炭、焦炭等）、液体能源（原油、燃料油、汽油、柴油和航空油等）、气体能源（天然气、液化石油气等）、可再生能源（生物质能、沼气、薪柴、水能、太阳能、风能和垃圾等）及电力和热力。

由于数据来源的限制和数据类型的差异，对各部门设计不同的数据结构，采取不同的计算方式。

4.3.2 Beijing LEAP 模型情景设计

(1) 基准情景

基准情景（BAU）未采取进一步的节能减排政策和措施，以基准年 2007 年的发展模式和各能源需求终端消耗情况来设计，依赖社会经济发展促进能源效率的提高和低碳与环保技术的应用，基本反映自然引导型的经济发展与碳排放状态。在该情景中，经济发展模式有一定的转变，但变化不大；高耗能产品产量在近中期保持较高水平；交通出行主要考虑方便、快捷性，城市公共交通使用率不高；节能减排重大技术突破不显著；节约型的生活方式和消费理念尚未深入人心；天然气、可再生能源等优质能源发展缓慢。

(2) 政策情景

政策情景（BP）是在政府约束条件下的能源与碳排放情景，描述的是在特定的经济、能源和环境政策干预下未来社会和环境的发展状况。该情景假定，政府

"十二五"规划中确立的社会经济发展目标届时能够基本实现,2015～2030年则是以"十二五"以后的社会发展规划和趋势为依据,对今后北京市的宏观经济、社会发展、技术进步及应用等做出合理的判断与解释。

(3)低碳情景

低碳情景(LC)是一个综合调控的情景,是从产业结构到能源结构的全面优化,以及从生产方式到生活方式的全面变革。该情景是一个非常乐观、更为理想的情景,设想进一步加大对低碳经济的投入,更好地利用低碳经济提供的机会促进经济社会发展。低碳情景下,经济发展模式和居民消费方式得到巨大改善;能源多元化发展方面进展顺利,能源结构优化效果明显。这个情景的实现要求在提高能效、调整经济和能源结构,以及环保政策和经济技术措施方面有重大举措。

4.3.3 Beijing LEAP 模型参数设定

本研究从北京市经济增长和能源利用的历史数据出发,参考《北京市国民经济和社会发展第十二个五年规划纲要》《北京市城市总体规划(2004年—2020年)》《节能中长期专项规划》等文件及一系列的城市及部门规划作为政策依据,设计不同情景下的中远期经济、社会和技术发展情景,并做出能源需求和碳排放预测。

4.3.3.1 宏观社会经济参数设计

(1)GDP 增长

"十一五"期间北京市一直保持着较高的 GDP 增长率,2006～2009年 GDP 年均增长 11.7%,高于"十一五"规划目标 2.7 个百分点。基准年 2007 年北京市实现 GDP 9846.8 亿元,比上年增长 14.5%,按常住人口计算人均 GDP 达到 58751.8 元,折合美元为 7730.5 美元(按 2007 年美元对人民币汇率 7.6 计算),表明北京市社会生产力发展已达到世界中上等发达国家的水平。

针对首都的发展环境和经济发展的阶段性特点,"十二五"期间经济年均增速计划安排 8%。由此设定:政策情景下,北京市 GDP 2010～2020 年年增长率为 8%,2020～2030 年为 6%。要实现低碳发展,势必要实施大的结构调整政策,使能源、资源和资本等要素在不同部门之间有效重置,这在一定程度上会减缓经济增速。因此,假定低碳情景下,北京市 GDP 2010～2020 年年增长率为 7%,2020～2030 年为 5%。具体参数见表 4-2。

表 4-2　不同情景下 GDP 年增长率　　　　（单位：%）

设定情景	2007~2010 年	2010~2020 年	2020~2030 年
基准情景（BAU）	11	9	7.5
政策情景（BP）	11	8	6
低碳情景（LC）	11	7	5

（2）人口增长

人口数量的变化与经济发展密切相关，也会对能源需求量的变化产生很大的影响。北京市 2007 年末常住人口达到 1633 万人，比上年增长 3.29%。其中，城镇人口 1379.9 万人，占 84.5%。2009 年底，北京市的常住人口已经达到 1755 万人，远超过了《北京城市总体规划（2004 年—2020 年）》对北京市"十一五"人口控制的指标 1625 万。针对北京市人口不断膨胀的问题，"十二五"规划中提出将合理调控人口规模和控制户籍指标。因此，在政策情景和低碳情景下，人口增长速度相对放缓，低碳情景下 2030 年常住人口控制在 3000 人以内。3 种情景下家庭规模保持不变，城镇家庭每户 2.6 人，农村家庭每户 2.4 人。具体参数见表 4-3。

表 4-3　人口和城市化率

项目	基期	基准情景		政策情景		低碳情景	
年份	2007	2020	2030	2020	2030	2020	2030
人口（百万人）	16.33	25.42	34.16	24.17	31.85	23.61	29.93
城市化率（%）	84.5	—	85	—	90	—	90
城镇户数（百万户）	5.31	8.31	11.17	8.14	11.03	7.96	10.36
农村户数（百万户）	1.05	1.59	2.13	1.25	1.33	1.22	1.25

（3）产业结构

2007 年第一、第二、第三产业占 GDP 的比重分别为 1%、25.5%、73.5%。第二产业比重不断下降，而第三产业比重稳步提升，服务业经济规模和贡献率已经达到发达国家城市平均水平，后工业化社会的特征表现突出。

北京市总体上已经形成以服务业为主的经济发展格局，但是与发达国家相比，服务业还存在 10 个百分点左右的增长空间。北京市"十二五"规划将服务业占 GDP 比重拟安排为 78% 以上。由此设定：政策情景下，2030 年第三产业比重为

80%；低碳情景下，2030年北京市产业结构达到发达国家最高水平，第三产业比重为85%（表4-4）。

表4-4 不同情景下2030年产业结构 （单位：%）

设定情景	2007年	基准情景	政策情景	低碳情景
第一产业	1	1	1	1
第二产业	25.5	24	19	14
工业	21.2	19	15	11
建筑业	4.3	5	4	3
第三产业	73.5	75	80	85

4.3.3.2 分部门情景的参数设计

（1）农业部门

农业部门在本章中即第一产业。农业在北京市产业结构中比重较小，2007年能源消费总量为96.44万tce，仅占终端能源消费总量的1.6%，故不做过多研究。

在进行农业部门未来能源分析和预测时，其活动水平以增加值衡量，能源强度为单位产值能耗。设定3种情景下能源强度维持2007年水平不变，为0.95tce/万元，其中煤炭占58%，汽油占9%，柴油占14%，电力占19%。

（2）工业部门

"十一五"期间，北京市形成了以高技术制造业和现代制造业为主体的首都特色工业。2009年，全市工业实现增加值2303.1亿元，占到全市GDP的19%。其中，高技术制造业占到全市工业增加值的20.4%，现代制造业占38.9%，产业结构调整成效显著。严格执行落后产能淘汰制度，坚决退出高污染、高耗能、高耗水企业，实施了首钢、北京市炼焦化学厂等一批企业搬迁调整及120余家"三高"企业淘汰退出。高耗能行业增加值占地区工业增加值比重持续下降，由2005年的31.2%下降至2009年的29.1%，降低了2.1个百分点。万元工业增加值能耗大幅下降，由2005年的1.52tce下降至2009年的1.02tce，累计降低32.89%。在北京市"十二五"规划中，工业发展的方向依旧是以高新技术制造业和现代制造业为重点，大力培育发展战略性新兴产业，同时强调"以退促降"向"内涵促降"的转变。

工业部门行业多，产品种类繁杂，能源需求服务及用能设施门类也多。在本章研究中，将其归纳为四大类。

第一，电力需求：包括电力提供的照明、动力等服务；

第二，一般工艺热：这部分也称为低温工艺热，由燃煤工业锅炉、燃油工业锅炉、燃气工业锅炉等设施提供；

第三，高温工艺热：包括部分行业专用的工业窑炉和加热炉等设备为特定产品提供的高温工艺热；

第四，石油加工工业和化工工业特殊工艺需求的有用能消费。工业的活动水平以增加值来衡量，能源强度为单位增加值能耗。工业部门基准情景下各行业单位增加值能耗在"十一五"末期能耗水平的基础上，有小幅下降；政策情景和低碳情景下通过调整工业结构、应用先进能效技术，使单位增加值能耗得到较大幅度的下降，按照前面所分的4种用能类型与国际先进水平进行对比，进行参数的设定，具体见表4-5。同时，能源结构进一步优化，天然气的利用比重大幅提高。

表 4-5　不同情景下工业部门各行业单位增加值能耗设定

项目	基期	基准情景		政策情景		低碳情景	
年份	2007	2020	2030	2020	2030	2020	2030
电力（kW·h/万元）	978.60	778.50	720.50	745.40	637.70	704.00	530.10
煤炭（kg/万元）	478.30	320.70	289.00	281.90	229.10	246.70	123.30
柴油（kg/万元）	15.20	15.20	15.20	15.20	15.20	15.20	15.20
液化石油气（kg/万元）	4.20	0.95	0.95	0.95	0.95	0.95	0.95
燃料油（kg/万元）	12.30	12.30	12.30	12.30	12.30	9.80	9.80
汽油（kg/万元）	9.40	9.40	9.40	9.40	9.40	9.40	9.40
焦炭（kg/万元）	172.00	78.00	64.30	68.90	45.90	59.70	36.70
天然气（m³/万元）	30.20	36.60	36.60	44.70	47.50	65.90	109.80
热力（kJ/元）	262.90	199.10	177.00	188.00	154.80	181.40	132.70

（3）交通运输部门

"十一五"期间，以筹办北京奥运会为契机，交通设施建设全面提速，实现跨越式发展。轨道交通运营总里程达到336km，大约是2005年的3倍。地面公交服务水平大幅提升，公交出行比重由2005年的29.8%提升至2010年的40.1%（表4-6）。中心城区路网进一步完善，新城道路交通网初步形成，区区通高速目标提前实现。首都机场新航站楼、北京南站和京津城际高速铁路等一批高水平的设施投入使用。2007 年,北京市交通运输业能耗为 840.79 万 tce,占终端能源消费总量的 13.8%,较 2000 年翻了一倍。

表 4-6　北京市公共交通出行比重　　　　　　　　　　　　　　(单位:%)

年份	2005	2006	2007	2008	2009	2010
公交出行比重	29.8	30.2	34.5	36.8	38.9	40.1

考虑到研究内容的完整性与数据收集的可获得性,本研究将交通运输部门分为城市客运、城际客运和货运 3 个部分。城际客运与货运主要通过公路、铁路和航空等运输方式完成;城市客运主要包括公共交通、私人交通和出租车 3 种方式,公共交通又再分为公共电汽车和轨道交通。

1)货运与城际客运。交通运输部门的活动水平以货运周转量和客运周转量来衡量,能源强度为单位周转量耗能。未来交通发展的主要因素是经济发展和居民收入水平的提高,经济增长是货运周转量增长的驱动因子,居民收入水平提高则是客运周转量增长的主要因子。不同情景下客货周转量和客货运输结构的设定主要参照国内有关研究机构的预测结果,并对北京市居民出行与货物运输量的历史数据进行回归分析,结合发达国家在不同经济发展水平时的交通运输结构状态,设定相应指标。不同交通工具燃料效率的设定主要借鉴发达国家水平。具体参数见表 4-7、表 4-8。

表 4-7　货运与城际客运周转量预测

设定情景	基期	基准情景		政策情景		低碳情景	
年份	2007	2020	2030	2020	2030	2020	2030
货运周转量(亿 t·km)	449.04	647.30	815.86	625.67	753.92	605.48	707.79
铁路(%)	59.79	50.20	42.80	46.20	35.80	43.20	30.50
公路(%)	17.66	20.10	22.00	21.70	24.80	21.70	24.80
民航(%)	8.38	12.10	14.90	12.00	14.70	10.90	12.70
管道(%)	14.17	17.60	20.30	20.10	24.70	24.20	32.00
客运周转量(亿人·km)	960.35	1842.18	2741.86	1748.94	2325.86	1624.8	2051.5
铁路(%)	9.46	9.46	9.46	9.46	9.46	9.46	9.46
公路(%)	15.35	15.35	15.35	15.35	15.35	15.35	15.35
民航(%)	75.19	75.19	75.19	75.19	75.19	75.19	75.19

表 4-8 2030 年交通工具类型及燃料效率

	项目		2007 年	基准情景	政策情景	低碳情景
车型及所占比重	铁路（%）	内燃机车	57	57	40	20
		电力机车	43	43	60	80
	货运公路（%）	柴油车	74	74	85	95
		汽油车	26	26	15	5
	客运公路（%）	柴油车	62	62	75	90
		汽油车	38	38	25	10
燃料效率	货运民航	飞机 [kg/（t·km）]	0.3	0.3	0.3	0.27
	货运铁路	内燃机车 [kg/（万t·km）]	24.9	24.9	24.9	24.9
		电力机车 [kw·h/（万t·km）]	91	91	91	78
	货运公路	柴油车 [L/（10^2t·km）]	6.33	6.33	5.06	3.8
		汽油车 [L/（10^2t·km）]	6.38	6.38	5.1	4.98
	客运民航	飞机 [t/（万人·km）]	0.227	0.227	0.227	0.204
	客运铁路	内燃机车 [t/（万人·km）]	0.736	0.736	0.736	0.736
		电力机车 [t/（万人·km）]	0.592	0.592	0.592	0.474
	客运公路	柴油车 [L/（10^2人·km）]	0.633	0.633	0.582	0.479
		汽油车 [L/（10^2人·km）]	0.641	0.641	0.59	0.487

2）城市客运。城市客运的能源需求及碳排放主要与城市化水平、居民收入水平、公共交通设施是否完善和交通工具的能源效率水平等因素有关。在北京市"十二五"规划中，地铁等基础设施的大规模建设、公共客运服务质量的提高，将显著增强公共交通出行的便捷性和通达性。私家车出行管理措施的实施、绿色出行环保理念的广泛宣传等将进一步提高居民公共交通出行意愿。初步安排 2011 年中心城公共交通出行比重达 42%，2015 年中心城公共交通出行比重力争达 50%。

设定基准情景下，居民出行方式未发生较大变化，公共交通出行比重依旧维持"十一五"期间的 40%。而在政策情景下，通过控制私家车的增长速度，大力发展快速公交（bus rapid transit，BRT）系统和轨道交通，使公共交通的出行比重有了较大提高，设定 2030 年达到 60%。低碳情景下，参考发达国家大城市的交通模式，2030 年公共交通比重达 78%。与此同时，政策情景和低碳情景下，燃油经济性有所提高，具体参数见表 4-9。

表 4-9　城市客运周转量预测

设定情景	基期	基准情景		政策情景		低碳情景	
年份	2007	2020	2030	2020	2030	2020	2030
客运周转量（10亿人·km）	116.60	278.00	472.40	259.30	379.30	235.10	320.90
出租车（%）	7.80	7.00	6.00	6.50	5.00	5.00	2.00
公共电汽车（%）	26.87	27.70	28.00	27.00	28.80	27.00	19.50
轨道交通（%）	7.63	9.30	12.00	18.00	31.20	25.00	58.50
私人小轿车（%）	57.70	56.00	54.00	48.50	35.00	43.00	20.00

基准情景下，出租车燃料结构仅由汽油和液化石油气构成，但在政策情景和低碳情景下，混合动力出租车和先进柴油车得到快速发展。低碳情景下，2030年混合动力出租车比重达到43.5%，氢燃料电池出租车也崭露头角，比重达到8%；基准情景下，公共电汽车燃料结构以柴油为主，少量液化石油气。政策情景和低碳情景下，增加了压缩天然气公交车的比重，同时混合动力、氢燃料电池和纯电动公交等清洁高效汽车得到一定推广，2030年比重分别达到8%、7%和3%；考虑到未来北京市家用汽车保有量的快速增长，本研究设想，低碳情景下混合动力汽车、先进柴油车和压缩天然气汽车发展迅速，氢燃料电池车、纯电动汽车得到一定推广，改变了基准年汽油车一统天下的格局。

（4）商用／民用部门

商业与服务业的能源消费主要是以公用建筑能耗的形式体现出来，居民生活的能源消费即民用建筑能耗，因此在本研究中，将居民生活与服务业两个部门统一为建筑物用能进行分析与阐述。目前，建筑耗能已与工业耗能、交通耗能并列，成为北京市能源消费的三大"耗能大户"。尤其是建筑耗能伴随着建筑总量的不断攀升和居住舒适度的提高，呈急剧上扬趋势。

近年来，北京市在建筑节能方面做了很大努力，包括制定并执行严格的建筑节能设计标准，推广新型墙体材料和节能产品。同时，积极改善人居环境，开发绿色建筑技术，不断提高建筑性能和质量。"十二五"规划中，北京市进一步提高新建建筑节能设计标准，对新建居住建筑实施75%的节能设计标准，并全面启动各类既有建筑节能改造工程；积极推行能效标识制度，大力推广节能产品；继续推进供热系统节能改造，逐步实施供热计量收费改革；鼓励使用蓄冷、蓄热空调机"冷-热-电"三联供技术；因地制宜推进太阳能、地热和生物质等可再生能源建筑应用。

建筑物能源需求的主要驱动因子是建筑面积和所提供的能源服务，建筑面积的变化与人口增长和经济发展密切相关。参考1990年以来北京市房屋建筑面积的增长情况，根据现有房屋建筑面积状况和近期竣工面积的增长分析、城市用地规模及对未来城镇人均住宅面积增长的设想，设定参数见表4-10。

表4-10　不同情景下2030年建筑面积

设定情景	2007年	基准情景	政策情景	低碳情景
城镇人均住房面积（m²）	21.50	35.00	35.00	35.00
城镇总住房面积（10²万m²）	296.68	1016.17	1003.40	942.78
农村人均住房面积（m²）	39.54	45.00	45.00	45.00
农村总住房面积（10²万m²）	100.08	230.56	143.34	134.68
居民总住房面积（10²万m²）	396.76	1246.73	1146.74	1077.46
公共建筑面积（10²万m²）	192.20	603.95	555.51	521.95

按照公共建筑终端能源的消费方式可大致分为采暖、空调、炊事热水与动力照明这4类。未来节能建筑比重不断扩大，节能技术（如变频水泵、变频风机）的推广，加上行为节能的积极作用，将使得未来公共建筑能源消耗强度下降潜力巨大。3种情景下能源强度参数的设置见表4-11。

表4-11　不同情景下公共建筑能源强度

设定情景	2007年	基准情景	政策情景	低碳情景
采暖	—	—	—	—
集中供热（kW·h/m²）	120.87	108.78	96.70	72.52
电采暖（kW·h/m²）	134.30	120.87	107.44	80.58
地源热泵（kW·h/m²）	54.95	49.46	43.96	32.97
空调（kW·h/m²）	67.93	64.53	54.34	40.76
照明（kW·h/m²）	15.92	15.12	12.74	9.55
其他用电设备（kW·h/m²）	20.96	19.91	16.77	12.58
炊事热水	—	—	—	—
煤炭（kgce/m²）	18.00	18.00	15.00	5.00
天然气（kgce/m²）	11.00	11.00	12.00	16.00

北京市居民生活能源消费主要分为城镇居民和农村居民两个大板块，再根据其终端用能特点，分为取暖、炊事和热水、照明及家用电器4个部分。采暖能耗是居民生活能耗的最大组成部分。目前，可用的采暖供热方式越来越多，在低碳情景下，本研究设想高效采暖技术得到大力推广，75％的采暖节能建筑比重不断扩大；积极推行能效标识制度，节能家电产品推广成效显著；天然气等清洁燃料的比重增长迅速；节约型的生活方式和消费理念深得人心。具体参数设置见表4-12～表4-14。

表4-12 居民生活技术参数

	设定情景	2007年	基准情景	政策情景	低碳情景
城镇居民	集中供热（kW·h/m²）	115.00	115.00	85.00	75.00
	每户照明耗能（kW·h）	247.00	598.00	469.00	340.00
	每户空调年耗能（kW·h）	498.00	570.00	538.00	458.00
	每户冰箱年耗能（kW·h）	383.00	375.00	355.00	335.00
	每户电视年耗能（kW·h）	154.00	310.00	262.00	215.00
	每户洗衣机年耗能（kW·h）	66.00	56.00	48.00	32.00
农村居民	每户照明耗能（kW·h）	201.00	639.00	557.00	512.00
	每户空调年耗能（kW·h）	243.00	432.00	409.00	348.00
	每户冰箱年耗能（kW·h）	372.00	364.00	345.00	326.00
	每户电视年耗能（kW·h）	127.00	231.00	210.00	190.00
	每户洗衣机年耗能（kW·h）	42.00	42.00	40.00	37.00

表4-13 城镇供暖方式 （单位：％）

设定情景	基准情景		政策情景		低碳情景	
年份	2020	2030	2020	2030	2020	2030
集中供热	85.00	85.00	85.00	85.00	80.00	70.00
分户燃气采暖	11.70	11.70	10.50	6.80	6.00	10.50
分散电热膜采暖	3.30	3.30	1.50	0.70	6.00	19.50
水源、地源热泵	0.00	0.00	3.00	7.50	8.00	22.50

表 4-14　炊事热水燃料结构　　　　　　　　（单位：%）

设定情景		2007 年	基准情景	政策情景	低碳情景
城镇	液化石油气	20.30	17.00	10.00	0.00
	天然气	68.80	73.00	80.00	85.00
	煤炭	0.90	0.00	0.00	0.00
	电炊	10.00	10.00	10.00	15.00
农村	液化石油气	41.30	40.70	35.00	15.00
	煤炭	33.40	28.00	10.00	5.00
	柴草	14.90	6.50	0.00	0.00
	电力	0.30	4.80	5.00	5.00
	沼气	0.10	0.00	0.00	0.00
	天然气	10.00	20.00	50.00	75.00

（5）能源加工转换部门

本章的能源加工转换部门主要包括发电、热电联产和城市集中供热等部门。由于北京市对环境污染的控制，电力调入量大，城市发电企业不多，装机容量有限。"十一五"期间，本地电源结构不断优化，新增天然气、风电及生物质发电装机 215 万 kW，2010 年全市清洁能源装机总量达到 313 万 kW，占总装机容量的 51%。北京市城市热力网供热源主要是热电厂和大型供热厂，"十一五"期间建成一批大型城市热源设施。太阳宫、郑常庄、京丰、亦庄及电子城 5 座燃气热电厂和草桥供热厂等一批新的供热设施建成投产。同时全面推进新城供热资源整合，建设 30 座大型集中供热中心替代分散燃煤锅炉房。

在"十二五"规划中，北京市将建设四大燃气热电中心，形成中心大网主力支撑热源，城区基本实现无煤化供热。电力方面，建成以四大热电中心为主、区域能源中心为辅、新能源和可再生能源电站为补充的多元化支撑体系。2015 年本地装机规模达到 1000 万 kW，本地发电比重达到 35%。根据北京市目前装机容量情况和未来规划，设定模型参数如下：在基准情景下，热电联产装机增长保持目前的发展趋势，比重与 2007 年大体一致，大型燃煤和燃油电厂在未来逐步退役和改造，新能源开发力度较小；在政策情景和低碳情景下，热电联产装机比重进一步扩大，天然气发电、新能源和可再生能源发电装机容量大幅提升（表4-15）。

表 4-15　不同情景下 2030 年热电联产装机容量　　　（单位：万 kW）

设定情景	2007 年	基准情景	政策情景	低碳情景
燃煤热电厂	257	839	586	298
燃气热电厂	62	360	716	1191
燃煤发电	51	236	43	0
燃油发电	20	0	0	0
燃气发电	0	101	173	0
水电	25	3	3	3
抽水蓄能	80	262	262	262
可再生能源发电	0	60	78	105

4.4　能源消费

4.4.1　能源消费总量

基于对北京市社会经济发展的合理假设及定量化的情节设定，可以得到 3 个不同情景下北京市未来 20 年内的能源消费总量，如图 4-1 所示。3 种情景下能源消费总量都不断增长，但增长速率存在很大的差异。基准情景下，北京市能源消费总量呈现高速增长的趋势，2030 年能源消费总量达到 200.56Mtce，年均增长 5.44%；由于"十二五"期间一系列节能减排政策的颁布实施，政策情景下能源消费总量增长速率相对放缓，2030 年为 131.70Mtce，年均增长 3.53%；低碳情景下，能源消费总量增长态势进一步得到抑制，2030 年仅有 88.61Mtce，年均增长 1.76%。

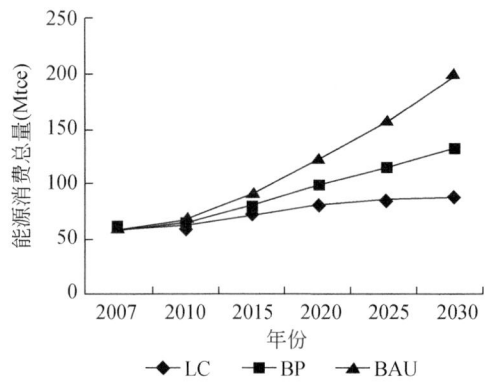

图 4-1　2007～2030 年不同情景下能源消费总量

4.4.2 能源消费强度

不同情景下的能源消费强度变化情况见表4-16。基准情景下,北京市万元GDP能耗由2007年的0.6025tce下降至2030年的0.3152tce,年均降低2.78%;政策情景下,2030年万元GDP能耗下降至0.2649tce,年均降低3.51%;而在进一步强化能源、环境可持续性的选择和执行效果的低碳情景下,2030年万元GDP能耗下降至0.2171tce,年均降低4.34%。这充分说明北京市在引进先进能源技术、调整能源结构及实施相关节能和环保政策方面,有很大的潜力可挖,且效果显著。

表4-16 不同情景下能源消费强度 (单位:tce/万元)

设定情景	2007年	2020年	2030年
基准情景	0.6025	0.3973	0.3152
政策情景	0.6025	0.3581	0.2649
低碳情景	0.6025	0.3244	0.2171

4.4.3 能源消费弹性系数

不同情景下的能源消费弹性系数见表4-17。基准情景下,北京市能源消费弹性系数较高,为0.67~0.70,说明经济的发展对能源的依赖性很强;政策情景下,能源消费弹性系数为0.48~0.56,与发达国家相比还是相对较高的;低碳情景下,能源消费弹性系数下降至0.17~0.39,实现了以较低的能耗增速支撑经济的平稳增长。

表4-17 不同情景下的能源消费弹性系数

设定情景	时段	能源消费量年增长率(%)	GDP年增长率(%)	弹性系数
基准情景	2010~2020年	6.27	9	0.70
	2020~2030年	5.04	7.5	0.67
政策情景	2010~2020年	4.44	8	0.56
	2020~2030年	2.85	6	0.48
低碳情景	2010~2020年	2.71	7	0.39
	2020~2030年	0.87	5	0.17

4.4.4 能源消费结构

不同情景下2030年终端能源消费结构的变化如图4-2所示。低碳情景下，煤炭占终端能源总需求的15%，分别比同期基准情景和政策情景低18%和12%，而高效清洁的能源品种增速较快，特别是对天然气的需求大幅增加，能源结构逐步趋于环境友好化和清洁化。

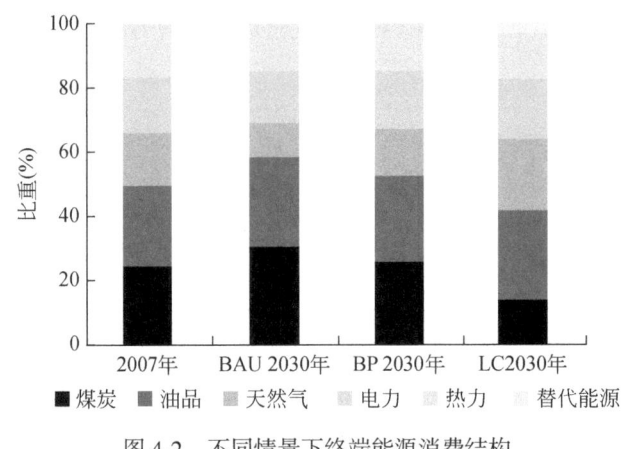

图4-2 不同情景下终端能源消费结构

4.5 碳 排 放

4.5.1 碳排放总量

北京市2007～2030年碳排放总量预测结果如图4-3所示。在基准情景下，碳排放总量从2007年的3409.5万t增长至2030年的11 356.9万t，年均增长5.4%。政策情景下，碳排放总量的增长速度有所减缓，这与北京市能源消费总量的变化趋势是一致的，2030年排放总量为7183.8万t，年均增长3.3%。而低碳情景下，北京市碳排放总量在2026年达到峰值，2007～2026年缓慢增长至4333.9万t后逐渐回落。在基准情景和政策情景下，北京市总能耗和碳排放量均保持5.4%左右和3.5%左右的同步增长，而在低碳情景下，碳排放总量不仅没有出现与能源的同步增长，而且在2026年出现拐点，这充分说明了低碳情景下能源结构优化程度较高，大量清洁低碳能源的使用促使碳减排效果明显，北京市未来低碳发展潜力巨大。

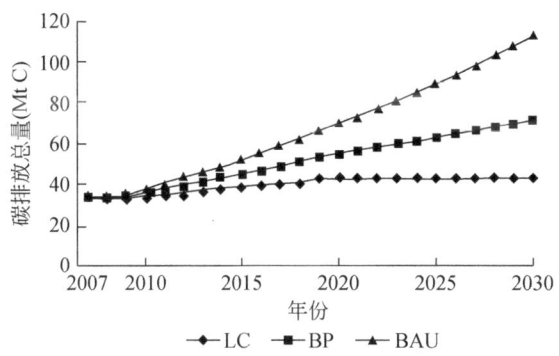

图 4-3 2007～2030 年不同情景下碳排放总量

4.5.2 人均碳排放强度

不同情景下人均碳排放强度见表 4-18。基准情景下，人均碳排放强度不断上升，年均增长 2.03%；政策情景下，2022 年人均碳排放强度达到最高点 2.29t 之后出现下降；低碳情景下，研究期内始终呈下降趋势，人均碳排放强度从 2007 年的 2.09t 下降至 2030 年的 1.43t，年均下降 1.64%。据统计，2009 年中国人均碳排放强度为 1.25t，澳大利亚和美国分别达到 5.61t 和 5.34t。虽然目前北京市人均碳排放强度高于我国平均水平，但还是远低于澳大利亚和美国等发达国家。随着节能减排工作的不断深入，未来北京市必将以低碳的发展做好国际大都市的表率作用。

表 4-18 不同情景下人均碳排放强度　　（单位：t C/人）

设定情景	2007 年	2020 年	2030 年
基准情景	2.09	2.75	3.32
政策情景	2.09	2.28	2.26
低碳情景	2.09	1.81	1.43

4.5.3 单位 GDP 碳排放强度

不同情景下单位 GDP 碳排放强度见表 4-19。基准情景、政策情景和低碳情景的万元 GDP 碳排放强度年均下降幅度分别为 2.84%、3.73% 和 5.05%。3 种情景下的碳排放强度均表现不断下降的态势，但在低碳情景下降幅尤为明显。我国在哥本哈根会议上承诺"到 2020 年单位 GDP 的 CO_2 排放将比 2005 年下降 40%~45%",在本研究中,政策情景下 2020 年万元 GDP 的碳排放总量比 2007 年下降 42.65%,圆满完成了任务。

表 4-19　不同情景下单位 GDP 碳排放强度　　（单位:t C/万元）

设定情景	2007 年	2020 年	2030 年
基准情景	0.3463	0.2264	0.1785
政策情景	0.3463	0.1986	0.1445
低碳情景	0.3463	0.1705	0.1051

4.6　节能减排潜力分析

北京市政策情景和低碳情景下各部门节能减排贡献率见表 4-20。结果显示,在能源需求方面,工业部门节能贡献率最高,其次为商用/民用部门;在减排方面,工业部门依旧占据着很大比重,加工转换部门减排潜力巨大,仅次于工业部门,交通部门贡献率不断加强。

表 4-20　2030 年各部门节能减排贡献率　　（单位:%）

情景比较		政策情景相比于基准情景	低碳情景相比于政策情景
各部门节能贡献率	工业部门	48.77	42.12
	交通部门	15.95	12.10
	商用/民用部门	23.94	35.83
	加工转换部门	12.10	15.44
各部门减排贡献率	工业部门	43.60	35.02
	交通部门	14.59	20.30
	商用/民用部门	16.36	12.90
	加工转换部门	25.45	31.78

相比于基准情景,政策情景下工业部门节能减排贡献率分别达到 48.77%和 43.60%;相比于政策情景,低碳情景下工业部门节能减排贡献率分别达到 42.12%和 35.02%,均占据着很大比重。其重要原因在于本研究所设定的社会经济发展情景中,北京市未来经济发展有重大调整:一方面产业结构进一步优化,

第三产业比重在低碳情景下达到最大增长空间——85%的较高水平；另一方面，在工业部门内部，设定高耗能行业基本全部退出，经济增长主要依靠高端、高效、高辐射和低消耗、低污染的高新技术产业。

在这样的发展模式下，低碳情景中工业部门能源消费总量在2020年达到峰值，随后开始下降（图4-4）。2008年工业用能的突然减少主要是因为政府为迎接奥运会的举办对高耗能高污染企业的强制关停，但之后能源消耗又迅速反弹。低碳情景下工业能源结构也发生了巨大变化，煤炭所占比重不断下降，而清洁能源天然气比重不断提高，直接推动了碳排放总量的减少。低碳发展下，2030年工业部门总耗能占终端能源消费总量的26%（图4-5），碳排放量占排放总量的21%（图4-6），节能减排成效显著。因此，工业部门依旧是北京市节能减排的重点。

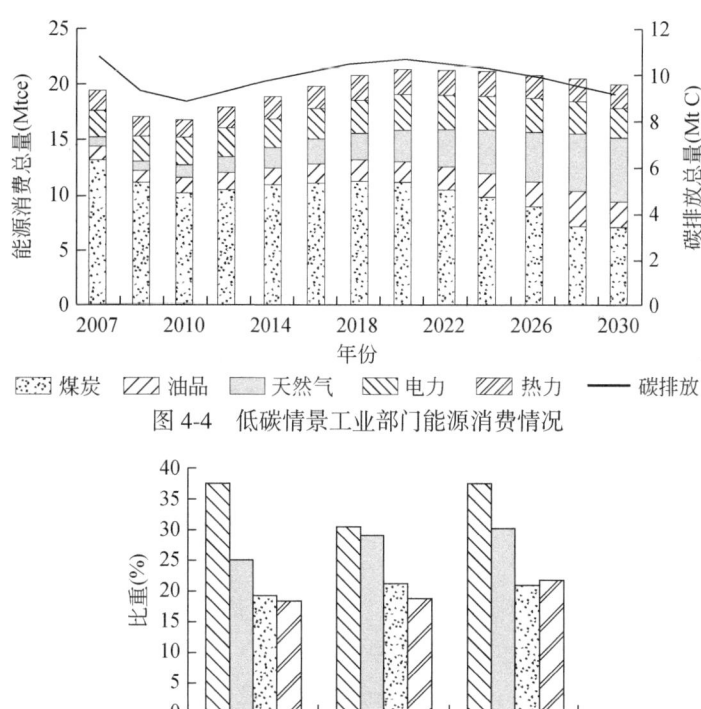

图 4-4　低碳情景工业部门能源消费情况

图 4-5　低碳情景下各部门终端能源消费比重

情景分析的结果显示，低碳情景中2007～2030年建筑物用能和交通部门的终端能源需求的年均增长率分别为2.45%和2.04%，高于终端能源消费总量的年均增长率1.76%。随着城市化进程的加快、居民生活水平的不断提高和居住条件的日益改善，商用/民用建筑物及交通部门能源消费大幅度提高，并直接影响着未来北京市总能源消费量的多少和消费结构的变化。政策情景和低碳情景下，商用/民用部门节能贡献率分别达到23.94%和35.83%，仅次于工业部门；交通部门通过结构优化和技术进步，减排贡献率不断加强，2030年政策情景和低碳情景下，减排贡献率分别为14.59%和20.30%，在未来城市低碳化发展过程中起着举足轻重的作用。低碳情景下2030年北京市服务业、交通运输和居民生活分别占终端能源消费总量的29%、20%和21%（图4-5），碳排放比重分别为18%、20%和6%（图4-6）。

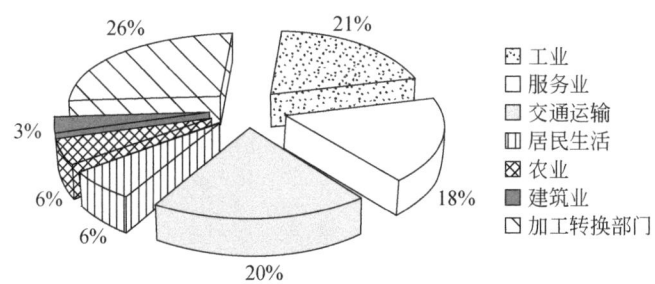

图4-6 低碳情景下2030年各部门碳排放比重

　　加工转换部门能源优质化进程不断提速，特别是热电联产和清洁燃料替代的快速增长，对未来北京市减排贡献率不断提升，低碳情景下2030年减排贡献率达31.78%，仅次于工业部门。发电部门是耗能和碳排放大户，但是由于北京市本身资源的匮乏及对环境污染的控制，未来依旧以发展外部电源为主，辅以一定数量的本地电源保证安全。低碳情景下基本以热电联产为主，并增加太阳能、天然气、风电及生物质发电装机。2030年北京市加工转换部门碳排放占排放总量的26%（图4-6）。

　　低碳情景与政策情景相比较，可以发现，工业部门节能减排贡献率有所下降，而商用/民用部门和交通运输部门得到提高，说明在政策情景发展良好即"十二五"规划任务顺利完成的背景下，想要实现低碳发展之路，仅专注于工业部门的节能减排是远远不够的。随着建筑业和交通部门逐渐成为未来能源需求和碳排放的主体，其节能减排将是下一步城市低碳发展所关注的重点。

4.7 结果讨论

　　从上述分析中可看出，尽管北京市产业结构的不断调整带来工业用能比重的逐年下降，但工业部门节能减排还有很大潜力。工业部门节能减排的重点在生产结构的优化和能源利用效率的提高两个方面。工业部门应严格控制高耗能行业的急速扩张,重点发展附加值高、能耗低的高新技术产业,实现工业结构的优化。高效节能先进技术的利用能够显著改变生产工艺结构,从而达到提高能源利用效率、减少温室气体排放的目的。同时,提高天然气等优质清洁能源的比重,主要应用于玻璃、陶瓷、建材、冶金和汽车制造等行业的以气代油、燃料置换和工业锅炉等方面,对节能减排效果影响显著。对工业部门内部结构进行多层次调整,以充分挖掘其节能潜力,未来工业部门的能源需求增长率将明显低于北京市总能源需求增长率,甚至基本维持零增长。

从整个能源需求的变化构成看,商用/民用建筑物部门用能比重不断增加,加强该部门的节能减排将尤为重要。如果能有效推进现有居住建筑节能改造工作,并严格执行75%的居住建筑节能设计标准,从情景分析的结果来看,节能效果是巨大的。采暖耗能占北京市建筑能耗总量约55%,本研究考虑供热计量收费与供热体制的改革,大幅度降低过度供热,使采暖能耗降低20%以上。同时发挥北京市大型城市热网作用,充分挖掘热电联产热源的能力,将使采暖能耗进一步下降。有针对性地推广节能用电设备和一些实用的节能技术(如变频水泵、变频风机等),将有效减少建筑用电量。与工业生产过程能耗不同,建筑能耗不仅取决于建筑形式、用能设备及运行调控,更在很大程度上与建筑使用者的行为和其对室内环境状况的要求有关,因此,引导居民生活模式和消费观念的转变将成为未来建筑节能的工作重点,本研究对此也做出了积极的假设。

交通部门的节能减排主要涉及交通模式优化和燃料结构调整两个方面。大力发展地铁、轻轨和快速公交系统等公共交通系统,提高公共交通出行比重是交通节能减排的重要途径。继续推行公共交通车辆的清洁行动计划[如LPG(液化石油气)汽车的推广],加大替代燃料汽车(如混合动力车、燃料电池车)的研发与示范,公路货运大力发展柴油车,将有效地减少温室气体的排放。但值得注意的是,交通部门的结构调整,特别是燃料结构的调整所带来的节能贡献度并没有取得非常显著的效果,而在降低对油品的依赖性和减少碳排放方面成果显著。从长远角度讲,实施紧凑型城市空间规划,将会极大地减少交通需求量,但其需要在城市总体规划指导下缓慢转变,难度颇大。虽然北京市已做出了很多积极努力(如建立卫星城),但结果并不是很理想。尽管如此,紧凑型城市依旧是未来北京市努力的方向。

加工转换部门中,供热是未来北京市重点耗能部门,且节能减排潜力巨大。应大力发展热电联产和天然气供热,同时以新能源和可再生能源为补充,逐步取消小型燃煤锅炉房,从而推动供热能源结构的调整。电源发展还是应以发展外部电源为主,辅以一定数量的本地电源。本地发电部门积极推进电源结构的优化,提高新能源和可再生能源发电的比重,实现电源多元化发展。

参考文献

曹斌,林剑艺,崔胜辉,等.2010.基于LEAP模型的厦门市节能与温室气体减排潜力情景分析.生态学报,30(12):3358-3367.

陈长虹,Green C,吴昌华.2002.MARKAL模型在上海市能源结构调整与大气污染物排放中的应用.上海环境科学,21(9):515-520.

陈长虹,李莉,黄成,等.2004.LEAP模型在上海市能源消耗及大气污染物减排预测中的应用.中国能源,26(6):36-40.

高虎,梁志鹏,庄幸.2004.LEAP模型在可再生能源规划中的应用.中国能源,26(10):34-37.

胡秀莲,姜克隽.1998.减排对策分析:AIM/能源排放模型.中国能源,(11):17-22.

胡秀莲,姜克隽,庄幸,等.2008.中国2050年的能源需求与CO_2排放情景.气候变化研究进展,4(5):296-302.

黄东风.2006.利用MESSAGE模型优化浙江电源结构初探.能源工程,(4):6-9.

黄成,陈长虹,王冰妍,等.2005.城市交通出行方式对能源与环境的影响.公路交通科技,20(11):163-166.

贾彦鹏,刘仁志.2010.基于LEAP模型的城市能源规划与CO_2减排研究.应用基础与工程科学学报,18:75-83.

佟庆,白泉,刘滨,等.2004.MARKAL模型在北京中远期能源发展研究中的应用.中国能源,26(6):36-40.

王克,王灿,吕学都,等.2006.基于LEAP的中国钢铁行业CO_2减排潜力分析.清华大学学报(自然科学版),46(12):1982-1986.

魏一鸣,吴刚,刘兰翠,等.2005.能源–经济–环境复杂系统建模与应用进展.管理学报,2(2):159-170.

张建民,殷继焕.1999.LEAP模型系统分析.中国能源,(6):31-35.

张颖,王灿,王克,等.2007.基于LEAP的中国电力行业CO_2排放情景分析.清华大学学报(自然科学版),47(3):365-368.

朱跃中.2001.未来中国交通运输部门能源发展与碳排放情景分析.中国工业经济,(12):30-37.

朱松丽,姜克隽.2002.北京市城市交通的能源需求和污染物排放:1998—2020.中国能源,(6):26-31.

Bai X M, Shi P J, Liu Y S. 2014. Society: realizing China's urban dream. Nature, 509: 158-160.

Bala B K. 1997. Computer modeling of the rural energy system and of CO_2: emissions for Bangladesh. Energy, 22(10): 999-1003.

Black D, Henderson V. 1999. A theory of urban growth. Journal of Political Economy, 107(2): 252-284.

Cai W J, Wang C, Chen J N, et al. 2008. Comparison of CO_2 emission scenarios and mitigation opportunities in China's five sectors in 2020. Energy Policy, 36: 1181-1194.

Dahl C, Erdogan M. 1994. Oil demand in the developing world: lessons from the 1980s applied to the 1990s. Energy Journal, 15: 69-78.

de la Rue de Can S, Price L. 2009. Sectoral trends in global energy use and greenhouse gas emissions. Energy Policy, 36（4）: 1386-1403.

Dhakal S. 2006. Implications of transportation policies on energy and environment in Kathmandu Valley, Nepal. Energy Policy, 31: 1748-1760.

Dhakal S. 2009. Urban energy use and carbon emissions from cities in China and policy implications. Energy Policy, 37: 4208-4219.

Hossain M S. 2011. Panel estimation for CO_2 emissions, energy consumption, economic growth, trade openness and urbanization of newly industrialized countries. Energy Policy, 39: 6991-6999.

Jiang Z J, Lin B Q. 2012. China's energy demand and its characteristics in the industrialization and urbanization process. Energy Policy, 49: 608-615.

Jones D W. 1989. Urbanization and energy use in economic development. Energy Journal, 10（1）: 29-44.

Kainuma M, Matsuoka Y, Morita T. 2000. The AIM/end use model and its application to forecast Japanese carbon dioxide emissions. European Journal of Operational Research, 122（2）: 416-425.

Lapillonne B. 1980. Long term perspectives of the US energy demand: application of the MEDEE model to the US. Energy, 5（3）: 231-257.

Lehtilä A, Pirilä P. 1996. Reducing energy related emissions: using an energy systems optimization model to support policy planning in Finland. Energy Policy, 24（9）: 805-819.

Liu L C, Wu G, Wang J N, et al. 2011. China's carbon emissions from urban and rural households during 1992-2007. Journal of Cleaner Production, 19: 1754-1762.

Lipton M. 1993. Urban bias: of consequences, classed and causality. Journal of Development Studies, 29（4）: 229-258.

Matsuoka Y, Kainuma M, Morita T. 1995. Scenario analysis of global warming using the Asian Pacific Integrated Model（AIM）. Energy Policy, 23（4）: 357-371.

Messner S. 2000. MESSAGE-MACRO: linking an energy supply model with a macroeconomic module and solving it iteratively. Energy, 25（3）: 267-282.

Messenger M. 1981. A high technology-low energy demand for Western Europe. Energy,（6）: 1481-1503.

Parikh J, Shukla V. 1995. Urbanization, energy use and greenhouse effects in economic development: results from a cross-national study of developing countries. Global Environ Change, 5: 87-103.

Poumanyvong P, Kaneko S. 2010. Does urbanization lead to less energy use and lower CO_2 emissions? a cross-country analysis. Ecological Economics, 70（2）: 434-444.

Pradhan S, Ale B B, Amatya V B. 2006. Mitigation potential of greenhouse gas emission and implications on fuel consumption due to clean energy vehicles as public passenger transport in Kathmandu Valley of Nepal: a case study of trolley buses in Ring Road. Energy, 31: 1748-1760.

Rosenzweig C, Solecki W, Hammer S A, et al. 2010. Cities lead the way in climate change action. Nature, 467: 909-911.

Sato O, Tatematsu K, Hasegawa T. 1998. Reducing future CO_2 emissions-the role of nuclear energy. Progress in Nuclear Energy, 32（314）: 323-330.

Selcuk G, Glu K. 2003. Environmental taxation and economic effects: a computable general equilibrium analysis for Turkey. Journal of Policy Modeling, 25（8）: 795-810.

Shahbaz M, Lean H H. 2012. Does financial development increase energy consumption? the role of industrialization and urbanization in Tunisia. Energy Policy, 84: 295-304.

Shahbaz M, Loganathan N, Sbia R. 2015. The effect of urbanization, affluence and trade openness on energy consumption: a time series analysis in Malaysia. Renew Sustain Energy Reviews, 47: 683-693.

Shen L, Cheng S K, Gunson A J, et al. 2005. Urbanization, sustainability and the utilization of energy and mineral resources in China. Cities, 22（4）: 287-302.

Smith C J. 2000. The transformative impact of capital and labor mobility on the Chinese city. Urban Geography, 21（8）: 670-700.

Stockholm Environment Institute（SEI）, Tellus Institute（TI）. 2006. LEAP: Long Range Energy Alternative Planning System, User Guide for LEAP 2006. http: //www.energycommunity. org/documents/Leap2006UserGuideEnglish.pdf[2011-08-02].

Wang P, Wu W, Zhu B, et al. 2013. Examining the impact factors of energy-related CO_2 emissions using the STIRPAT model in Guangdong Province, China. Apply Energy, 106: 65-71.

Winkler H, Borchers M, Hughes A, et al. 2006. Policies and scenarios for Cape Town's energy future: options for sustainable city energy development. Journal of Energy in Southern Africa, 17（1）: 28-41.

Wang Q. 2014. Effects of urbanization on energy consumption in China. Energy Policy, 65: 332-339.

Zhang H, Lin Y. 2012. Panel estimation for urbanization, energy consumption and CO_2 emissions: a regional analysis in China. Energy Policy, 49: 488-498.

Zhang L, Zhao S X. 2000. The intersectoral terms of trade and their impact on urbanization in China. Post-Communist Economies, 12（4）: 445-462.

Zhou N, Fridley D, Khanna N Z, et al. 2013. China's energy and emissions outlook to 2050: perspectives from bottom-up energy end-use model. Energy Policy, 53: 51-62.

第5章　基于生产与消费视角的城市能源消费

5.1　城市能量过程分析

5.1.1　基于能量代谢视角的能量过程分析

城市代谢的概念最早是由 Wolman 于 1965 年提出的，他将城市视为一个生态系统，认为城市就是将物质、能量和食物等投入该系统，然后又从城市生态系统中输出产品和废物的过程（Wolman，1965）。其主要观点在于讨论资源与废弃物之间的关系，即在资源使用的背后，伴随着废弃物的产出，唯有适当地使用资源，才能降低对自然环境的伤害。依据这种原理思想，国内外学者对相关案例城市的资源输入与输出进行核算，进而对资源的转换效率、效用及资源、污染物的排放强度与规模进行了研究，如香港（Newcombe et al.，1978）、悉尼（Newman，1999）、维也纳（Hendriks et al.，2000）、多伦多（Sahely et al.，2003）和伦敦等城市代谢研究。其中针对能量过程的处理，前期的研究主要是将其作为物质的一部分，基于重量或面积与其他资源一起进行加总，进行物质转换效率的核算，该分析方法并未充分体现能量的重要性，对能量研究的分辨率较粗。1997 年，Haberl 在城市代谢的基础上，提出了"能量代谢"的概念，并根据物质流研究分析框架对能量流分析方法进行了详细的阐述（Haberl，2001），该方法成为城市能量分析的重要工具。之后，诸多学者开始运用该分析方法对社会经济系统进行研究。例如，Krausmann 和 Harberl（2002）从能量的角度研究了奥地利社会经济系统的现代化进程，Ramos-Martin 等（2007）运用多尺度综合分析方法探讨了中国经济系统的演化；此外，还有学者采用能值分析方法，系统分析了台湾的生态能量过程，并将结果与传统的物质流分析结果进行了对比，认为物质流分析方法不能很好地识别台湾日益增长的外部能量依赖这一现实（Huang et al.，2006）等。

从方法学来看，目前采用较多的是能量流分析方法，其基本原理是将城市系统看作"灰箱"，以能量守恒定律为基本依据，通过将社会经济系统的能量流分为输入、储存和输出三大部分，揭示能量在特定区域内的流动特征、转化效率和总的吞吐量（Krausmann and Haberl，2002）。该分析方法的研究重点是能量的输入、输出,在系统内部能量流动途径及过程研究方面相对匮乏。近年来,少数学者开始运用生态网络分析方法对城市过程进行解析,但详细的空间部门之间能量流动关系仍有待进一步探索,因此基于能量代谢视角的能量过程研究在方法上仍有待进一步探索(张力小和胡秋红,2011)。

5.1.2 基于投入产出分析方法的能量过程研究

目前,基于投入产出分析方法的能量过程研究主要包括以下两个方面。

(1)体现能分析

体现能(embodied energy)是指生产某产品或者提供某服务过程中直接或者间接投入的能量总量,也包括区域经济系统所消耗的直接和间接能量总和。其中,直接能量消耗是指面向产业生产过程,直接以化石能量、太阳能等能量形式投入能量,而间接能量消耗则是指由于非能量类的其他中间产品的投入所引发的能量影响。该分析方法的基本原理是以产品为纽带,对局部或整体经济过程的直接与间接能量影响进行系统核算,侧重于某经济活动时空能量过程的系统性考量。其基于不同的核算框架分别在国家和产业尺度上已经被广泛应用,且成为城市能量研究的一个重要分支(Chapman,1974;Park and Heo,2007;Yohanis and Noton,2008)。它的基本核算框架主要基于以下两种:一种是过程分析方法,即对产品或服务全生命周期所需要的能量进行核算,通常用于对具体工业系统生产的产品进行分析,如工业、建筑材料等;另一种是运用投入产出方法对较为复杂的经济系统进行矩阵计算,运用经济结构矩阵和能量统计矩阵,对国民经济部门直接与间接能量消费进行核算。目前,基于投入产出分析的体现能研究在国家尺度上已经得到广泛应用,如中国、澳大利亚、西班牙、英国、韩国和日本等均已开展了相关研究(Costanza,1981;Lenzen,1998;Machado et al.,2001;Liu et al.,2009)。其中,我国学者陈国谦等还建立了基于投入产出分析方法的包括体现能、能值、体现资源和体现温室气体排放等多种体现生态要素的分析框架,并对中国1992年基于物质产品平衡(the system of material product balances,MPS)体系和2002年基于国民经济账户(the system of national accounts,SNA)体系的国民经济进行了实证研究(周江波,2009)。

在城市尺度上,最有代表性的工作是泰国学者Phdungsilp(2003)对北京、上海、曼谷和东京四个城市体现能耗进行的比较研究,结果表明,四个城市中,北京市的直接能耗影响较大,外部能量影响最小。同时,他认为间接能耗是反映城市外部能量依赖性的重要指标,往往能提供比直接能耗更有价值的信息。此外,

Ji（2011）运用投入产出分析方法对北京市 2002 年经济活动中体现的水、能源和能值等生态要素进行了系统核算；Liang 等（2010）运用投入产出分析方法对苏州市关键能耗部门进行辨识，并进行了 CO_2 排放预测。总之，目前在城市尺度的研究仍然是乏善可陈。

（2）基于投入产出分析方法的能量网络关系研究

实际上，除了关注产品或服务及区域经济系统所体现的直接与间接能量消耗外，区域之间、区域内部产业部门之间的能量交换与传递的网络关系也是能量研究的重要视角之一。投入出产表可以从行业层面反映经济系统内各组分之间的相互关系及经济结构，揭示各产业部门之间的完全联系（既包括部门之间的直接联系，也包括基于投入产出过程的间接联系），从而实现时空置换的过程分析，因此被用于解析部门之间的能量网络关系，研究各产业部门在资源环境影响方面所起的传导作用（Beule，1951；Rasmussen，1956；Patibandla and Petersen，2002；刘起运等，2007；Hauknes and Knell，2009；李玉杰和王庆石，2010）。

因此，现阶段城市能量过程研究主要采用代谢分析方法，由于其采用"黑箱"模式，研究重点放在了城市的输入和输出上，较少对能量在城市内部的运行机制进行研究。尽管有少数学者对城市能量过程进行了初步探索，对社会经济系统各个组分之间的关系进行了分析，但产业部门之间能量关系与转换机理仍有待进一步探索。传统的城市能量研究较多采用末端计量方法，只关注某经济过程的直接能量消费，对中间产品投入所引发的间接能量影响研究较少（Dhakal，2009；Zhang et al.，2011）。投入产出分析方法在资源环境领域的应用已经比较成熟，被广泛应用于生态经济核算及影响因素分析中，但目前国内的研究较为零散，在城市能量过程的系统性研究方面更是较为缺乏。

5.2 投入产出模型构建及体现能耗系数推导

5.2.1 能量流模型

（1）城市经济系统与环境系统的能流模型

经济系统可以根据物质流动过程中物质属性的改变分为产品生产过程和产品消费过程。能量是城市经济系统运行的基本原动力，经济系统中任何活动的进行都伴随着能量的投入与相应物的产生，因此能量流与物质流是同时进行的，其基本过程如图 5-1 所示。

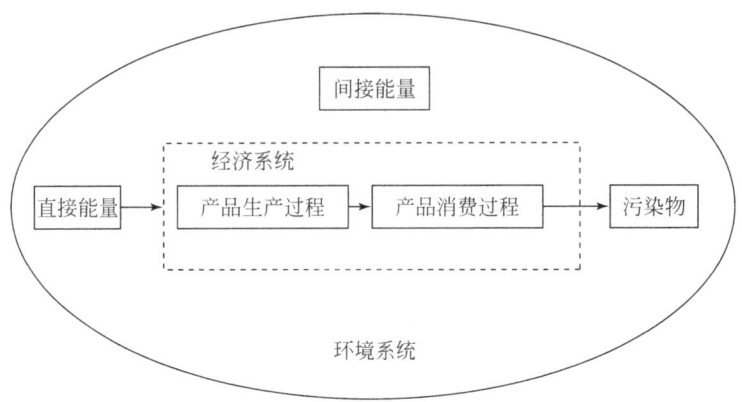

图 5-1　城市经济系统与环境系统的能量流模型

（2）能量投入产出模型的构建

针对一开放城市的投入产出表的基本表式（表 5-1，主要参数已列入表中），将国内市外调入和国外进口的产品分别视为 n 个投入部门，即可根据中间使用产品的来源可分为本市投入部门、调入投入部门（即国内市外调入部门）和国外投入部门（即进口投入部门），假定调入与进口产品仅用于本市使用，不用于调出与出口，那么总产出可以分为：本市总产出、总的调入额和进口额。

表 5-1　开放城市投入产出表的基本表式

投入＼产出		中间使用				最终使用			市外	国外	总产出
						本市					
		1	2	…	n	农村居民消费	城市居民消费	资本形成	调出	出口	
本市投入部门	1	X^d_{11}	X^d_{12}	…	X^d_{1n}		Y^d_1		P_1	E_1	X_1
	2	X^d_{21}	X^d_{22}	…	X^d_{2n}		Y^d_2		P_2	E_2	X_2
	…	…	…	…	…		…		…	…	…
	n	X^d_{n1}	X^d_{n2}	…	X^d_{nn}		Y^d_n		P_n	E_n	X_n
调入投入部门	1	X^t_{11}	X^t_{12}	…	X^t_{1n}		Y^t_1				T_1
	2	X^t_{21}	X^t_{22}	…	X^t_{2n}		Y^t_2		0	0	T_2
	…	…	…	…	…		…				…
	n	X^t_{n1}	X^t_{n2}	…	X^t_{nn}		Y^t_n				T_n

续表

投入\产出		中间使用				最终使用				总产出
						本市			市外	国外	
		1	2	…	n	农村居民消费	城市居民消费	资本形成	调出	出口	
进口投入部门	1	X^f_{11}	X^f_{12}	…	X^f_{1n}		Y^f_1		0	0	F_1
	2	X^f_{21}	X^f_{22}	…	X^f_{2n}		Y^f_2				F_2
	…	…	…	…	…		…				…
	n	X^f_{n1}	X^f_{n2}	…	X^f_{nn}		Y^f_n				F_n
初始投入	1	V_{11}	V_{12}		V_{1n}						
	2	V_{21}	V_{22}		V_{2n}						
	…	…	…		…						
	n	V_{n1}	V_{n2}		V_{nn}						
总投入		X_1	X_2		X_n						

传统的投入产出分析一般仅包括经济系统内部的产品生产过程和产品消费过程，不包括从环境系统索取的能量过程，现在对投入产出表进行扩展以描述所构建的经济系统与环境系统的能量流模型（表5-2）。

表5-2　包含能量要素的投入产出表

投入\产出		中间使用				最终使用				总产出
						本市			市外	国外	
		1	2	…	n	农村居民消费	城市居民消费	资本形成	调出	出口	
本市投入部门	1	X^d_{11}	X^d_{12}	…	X^d_{1n}		Y^d_1		P_1	E_1	X_1
	2	X^d_{21}	X^d_{22}	…	X^d_{2n}		Y^d_2		P_2	E_2	X_2
	…	…	…	…	…		…		…	…	…
	n	X^d_{n1}	X^d_{n2}	…	X^d_{nn}		Y^d_n		P_n	E_n	X_n
调入投入部门	1	X^t_{11}	X^t_{12}	…	X^t_{1n}		Y^t_1		0	0	T_1
	2	X^t_{21}	X^t_{22}	…	X^t_{2n}		Y^t_2				T_2
	…	…	…	…	…		…				…
	n	X^t_{n1}	X^t_{n2}	…	X^t_{nn}		Y^t_n				T_n

续表

投入＼产出		中间使用				最终使用					总产出
						本市			市外	国外	
		1	2	…	n	农村居民消费	城市居民消费	资本形成	调出	出口	
进口投入部门	1	X^f_{11}	X^f_{12}	…	X^f_{1n}	Y^f_1			0	0	F_1
	2	X^f_{21}	X^f_{22}	…	X^f_{2n}	Y^f_2					F_2
	…	…	…	…	…	…					…
	n	X^f_{n1}	X^f_{n2}	…	X^f_{nn}	Y^f_n					F_n
初始投入	1	V_{11}	V_{12}		V_{1n}						
	2	V_{21}	V_{22}		V_{2n}						
	…	…	…	…	…						
	n	V_{n1}	V_{n2}		V_{nn}						
总投入		X_1	X_2	…	X_n						
能量		E_1	E_2	…	E_n						

5.2.2 体现能系数推导

相关系数定义：①本市直接消耗系数：$a^d_{ij}=\dfrac{X_{ij}}{X_j}$，表示本市经济系统第 j 个产品部门每生产 1 单位产品需要消耗的本市第 i 个部门的中间投入；②调入直接消耗系数：$a^t_{ij}=\dfrac{X^t_{ij}}{T}$，表示本市经济系统第 j 个产品部门每生产 1 单位产品需要消耗的调入第 i 个部门的中间投入；③进口直接消耗系数：$a^f_{ij}=\dfrac{X^f_{ij}}{F_j}$，表示本市经济系统第 j 个产品部门每生产 1 单位产品需要消耗的进口第 i 个部门的中间投入。

分别以 A^d、A^t、A^f 表示本市直接消耗系数所组成的矩阵、调入直接消耗系数所组成的矩阵和进口直接消耗系数所组成的矩阵，以 X、T、F、Y^d、Y^t、Y^f 分别表示本市总产出列向量、调入列向量、进口列向量、本市产品用于本市最终使用的列向量、调入产品用于本市使用的列向量和进口产品用于本市使用的列向量，则：

$$A^d X + Y^d + P + E = X \quad (5\text{-}1)$$

$$A^t X + Y^t + 0 + 0 = T \quad (5\text{-}2)$$

$$A^f X + Y^f + 0 + 0 = F \quad (5\text{-}3)$$

式（5-1）~式（5-3）相加移项可得

$$X = (I - A^d - A^t - A^f)^{-1}(Y^d + Y^t + Y^f + P + E - F - T) \quad (5\text{-}4)$$

能量直接消耗系数记为 $D = E^d \hat{X}^{-1}$，其中 E^d 表示直接能耗量。

本市生产体现能耗系数推导：

$$Q = DX = D(I - A^d - A^t - A^f)^{-1}(Y^d + Y^t + Y^f + P + E - F - T) \quad (5\text{-}5)$$

则体现能系数 C 为

$$C = D(I - A^d - A^t - A^f)^{-1} \quad (5\text{-}6)$$

5.2.3 基于北京市投入产出表的体现能系数推导

北京市投入产出表结构见表 5-3。

表 5-3　北京市投入产出表基本表式

投入＼产出	中间使用			最终使用					调入	进口	总产出
	1	2	...	n	农村居民消费	城市居民消费	资本形成	调出	出口			
1												
2												
...												
n												
劳动者报酬												
生产税净额												
固定资产折旧												
营业盈余												
总投入												

此表与表 5-2 的区别在于中间使用部门没有区分来源，而是将本市的投入部

门、调入投入部门和进口投入部门合并成了总的投入部门。

若以 A 表示此表中的直接消耗系数矩阵，Y 表示本市最终使用列向量，则有

$$A=A^d+A^t+A^f \tag{5-7}$$

$$Y=Y^d+Y^t+Y^f \tag{5-8}$$

代入式（5-6）中，则北京市体现能系数 C 为

$$C=D(I-A)^{-1} \tag{5-9}$$

5.2.4 城市能量消费总量核算

1）基于本地投入视角：

$$Q_1=D(I-A)^{-1}(Y+P+E-F-T) \tag{5-10}$$

2）基于本地消费视角：

$$Q_2=\varepsilon Y=D(I-A)^{-1}Y \tag{5-11}$$

3）城市能量生态网络解析：

为了解析北京市各部门能耗之间的相互关联关系，本研究引入能量消费的感应度弹性系数和影响力弹性系数对其进行测度。能量消费的感应度弹性系数是指当其他部门需求变动时所引发的该部门能耗变化百分比；而能量消费的影响力弹性系数即为某部门最终需求变动时所引发的其他部门能耗变动。该方法最初提出者为 Chenery 和渡边（Watanabe），用于反映部门之间的经济关联关系，而后拉斯穆森（Rasmussen）对其进行拓展，应用于能量领域，目前已被广泛应用于产业部门之间能量消费关联研究中（Rasmussen，1956；李玉杰和王庆石，2010）。具体介绍如下：

根据式（5-8），经济系统能耗为

$$Q'=\varepsilon Y'=D(I-A)^{-1}Y' \tag{5-12}$$

需要说明的是此处的 Q' 并非特指基于某种视角的能量总量，基于不同的视角对此推导结果并没有影响，因此在此以 Q' 作为一般性替代，Y' 也仅作为最终使用的一般性代表。

如果最终需求变动百分比为 k 时，则能耗 Q' 的变化量表示为

$$\Delta Q'=E^d \hat{X}^{-1}(I-A)^{-1}kY' \tag{5-13}$$

令 $B=E^d/Q'=(B_1, B_2, \cdots, B_i)$，元素 B_i 表示部门 i 直接能耗占总体现能耗的比重，则

$$\Delta Q'=Q'B\hat{X}^{-1}(I-A)^{-1}kY' \tag{5-14}$$

$$\Delta Q'/Q' = B\hat{X}^{-1}(I-A)^{-1}kY' \tag{5-15}$$

当 $k=1$ 时，则

$$\Delta Q'/Q' = B\hat{X}^{-1}(I-A)^{-1}Y' \tag{5-16}$$

对向量 B 和向量 Y 进行对角化，则

$$\theta = B\hat{X}^{-1}(I-A)^{-1}Y' \tag{5-17}$$

式中，θ 表示部门能量消费产业关联矩阵，元素 θ_{ij} 表示弹性系数，它表示相对于部门 j 最终需求增加 1% 时，将引起部门 i 能量消费增长变化的百分比。

各部门能量消费的感应度弹性系数为矩阵的各行元素之和：

$$\partial_i = \sum_{j=1}^{n} \theta_{ij} \tag{5-18}$$

各部门能量消费的影响力弹性系数为矩阵的各列元素之和：

$$\beta_i = \sum_{i=1}^{n} \theta_{ij} \tag{5-19}$$

5.3 城市能量总量变化规律分析——以北京市为例

5.3.1 数据来源

（1）投入产出表

到目前为止，北京市统计局已经编制了 1987 年、1992 年、1997 年、2002 年和 2007 年共五张投入产出表，并且分别基于 1987 年、1992 年、1997 年和 2002 年的投入产出基本表，编制了 1990 年、1995 年、2000 年和 2005 年四张投入产出延长表。本研究共收集了北京市 1987 年、1990 年、1992 年、1995 年、1997 年、2000 年、2002 年、2005 年和 2007 年共 9 年的投入产出表及其延长表，其中，1987 年、1990 年、1992 年和 1995 年投入产出表为 33 个部门，1997 年和 2000 年为 40 个部门，2005 年和 2007 年为 42 个部门，为了使得各表之间具有可比性，本章节参照《国民经济行业分类》（GB/T4754—2002）将各年投入产出表统一合并汇总为 30 个部门（表 5-4）。具体产业合并情况见附表 1。

表 5-4 合并汇总后的产业部门

序号	部门名称	序号	部门名称
1	农业	16	金属制品业
2	煤炭开采和洗选业	17	机械工业
3	石油和天然气开采业	18	交通运输设备制造业
4	金属矿采选业	19	电气机械及器材制造业
5	非金属采选业	20	通信设备、计算机及其他电子设备制造业
6	食品制造业	21	仪器仪表及其他计量器具制造业
7	纺织业	22	其他工业
8	皮革、毛皮、羽毛（绒）及其制品业	23	建筑业
9	木材加工及家具制造业	24	交通运输、仓储及邮政业
10	造纸及文教用品制造业	25	商业
11	电力及蒸汽、热水生产供应业	26	住宿和餐饮业
12	石油加工业、炼焦及煤气煤制品业	27	公用事业及居民服务业
13	化学工业	28	文教卫生科研事业
14	建材及其他非金属矿物制品业	29	金融保险业
15	金属冶炼及压延加工业	30	行政机关

（2）能量数据

本研究所应用的能源数据主要来自《北京统计年鉴》(1988～2008年)和《中国能量统计年鉴》(1988～2008年)。因此，本研究中的能源数据不包括生物质能源、太阳能等可再生能源及小煤矿等。能量数值通过能源与能量转化系数相乘获得，能量转化系数请见附表2。

（3）编制可比价投入产出表

北京市统计局编制的投入产出表所采用的价格都是当年生产者的价格，由于通货膨胀，各年的价格之间不具有可比性。为了使历年的投入产出表在价格上具有可比性，必须去除价格影响，目前主流的消除价格影响的方法主要有两种，一种是GDP指数法，即以某年的GDP为基数，计算其他年份的GDP指数作为价格指数，对投入产出表中的价值进行调整；另外一种是双重缩减法（double deflation），基本原理即是选取某年各个部门的价格指数为基数，根据相应年份的各个部门的价格指数计算基于基准年份的价格指数，进而对投入产出表中的各个部门的价值进行调整。这种分析方法较前者而言，更为详细和准确，但是部门合并的操作顺序不同往往会产生较大的结果差异，而本研究需要将大量的投入产出表的部门合并汇总，因此本研究选取 GDP 指数对其进行换算。

5.3.2　北京市 1987～2007 年能量消费总量变动规律分析

基于本地投入（X）视角的能量总量即通常意义上理解的直接能量消费总量，是各个部门直接能耗总量之和。其是北京市生产能力的体现，反映了北京市城市经济系统生产过程的能量消费，其产品未必都为本地消费。

如图 5-2 所示，1987～2007 年北京市直接能耗一直处于较为快速的增长态势，从 1987 年的 2003.13 万 tce 增至 2007 年的 5279.81 万 tce，共增长了 1.64 倍，年均增长率为 4.97%。但受同时期经济总量快速增长的影响（图 5-3），单位产出所消耗的能量却呈直线下降态势，从 2.66tce/万元降至 0.695tce/万元，下降幅度达 73.87%，平均下降速度为 6.49%；从下降趋势来看，主要分为三个大的阶段，1987～1992 年、1992～2005 年和 2005～2007 年，在此三个阶段间能耗强度下降速度依次缓慢。需要特别说明的是，"十一五"期间北京市虽然实施了一系列（如关闭炼焦企业、搬迁首钢等高污染高耗能企业）节能减排措施，但直接能耗并未出现明显下降，说明传统的城市节能措施所带来的能耗降低的空间正逐渐减小，甚至是消耗殆尽。

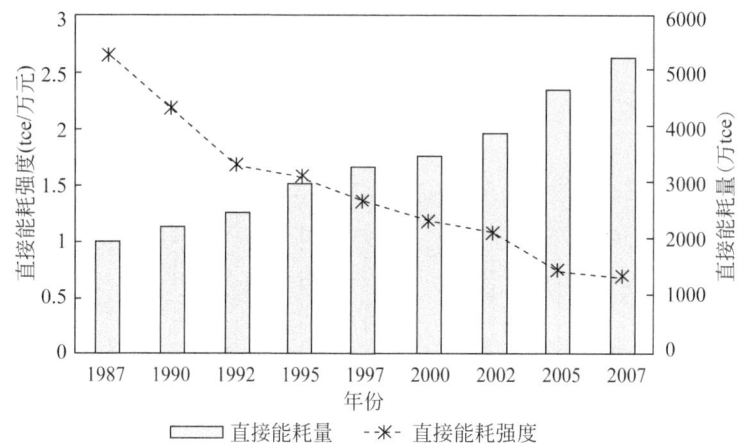

图 5-2　北京市 1987～2007 年直接能耗量和能耗强度变化

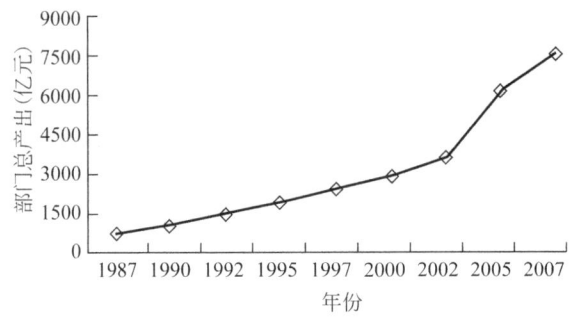

图 5-3　北京市 1987～2007 年部门总产出情况

5.3.3　基于总投入/总产出视角的北京市体现能分析

（1）总量变化

与基于本地投入视角不同的是，基于总投入（S）/总产出（M）视角的体现能主要反映北京市总的资源支撑，既涵盖本地生产系统的能量消耗，也包括外地调入与进口产品的间接能耗。

如图 5-4 所示，北京市体现能耗从 1987 年的 5505.84 万 tce 增至 2007 年的 27 127.25 万 tce，共增长了 3.93 倍，平均年增长率达 8.70%，远高于直接能耗增幅；从增长速度上来看，1987～1997 年增速相对缓慢，自 1997 年开始，

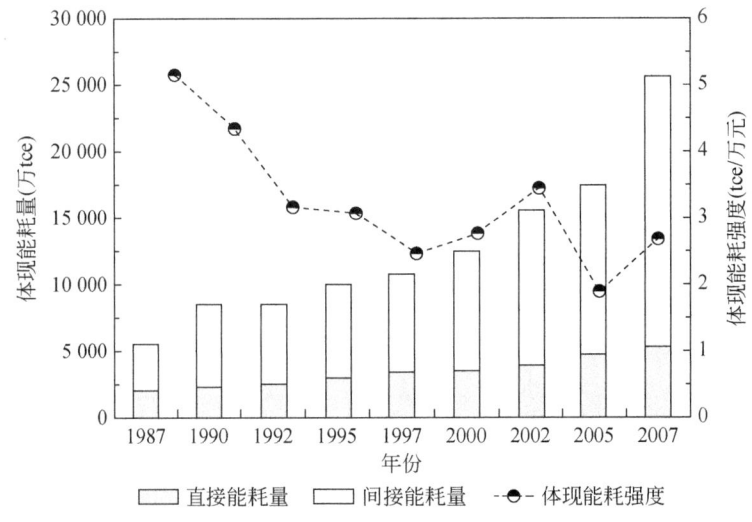

图 5-4　北京市 1987～2007 年体现能耗量和体现能耗强度变化

出现波动式快速增长的趋势。其原因可能是消费结构升级。20世纪80年代末90年代初，人们对低耗能的温饱型轻工业产品的消费较多，而随着人们生活质量的提高，需要更多更好的消费品，进而使得对享受型高耗能产品的消费增加，致使体现能耗总量增加。

从能耗强度来看，1987～2007年，与直接能耗强度相比，体现能耗强度下降幅度有所减小，从1987年的5.16tce/万元下降至2007年的2.71tce/万元，下降幅度为47.48%，而且体现能耗强度也远高于直接能耗强度；从趋势上来看，在1997年之前呈平稳下降趋势，之后开始波动式发展。这表明虽然从直接能耗指标中反映出北京市能量利用效率有较大提高，但从体现能耗强度指标来看，北京市能耗利用效率提高幅度却没那么明显，尤其是在1997年之后，甚至出现能耗强度回升的态势，北京市节能减排压力依然很大。

（2）北京市能量需求结构分析

从图5-5中可以看出，从规模上来看，在过去20年中，投资和消费是北京市能量消耗的主体，所占比重为46.82%～75.34%，然而从趋势上来看，其所占比重自1997年达到顶峰之后呈现下降的态势，尤其是投资体现能耗；而调出和出口能耗在北京市能量消费中的作用越来越突出，其所占比重在2007年已经超过50%，其中调出体现能的快速增长趋势尤为明显，说明未来北京市能量消耗状况受外界的影响将会日益增大。

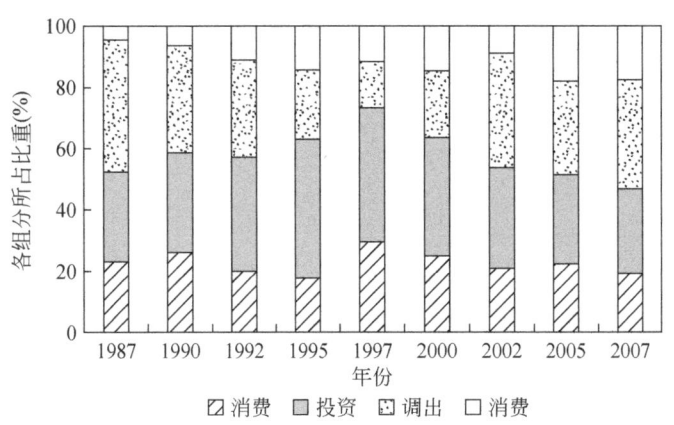

图5-5 北京市总产出体现能耗结构

（3）北京市本地投入与外地投入的资源支撑结构变化

通过以上分析不难发现，直接能耗和体现能耗分析结果不尽相同，而且存在较大差异,说明北京市城市系统的能耗存在结构性变化,这种变化反映了城市系统资源支撑的结构性转变。具体来说,在体现能耗中直接能耗所占比重正逐渐降低,如图 5-6 所示,在 2007 年仅占 25.60%,反而间接能耗在体现能耗中所起作用越来越明显,其所占比重已从 1987 年的 48.45% 增至 2007 年的 74.40%,而且仍呈快速上涨的态势。表明随着北京市区域内外之间的产品交换活动不断活跃,城市系统对外部能量的依赖性逐渐增强,同时也说明间接能耗已经日渐成为能耗分析不可忽视的重要组成部分,而且随着市场分工的深化和区域间产品交换的频繁,其作用将进一步增强。传统能耗核算方法仅仅关注直接能耗可能会忽略很多重要的决策信息,转换视角,从产品入手,对经济过程中的能耗进行系统核算显得日趋重要。

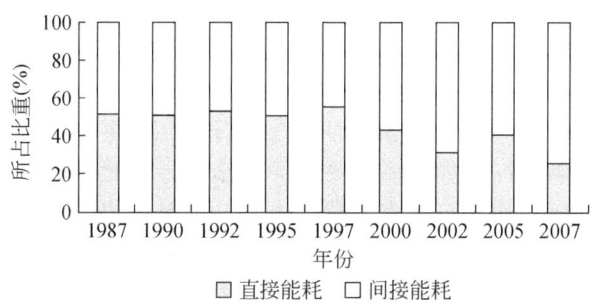

图 5-6 北京市 1987 ~ 2007 年能耗系统的结构性变化

进一步观察北京市间接能耗可知(图 5-7),1987 ~ 2007 年,北京市间

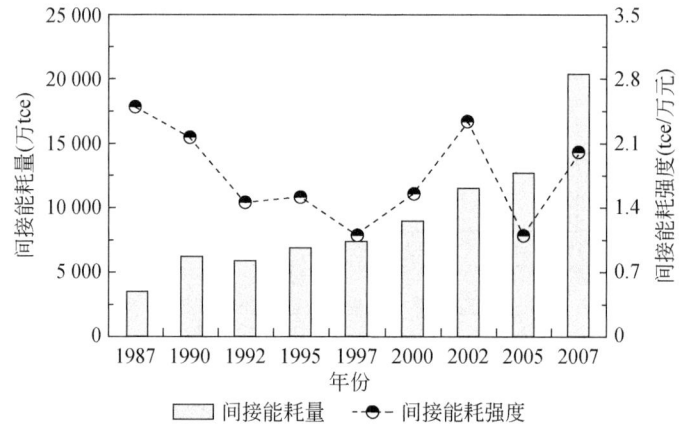

图 5-7 北京市 1987 ~ 2007 年间接能耗量和能耗强度变化

接能耗增长速度惊人,尤其是自1997年以来,除在个别年份出现波动式回落外,总体呈直线上升态势,20年间,数量上共增长了7.15倍,达15 340.67万tce,是直接能耗的2.91倍,而间接能耗强度下降幅度也相对较小,仅降低了19.20%,这进一步验证了北京市经济发展过程中对外界能量依赖性越来越强的事实,仅仅关注直接能耗可能无法真实反映城市经济过程的能量消费情况,甚至可能会为政策决策提供一些错误的信息,以产品为纽带的系统核算将成为高效能量管理的关键。

5.3.4 基于本地消费视角的北京市能量总量分析

基于本地消费视角的城市能量总量分析反映了北京市城市系统作为消费主体的能量需求,其中部分来自北京市本地生产,其他来自国内市外调进与进口,反映城市作为消费主体,成为北京市本地以及更大尺度下的能量生态包袱。

如图5-8与图5-9所示,1987~2007年,北京市产品消费的体现能呈快速增长态势,从2038.96万tce增长至9654.55万tce,增长了3.74倍,年均增长率达8.09%。将其与本地生产过程中的能量消费进行对比,发现两者之间的差距自1995年开始逐渐拉大,2007年,本地消费的能量已经远大于本地生产所需的能量,说明北京市城市功能由生产型正转向消费型。与消费相比,投资所带动的能源消费量也呈现递增趋势,如图5-9所示,1987~2007年,投资逐渐成为拉动北京市经济增长的重要因素。

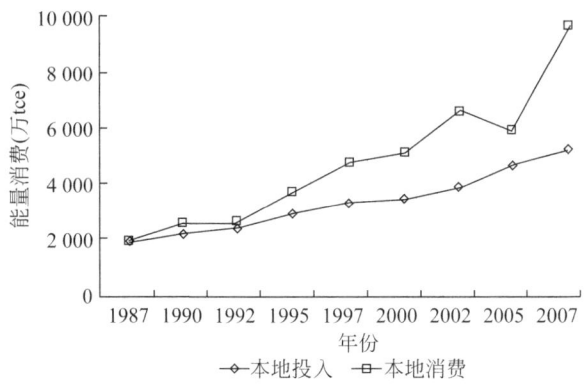

图5-8 不同视角下的能量核算对比

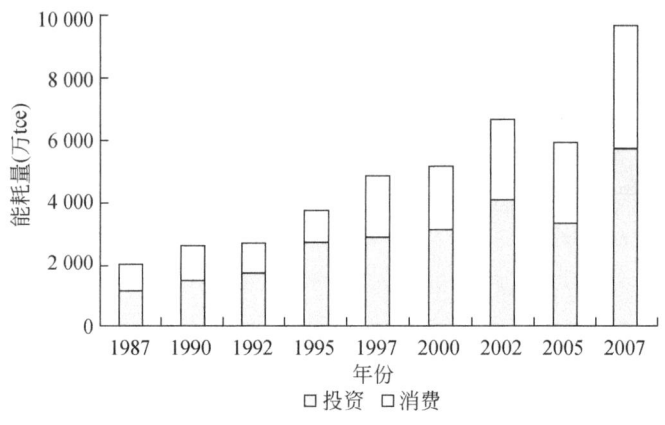

图 5-9　基于消费视角的能量总量核算

5.4　城市经济活动的能量影响——以北京市为例

5.4.1　北京市 1987～2007 年经济消费体现能分析

如图 5-10 所示，整体而言，北京市 1987～2007 年消费体现能呈直线快速增长态势，由 904.53 万 t 增长至 3973.67 万 t，翻了两番多。从结构上看，城镇居民消费对能量消费的增长贡献最大，在 20 年间，北京市城镇居民消费体现能增长将近 5 倍，在 2007 年达 2220.93 万 t，占总消费体现能耗的 55.89%，这主要归因于两方面：一方面是快速城镇化、京外人员迁入等所导致的城镇人口增多，1987～2007 年城镇人口增多，使得城镇居民能量消费大幅增长；另一方面是人民生活水平的提高所引发的产品消费结构升级。20 世纪 80 年代末 90 年代初，人们对低耗

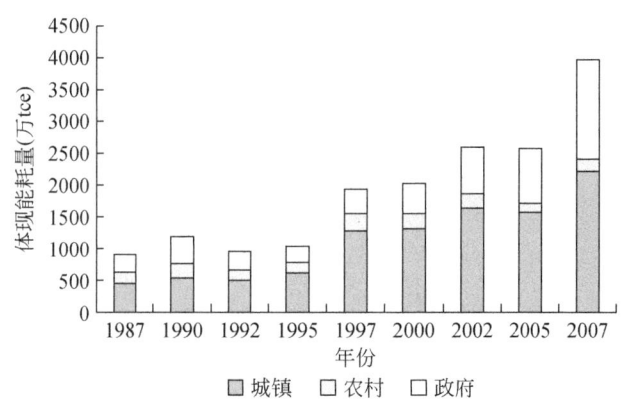

图 5-10　北京市 1987～2007 年经济消费体现能

能的温饱型轻工业产品的消费较多,而随着人们生活质量的提高,需要更多更好的消费品,进而使得对享受型高耗能产品的消费增加,致使体现能耗总量增加。

值得注意的是在1987～2007年,北京市农村居民体现能耗并没有出现明显的增长,甚至在1997～2005年呈持续波动式下滑的态势,2007年的农村居民体现能耗的整体水平与1987年几乎持平,仅4.59%,其在总消费体现能耗中所占比重更是呈直接下降的态势。究其原因,可能表现在以下3个方面:①误差原因。农村地区的能量消费是以生物质能量为主,而由于数据可得性,长期以来此部分并未纳入国家及本市的官方统计数据中(如统计年鉴),因此这部分在本研究中并未体现,存在部分误差。②随着北京市快速城镇化进程的加快,农村人口大量减少。③受限于能量可得性、经济性和政府的重视等原因,农村能量状况并未得到根本的改善或改变,农村居民整体仍然保持着简朴、传统的能量消费习惯,使能耗水平变化较小。

除此之外,通过观察发现,政府消费在总经济消费体现能耗中的位置越来越突出,体现能耗总量20年来直线上升,共增长了4.74倍,平均增长率达9.13%,结构比重上增长了9.27个百分点,在总体现能耗中的比重也达到39.5%。主要原因可能是北京市政府的办公设施、办公条件取得了明显的提高,增加了对高能耗产品的消费支出。

5.4.2　北京市1987～2007年经济投资体现能分析

投资是拉动经济增长的三大动力之一,也是经济内需的一个重要组成部分,从能量消耗来看,如图5-11和图5-12所示,整体而言,1987～2007年北京市经

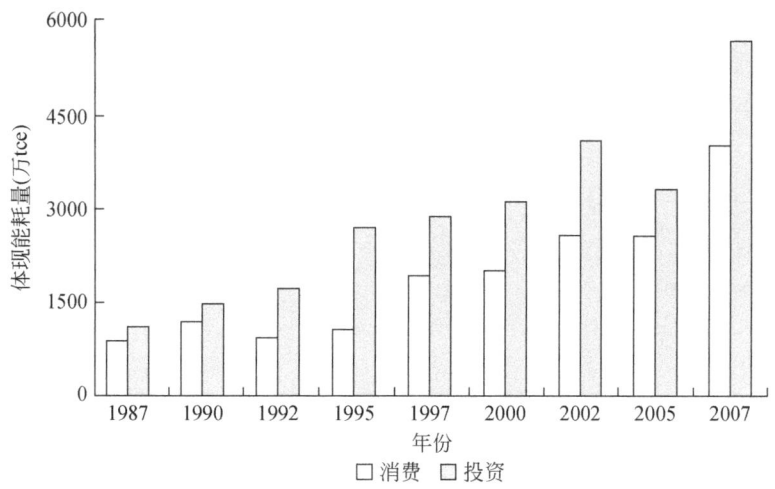

图5-11　北京市1987～2007年经济投资体现能耗变化

济投资的体现能耗呈稳步快速上升的态势，20 年间共增长了 4 倍，2007 年体现能耗 5781.81 万 t，占北京市总体能耗的 27.55%。另外，将内需的两大构成组分——消费与投资进行体现能耗对比，可以发现，相对而言，投资的增长速度比消费快，而且两者的差距正逐步拉大，这主要是因为多年以来北京市的经济主要是靠投资拉动，存在内需不足的现象，但是近几年来，随着金融危机的爆发，北京市政府开始重视内需的发展。然而从能量利用效率来看，经济消费的能量利用率高于投资，这主要是因为北京市的投资结构中房地产或基础设施投资能量密度相对较高。

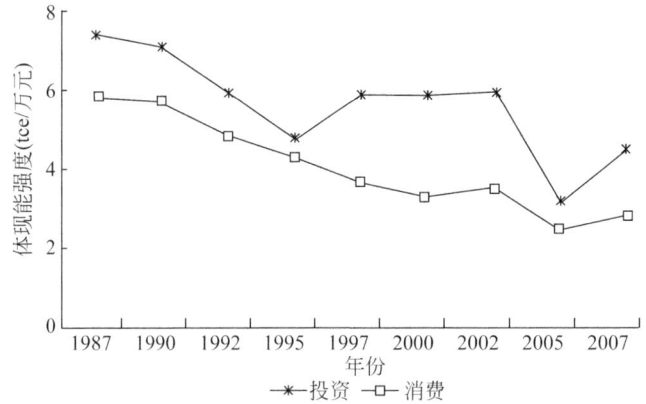

图 5-12　北京市 1987～2007 年消费与投资体现能耗变化

5.4.3　北京市 1987～2007 年调入调出体现能分析

如图 5-13 所示，从北京市与国内其他区域间能量交换规模上来看，能量交易

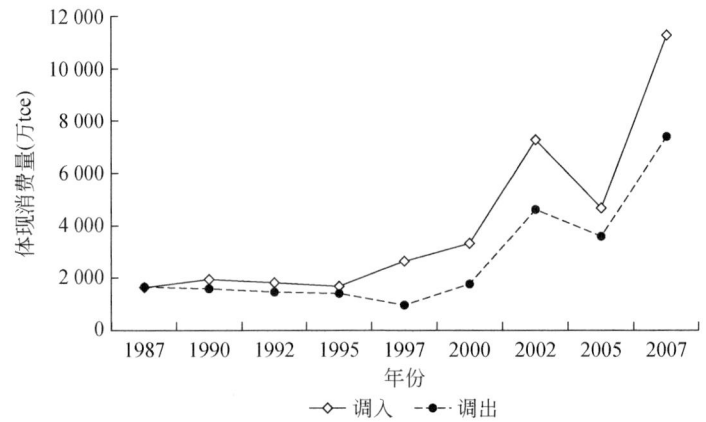

图 5-13　北京市 1987～2007 年进口与出口体现能耗变化

规模呈快速增长的态势，尤其是1995年之后，交易总量增长了4.67倍，2007年，能量交易额达到18 625.56万tce。另外，从能量流动的方向来看，在与国内其他区域能量交换过程中，北京市自1997年开始由能量输出型城市转为能量输入型，而且呈现净能量输入不断变大的趋势。这可能是北京市产业结构转型的结果：近20年来，北京市一直致力于向"三、二、一"产业结构的调整，以高端产业作为产业发展主攻方向，而且取得了巨大成效，现已初步形成了以电子、服务业等高附加值产业为主的局面，而其中一些高能耗的中间产品主要靠外地调入与进口。

5.4.4 北京市1987～2007年进出口体现能分析

首先，从北京市与国外进行能量贸易的规模来看，整体上呈快速增长的态势，尤其是在1997年之后，20年间能量贸易额增长了16.3倍，达到7679.88万tce，说明1987～2007年北京市与国际市场的能量交换活动不断频繁和深入；其次，从能量流动的方向来看，自2000年开始，北京市由能量输出型转为能量输入型，而且仍然呈现不断增长的趋势，说明在国际市场中，从能量层次等级的角度来看，北京市的产业结构仍然处于较低端的水平，如图5-14所示。

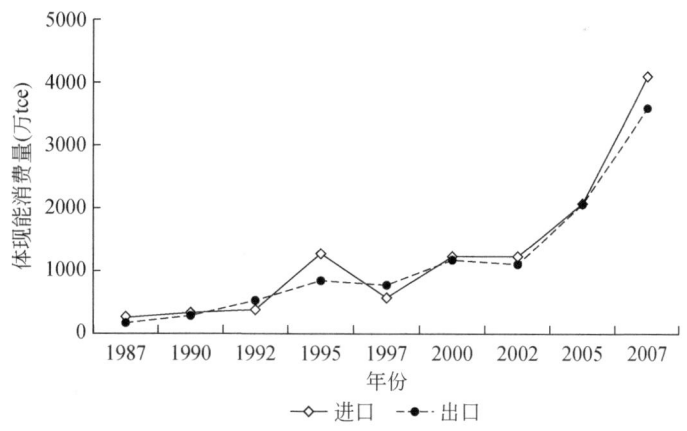

图5-14 北京市1987～2007年进口与出口体现能耗变化

5.4.5 小结

通过对北京市1987～2007年的体现能耗总量及其需求结构的分析，可得如下结论：

1）1987～2007年，不管是基于本地投入视角、本地消费视角还是总投入／

总产出视角，北京市能量消费均呈现快速增长态势，而且三者之间的数量差距正逐渐拉大，说明北京市消费升级引发能量消费大幅增长，而且城市功能正由生产型转向消费型，对外部能量的依赖性逐渐增强，绿色消费、低耗能和低碳消费显得日益重要。

2）对北京市产品消费结构进行分析，结果表明，城镇和政府消费在能量消耗中所起的作用正日益增强，而农村消费并未出现明显增长；进一步分析北京市与其他区域的能量交换活动，结果发现，从交易规模来看，不管是与国内其他区域的能量交换还是与国际市场的能量贸易都呈现直线增长的态势，尤其是1997年之后表现更加明显。其中，20年间，北京市与国内其他区域的能量交易额达到18 625.56万tce，共增长了4.67倍，国际能量的贸易额增长了16.3倍，达到7679.88万tce。而从净能量流动方向来看，在与国内其他区域交易的过程中，北京市自1997年开始，由能量输出型转变为能量输入型，而且呈现净能量输入不断变大的趋势，然而在国际市场中，北京市自2007年开始，由能量输入型转向能量输出型城市，而且数量也在不断增加。从北京市与系统外界的总体能量流向来看，受国内市场中的调出产品体现能耗规模影响，北京市仍然是一个净能量输入型城市，而且输入规模也在不断增加。

5.5 北京市1987～2007年能量消费部门结构分析

5.5.1 北京市产业部门直接能耗及其变化

本书对产业部门的分类主要是参照国民经济行业分类（GB/T 4754—2002），将不同年份投入产出表中的行业进行分类。具体分类标准见附表1。

整体而言，在过去的20年间，北京市大部分产业部门的直接能耗存在不同程度的增加，增长幅度最大的是交通运输、仓储及邮政业（24）、石油加工及煤气煤制品业（12）和公用事业及居民服务业（27），共占能耗总增加量的59.07%。进一步从直接能耗结构来看，20年的快速城市化过程中，北京市的部门能耗结构发生了根本性变化，1987年北京市最主要的能耗部门是化学工业部门（13）和金属冶炼及压延加工业部门（15），两个部门消耗量占能耗总量的44.54%。到2007年，交通运输、仓储及邮政业部门（24）位居第一位，其次是石油加工炼焦及煤气煤制品业部门（12）、金属冶炼及压延加工业部门（15）和公用事业及居民服务业部门（27）等（图5-15）。

以万元GDP能耗作为测度指标，如图5-16所示，针对高能耗部门实施末端工程技术节能是国家实施节能减排政策的重要手段，因此本研究对各部门的直接能耗强度进行了核算。结果显示：1987年，北京市直接能耗强度最大的四个部门是金属冶炼及压延加工业部门（15）、建材及其他非金属矿物制品业部门（14）、化学工业部门（13）和住宿和餐饮业部门（26）；而北京市2007年能耗强度最大的部门转变为石油加工业及煤气制造业部门（12）、金属冶炼及压延加工业部门（15）、建材及其他非金属矿物制品业部门（14）和金属矿采选业部门（4）紧随其后，虽然存在局部产业部门结构的调整，但能耗强度高的产业部门仍多聚集在工业部门。

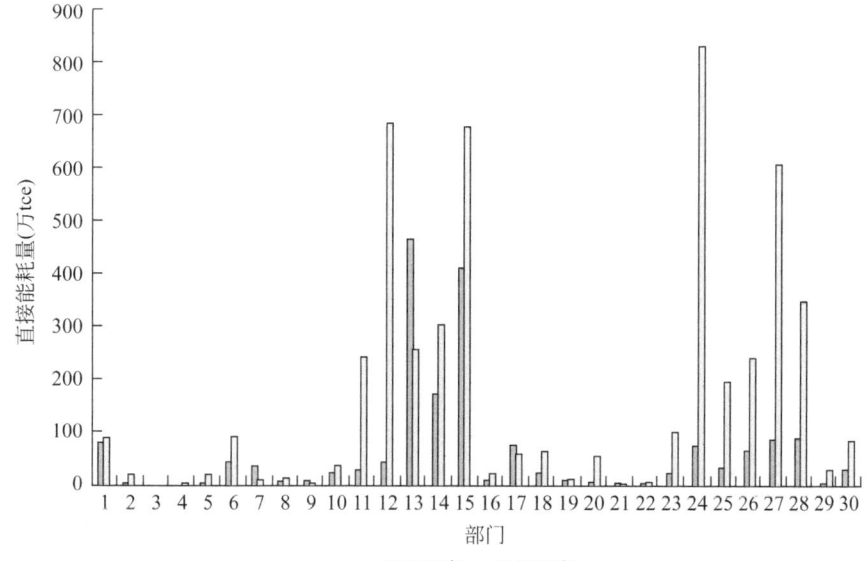

图 5-15　北京市 1987～2007 年部门直接能耗量

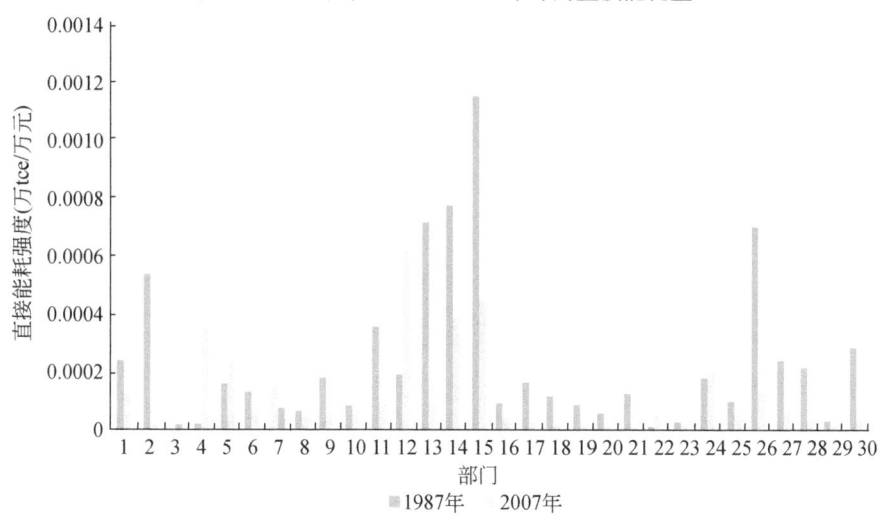

图 5-16　北京市 1987～2007 年部门直接能耗强度

5.5.2 北京产业部门体现能耗及其变化

图 5-17 与图 5-18 分别表示北京市 1987 年与 2007 年产业部门的体现能耗及其强度。显然，北京市产业部门的体现能耗结构与直接能耗结构存在较大差异，且在 20 年间也发生了明显的变化，2007 年大部分产业部门体现能耗都远大于 1987 年的体现能耗，但体现能耗强度却有不同程度的下降。1987 年北京市体现能耗最大的部门是化学工业部门（13）、金属冶炼及压延加工业部门（15）和建筑业部门（23），而 2007 年体现能耗最大的部门转变为间接能耗水平较高的建筑业部门（23）、文教卫生科研事业部门（28）、公用事业及居民服务业部门（27）和交通运输、仓储及邮政业部门（24）。产业部门能耗结构的变化很大程度上反映了北京市经济发展结构的变化。20 世纪 80 年代，北京市经济建设始终以发展大工业为指导思想，化学工业和金属冶炼及压延加工业等重工业部门发展迅速，成为国民经济的支柱产业，这两个部门也体现出较大的能耗水平；伴随北京市城市化过程的产业模式转型，北京市开始转变发展观念，着力于发展"首都经济"，坚持高端发展方向，以"提高第三产业比重，同时保持强大工业、保持建筑业在国民经济中的支柱产业地位"作为基本的发展思路，这无疑影响甚至改变着部门直接能耗和间接能耗水平和结构。

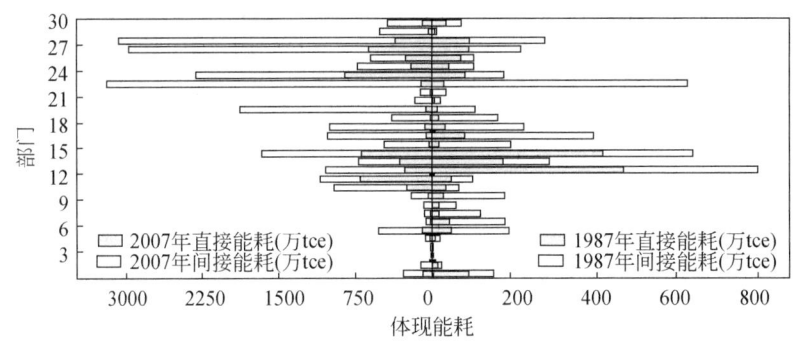

图 5-17　北京市 1987～2007 年部门产品体现能耗

而体现能耗与直接能耗的结果差异则主要归因于各部门的间接能耗水平的不同。直接能耗水平越高，即在体现能耗中所占比重越大，直接能耗与体现能耗的结果差异则越小；相反，间接能耗所占比重越大，则直接能耗与体现能耗的结果差异也越大。一般而言，产业部门在经济系统产业链中所处的环节不同，往往具有不同的体现能耗结构。从能量消费追踪角度来讲，在经济系统处于产业链上游的产业部门（即主要为其他部门提供原材料部门）直接能耗水平较高，直接能耗

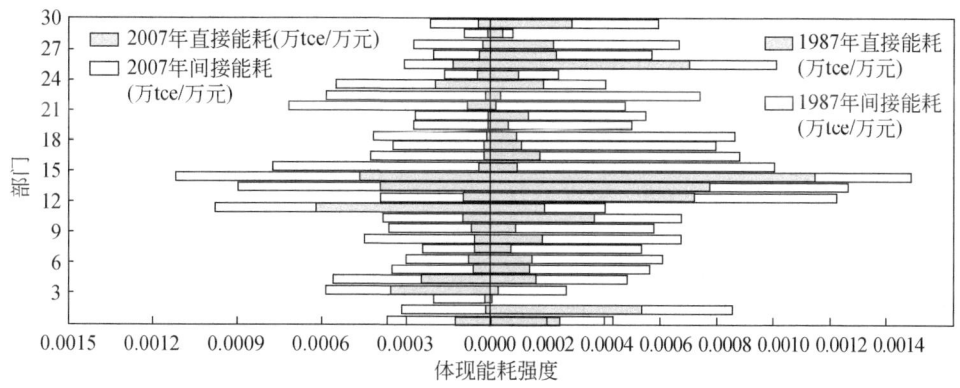

图 5-18　北京市 1987～2007 年部门产品体现能耗强度

与体现能耗的差异也相对较小，而处于产业链条下游的产业部门（即主要提供终端消费产品的部门）则间接能耗水平较高，直接能耗与体现能耗的差异也相对较大。具体来讲，一些轻工业部门（如食品制造业、纺织业、木材加工及家具制造业等）、制造业部门（如金属制品业、机械工业和交通运输设备制造业等）和建筑业部门的直接能耗在体现能耗中所占结构比重较小，均在 30% 以下，而石油加工炼焦及煤气煤制品业、金属冶炼及压延加工业等重化工部门（部门 12、部门 14 和部门 15）的直接能耗所占比重相对较大，为 40%～65%。

因此，随着北京市产业结构的升级，以传统能量管理视角仅仅关注直接能量消费可能会提供一些不现实和不准确的信息，不利于节能减排工作的高效管理。采用体现能分析方法，对产业部门的能耗进行系统性核算显得日趋重要，揭示部门能耗之间的完全联系，根据不同产业部门在城市能量系统的地位和作用进行差异管理是高效节能减排的必由之路。

5.5.3　间接能耗及其传导效应分析

能量消费的感应度弹性系数和影响力弹性系数分别反映了受整个经济最终需求变化各个部门能量消费变化的程度及各部门需求变化对整个经济系统的能量消费的影响程度，进而反映能量消费的上下游传导作用机制。具体而言，如果某产业部门具有较高的感应度弹性系数则说明本部门的能量消费受其他部门产品需求影响较大，理论上来讲，此类部门多处于产业链的上游，属于基础产业部门，是重要的"能量"提供部门。从能量管理的角度来看，作为上游产业，其直接能耗强度的降低对其下游产业乃至整个经济系统的节能都具有重要作用，称为上游传导作用。而如果某部门具有较高的能量消费影响力弹性系数，则表明此部门产品需求对其他部门的能量消费具有重要影响，是重要的"能量"需求部门，理论上多处于产业链的下游，作为下游产业，其产品消费的降低是整个经济系统节能的关键，称为下游传导作用。

能量感应度弹性系数和影响力弹性系数结果如图 5-19 和图 5-20 所示。为了便于分析，以 1987 年和 2007 年各系数平均值作为临界线，将所有部门分为四类，分别位于四个象限。对比图中 26 和图中 27 可见，在 1987 年，较为明显的三个部门为金属冶炼及压延加工业部门（15）、化学工业部门（13）和建筑业部门（23），其中金属冶炼及压延加工业部门和化学工业部门感应度弹性系数相对较高，建筑业的影响力弹性系数较高，说明在 1987 年金属冶炼及压延加工业和化学工业这两个部门在经济系统是重要的"能量"提供部门，具有重要的上游传导作用，是实施末端技术节能的关键部门，而建筑业是重要的"能量"需求部门，发挥着重要的下游传导作用。然而，到 2007 年，北京市各个产业部门在能耗中的作用发生了重要改变，具有重要能耗传导作用的上游部门转变为部门金属冶炼及压延加工业部门（15）和石油加工炼焦及煤气煤制品业部门（12）；建筑业部门（23）、公用事业及居民服务业部门（27）、文教卫生科研事业部门（28）和通信设备、计算机及其他电子设备制造业部门（20）成为重要的"能量"需求部门，在能耗系统中发挥着重要能耗下游传导作用；交通运输、仓储及邮政业部门（24）既是重要的"能量"提供部门，也是重要的"能量"需求部门，具有双向传导作用。北京市 20 年间部门能耗作用的变化，为我们转变传统的节能减排策略提供了新的思路。例如，依据能耗上下游传导作用机制和不同部门在系统能耗中的作用采取不同的节能策略，使得末端以能耗强度为指标的技术节能与源头消费控制相结

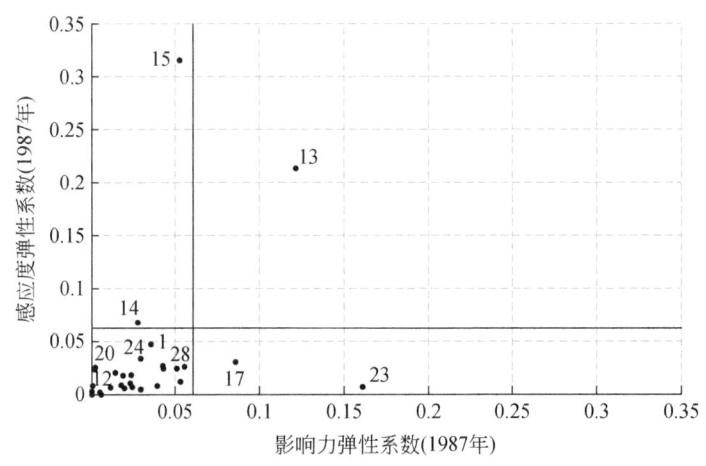

图 5-19　1987 年能量消费部门分布

合、多部门协同调控，从而高效开展节能减排工作。

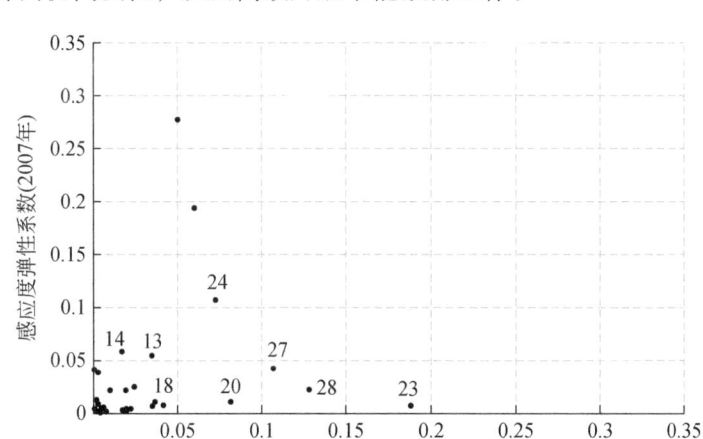

图 5-20　2007 年能量消费部门分布

5.5.4　小结

本章利用北京市 1987 年和 2007 年的投入产出表，建立了相应的能量消费投入产出模型，对其 30 个产业部门的体现能耗过程和结构进行了对比研究，结果发现：

1）经过 20 年的快速城市化过程，北京市产业部门的直接能耗水平和部门结构都发生了较大的变化：大多数产业部门的直接能量消费量有所增加，但能量消费强度却呈现递减变化趋势；主要能耗部门由化学工业和金属冶炼及压延加工业等部门转向交通运输、仓储及邮政业和石油加工炼焦及煤制品业等部门；就能耗强度而言，2007 年石油加工炼焦及煤制品业部门成为直接能耗最大的产业部门，金属冶炼及压延加工业部门位居第二。

2）尽管对比 2007 年和 1987 年的体现能和直接能耗总体变化趋势类似，即大部分产业部门能量消费总量增加，强度减少，但产业部门间的体现能分配及排序与直接能耗的分析结果有较大差异。1987 年北京市主要能耗部门是化学工业部门、金属冶炼及压延加工业部门和建筑业部门；但 2007 年最主要的体现能耗部门是具有低直接能耗、高间接能耗特征的建筑业部门、文教卫生科研事业部门、公用事业及居民服务部门和交通运输、仓储及邮政业部门，而且这些部门的影响力弹性系数较高，具有较强的能耗下游传导作用，是实施源头消费控制的重要部门。而从能耗强度来看，总体上 20 年间呈现下降趋势，高体现能耗强度部门仍然集聚在直接能耗水平较高的金属冶炼及压延加工业部门、石油加工炼焦及煤制品业部门、建材及非金属矿物制品业部门和化学工业部门等重化工部门和能量提供部门，而且这些部门作为重要的中间投入部门，感应度弹性系数较大，具有很强的上游传导作用，从政策制定的角度来讲，实施基于能量消费强度的指标削减具有较好的节能减排效果。

3）直接能耗与体现能耗的差异性说明，仅仅依据产业部门终端直接能耗简单、直观地认识城市部门能量消费并制定相应的能量管理政策是远远不够的，甚至是错误的。基于投入产出过程进行系统核算，揭示部门能量消费之间的完全联系，根据上下游传导作用机制，采用末端技术节能与源头消费控制相结合、多产业部门协同调控对未来节能减排工作至关重要。

参 考 文 献

李玉杰, 王庆石. 2010. 中国能源消费部门结构变动研究. 云南财经大学学报, 6: 52-58.

刘起运, 夏明, 张红霞. 2007. 基于投入产出技术分析我国能耗阶段性变动的原因. 经济理论与经济管理, 7: 5-10.

张力小, 胡秋红. 2011. 城市物质能量代谢相关研究述评——兼论资源代谢的内涵与研究方法. 自然资源学报, 1801-1810.

周江波. 2009. 国民经济的体现生态要素核算. 北京: 北京大学博士学位论文.

Beule F D. 2000. Backward linkages of foreign subsidiaries in Guangdong, China: A country-of-rigin analysis. Avaiable: http://lirias.kuleuven.be/bitstream/123?456789/386124/1/Backwardlinkagesoff-oreig?nsubsidiariesGuangdongChina.pdf [2013-08-24].

Chapman P F. 1974. Energy costs: a review of methods. Energy Policy, 2（2）: 91-103.

Costanza R. 1981. Embodied energy, energy analysis, and economics//Umana H. Energy, Economics, and the Environment: Conflicting Views of an Essential Interrelationship. Daly: Westview Press, Boulder.

Dhakal S. 2009. Urban energy use and carbon emissions from cities in China and policy implications. Energy Policy, 37（11）: 4208-4219.

Haberl H. 2001. The energetic metabolism of societies. Journal of Industrial Ecology, 5（1）: 11-31.

Hauknes J, Knell M. 2009. Embodied knowledge and sectoral linkages: an input-output approach to the interaction of high- and low-tech industries. Research Policy, 38（3）: 459-469.

Huang S L, Lee C L, Chen C W. 2006. Socioeconomic metabolism in Taiwan: emergy synthesis versus material flow analysis. Resources Conservation and Recycling, 48: 166-196.

Hendriks C, Obernosterer R, Muller D, et al. 2000. Material Flow Analysis: a tool to support environmental policy decision making: case-studies on the city of Vienna and the Swiss lowlands. Local Environment, 5（3）: 311-328.

Ji X. 2011. Ecological accounting and evaluation of urban economy: taking Beijing city as the case. Commun Nonlinear Sci Numer Simulat, 16: 1650-1669.

Krausmann F, Haberl H. 2002. The process of industrialization from the perspective of energetic me-

tabolism: socioeconomic energy flows in Austria 1830-1995. Ecological Economics, 41（2）: 177-201.
Lenzen M. 1998. Primary energy and greenhouse gases embodied in Australian final consumption: an input–output analysis. Energy Policy, 26（6）: 495-506.
Liang S, Wang C, Zhang T Z. 2010. An improved input-output model for energy analysis: a case study of Suzhou. Ecological Economics, 69: 1805-1813.
Liu H T, Guo J E, Qian D, et al. 2009. Comprehensive evaluation of household indirect energy consumption and impacts of alternative energy policies in China by input-output analysis. Energy Policy, 37: 3194-3204.
Machado G, Schaeffer R, Worrell E. 2001. Energy and carbon embodied in the international trade of Brazil: an input-output approach. Ecological Economics, 39: 409-424.
Newcombe K, Kalina J D, Aston A R. 1978. The metabolism of a city: the case of Hong Kong. Ambio, 7（1）: 3-15.
Newman P W. 1999. Sustainability and cities: extending the metabolism model. Landscape and Urban Planning, 44（4）: 219-226.
Park H C, Heo E. 2007. The direct and indirect household energy requirements in the Republic of Korea from 1980 to 2000-an input-output analysis. Energy Policy, 35: 2839-2851.
Patibandla M, Petersen B. 2002. Role of transnational corporations in the evolution of a high-tech industry: the case of India's software industry. World Development, 30（9）: 1561-1577.
Phdungsilp A. 2003. A thermodynamic framework for urban energetic metabolism. ENETT2550-003.
Ramos-Martin J, Giampietro M, Mayumi K. 2007. On China's exosomatic energy metabolism: an application of multi-scale integrated analysis of societal metabolism（MSIASM）. Ecological Economics, 63: 174-191.
Rasmussen P N. 1956. Studies in Inter-sectoral Relations. Amsterdam: North-Holland.
Sahely H R, Dudding S, Kennedy C A. 2003. Estimating the urban metabolism of Canadian cities: Greater Toronto Area case study. Canadian Journal of Civil Engineering, 30（2）: 468-453.
Wolman A. 1965. The metabolism of cities. Scientific American, 213（3）: 179-190.
Yohanis Y G, Noton B. 2008. Life-cycle operational and embodied energy for a generic single-story office building in the UK. Energy, 27（1）: 77-92.
Zhang L X, Yang Z F, Liang J, et al. 2011. Spatial variation and distribution of urban energy consumptions from cities in China. Energies, 4（1）: 26-38.
Zhang Y G. 2010. Supply-side structural effect on carbon emissions in China. Energy Economic, 32（1）: 186-193.

第 6 章 基于结构分解方法的城市系统能量解析

6.1 基于结构分解分析方法的能量变动驱动机理研究

结构分解分析技术是基于经济投入产出表,利用投入产出表中所包含的恒等关系将投入产出元素引入,结合各种分解方法与相关数据得到影响因素的效应水平。最早是由列昂惕夫(Leontief)和福特(Ford)在 20 世纪 50 年代在其著作中首次提出,1970 年卡特(Carter)在研究投资与技术进步对经济所起的作用时正式使用。1972 年列昂惕夫和福特在传统投入产出表的基础上附加上污染物相关系数,将污染物排放分解为经济增长、技术进步和结构变化三部分效应对美国经济系统能量消费所产生的污染物的来源展开分析,将结构分解分析方法引入资源环境领域(Leontief and Ford,1972),但前期应用较少,分解指标也较为粗略。20 世纪 80 代中期开始,学者开始对模型的构建技术及分解因素等进行研究(Skolka,1989;Rose and Chen,1991;Kagawa and Inamura,2001,2004)。

利用结构分解分析(structural decomposition analysis,SDA)模型对城市能量变动的驱动机理进行研究,也是目前城市能量研究的一个重要方面。结构分解分析技术的核心思想是将经济系统中某因变量的变动分解为有关各自独立变量各种形式的和,以测度各自变量对因变量变动贡献的大小。其主要包括两类,一类是指数分解分析技术(index decomposition analysis,IDA),另外一类是基于投入产出的结构分解分析技术。指数分解分析是依据指数理论而建立,可以从宏观层面揭示各影响因素的相对贡献度,而且数据要求相对较低,是系统分析时间过程的一个重要工具,但该方法分辨率较粗,无法详细反映空间部门的规律变化;而结构分解分析技术是基于投入产出表从部门角度而建立,可以反映复杂相互关联的组分之间的空间过程。

关于 SDA 在资源环境方面的应用,Hoekstra 和 van der Bergh(2002)对 2002 年以前的文献进行了总结,并第一次全面对 SDA 和 IDA 进行对比分析。2012 年,Su 和 Ang(2012)在此基础上,对 2002 年后的最新进展进行进一步的更新，结果显示：1999～2010年，结构分解分析方法的应用逐年递增，发展迅速，尤其是在能量消耗和碳排放领域；研究区域也从早期发达国家和一些新兴工业化国家扩展到亚洲，尤其是在中国和日本，统计结果显示，2002～2010年中国和日本聚集了40%左右的研究成果。从分解指标看，大部分仅进行一级指标分解，较少进行二级指标分解，分解指标的数量大多数为4个，也有学者尝试分解到10个以上，但比例仍然较少，总体而言，研究框架已经基本成熟（Hoekstra et al.，2002；Zhang，2010）。

结构分解分析方法在我国的应用研究是由中国科学院数学与系统科学研究院的陈锡康首次引入的，研究了中国1981～1995年经济增长变化问题。国内学术界关于SDA在资源环境领域的应用研究在2005之前相对较少，但近几年明显增多。例如，尚红云（2009）运用Laspeyres结构分解模型将我国工业1997～2002年的三种大气污染物排放量变动分解为技术进步效应、最终需求结构变动效应和最终需求总量变动效应进行研究，并对中国1997年和2002年能量消耗变动进行影响因素分析。张子龙等（2010）运用结构分解模型并结合修正后的Laspeyres方法，对甘肃省1990～2005年甘肃省经济增长与环境压力之间的时序关系的变化趋势及驱动因素进行了研究；李艳梅（2010）运用SDA将中国1997～2007年出口贸易中的隐含碳排放变化分解为直接碳排放强度、中间生产技术效应、出口总量效应和出口结构效应进行了分解分析。但是依然是在国家尺度上进行研究，城市尺度研究成果较少。

6.2 城市系统分析与数据来源

6.2.1 城市系统分析

城市是一个开放的系统，与国内外其他区域存在着大量的产品交换活动，尤其是随着市场经济的不断深化，区域及国际市场之间的联系日益紧密，这种系统内外的产品交换行为对城市生态系统的物质能量流动的影响将不容忽视。

然而基于不同的研究视角，对城市能量的考察也将出现不同的结果，图6-1为基于来源的城市系统能量流动图，根据考察重点的不同，主要包括以下几个研究视角。

1) 基于本地投入的视角：重点考察本地生产所引发的能量消耗；
2) 基于本地消费的视角：重点考察本地产品消费所引发的能量影响；
3) 基于总投入/总产出的视角：根据产品投入产出平衡式：总投入（S）=

本地投入（X）+调入（T）+进口（F）；总产出（M）=本地消费（Y）+调出（P）+出口（E），重点考察经济系统的能量支撑。

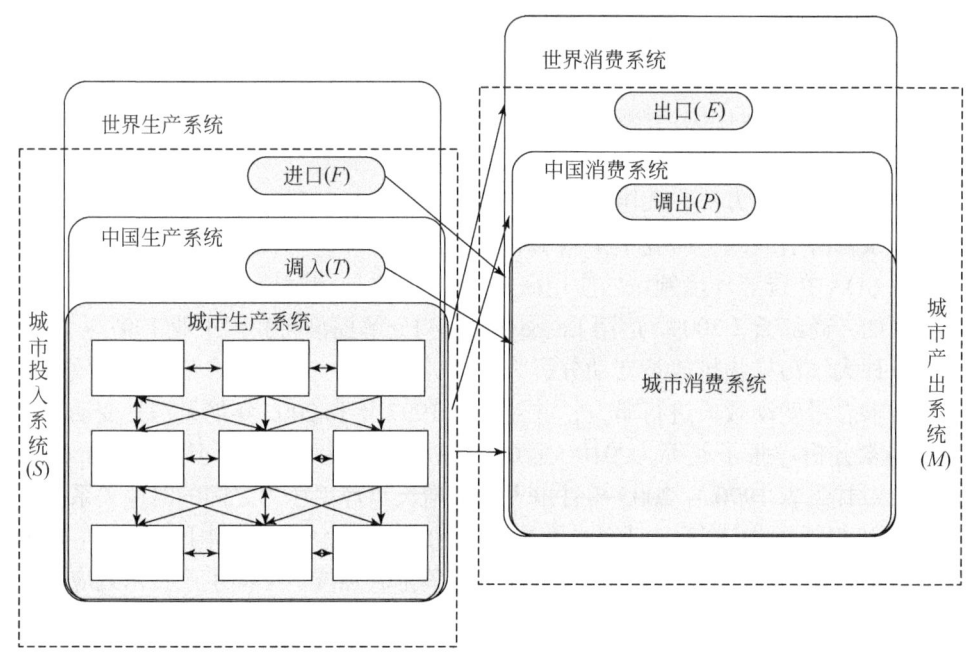

图 6-1　基于来源的城市系统能量流动

不同的研究视角，往往反映城市不同的功能，基于本地投入的视角主要反映城市的生产性功能；基于本地消费的视角主要反映城市的消费性功能；基于总投入/总产出的视角，则是从系统层面反映城市运行的能量支撑体系，因此本研究拟将分别基于这三个视角对城市能量消耗进行总量分析，通过长时间序列变化揭示城市功能的变化规律。

6.2.2　能量指标

能量具有广义和狭义之分。从物理学的角度进行定义，能量是指做功的能力。任何物质的物理或化学变化，均涉及自外界环境摄取能量或释放能量到外界环境，能量是物质的重要属性之一。因此，从广义的能量角度来讲，物质即能量。能源，即能量的来源或源泉，是指能够提供某种形式能量的物质资源。根据能源的属性划分，可分为化石能源和可再生能源，能量也相应地分为可再生能量与不可再生能量。其中，化石能源即非可再生能源，是指千百万年前埋在地下的动植物经过漫长的地质年代形成的，如煤炭、石油和天然气等能量，其产生的能量被称为不可再生能量；可再生能源是指从自然界获取的、可以再生的非化石能源，包括风能、太阳能、水能、生物质能、地热能和海洋能等，其产生的能量被称为不可再生能量。学者对能量问题的关注由1970年石油危机所引发，所以大部分对能量问题的发掘与研究偏向于化石能源所提供的不可再生能量，因此我们通常所理解的能源多指化石能源，能量也是狭义的能量范围，即指化石燃料所提供的能量。限于数据可得性，本研究所指的能量是指狭义的能量范畴。

6.2.3 核算边界与数据来源

本章是基于投入产出分析对城市系统能量过程及其结构进行分析，所以能量系统的边界与投入产出分析的系统是相同的，即以投入产出的地理边界为城市系统能量研究的空间边界，以投入产出分析的具体年份为时间边界、经济边界为空间边界内的人类社会经济活动。能量进入系统边界后，经过人类的服务加工而被固化到商品和服务当中，所以体现能的计算过程实际上就是从外部进入的能量利用投入产出表分配到商品和服务当中去的过程（周江波，2008）。

6.3 城市能量总量变化的结构分解

基于不同的研究视角，总量的核算方法往往不同，由于在现实生活中较多考察生产过程所引发的能量影响，本研究仅仅对基于本地投入与总投入视角的能量总量变动进行驱动因素分析，分解模型如下：

相关符号说明：

D——直接能耗系数；

L——列昂惕夫逆矩阵；

Y——本地使用；

Y'——净需求，为本地使用与净出口之和；

Y''——总产出视角的最终使用；

C——消费；

I——投资；

E——净输出，为调入、出口与调出、进口之差；

NC——消费和；

SC——消费结构列向量；

NI——投资和；
SI——投资结构列向量；
NE——净输出产品的和；
SE——净输出结构列向量；
NT——总输出规模，指调出与出口之和；
ST——输出结构列向量。

6.3.1 总量关系

（1）基于本地投入视角的能量总量结构分解分析模型

$$Q_1 = D(I-A)^{-1}(Y+P+E-T-F) \tag{6-1}$$

其中，本市最终使用（Y）又可分为消费（C）和投资（I）。根据城市能量流动特性，为了深入了解北京市能量变化的影响因素，本研究拟将其增长量初步分成三种效应，分别为能量消耗强度效应、生产技术效应及最终需求效应。其中，最终需求效应可进一步分解为消费规模效应、消费结构效应、投资规模效应、投资结构效应、净输出规模效应和净输出结构效应，如图6-2所示。

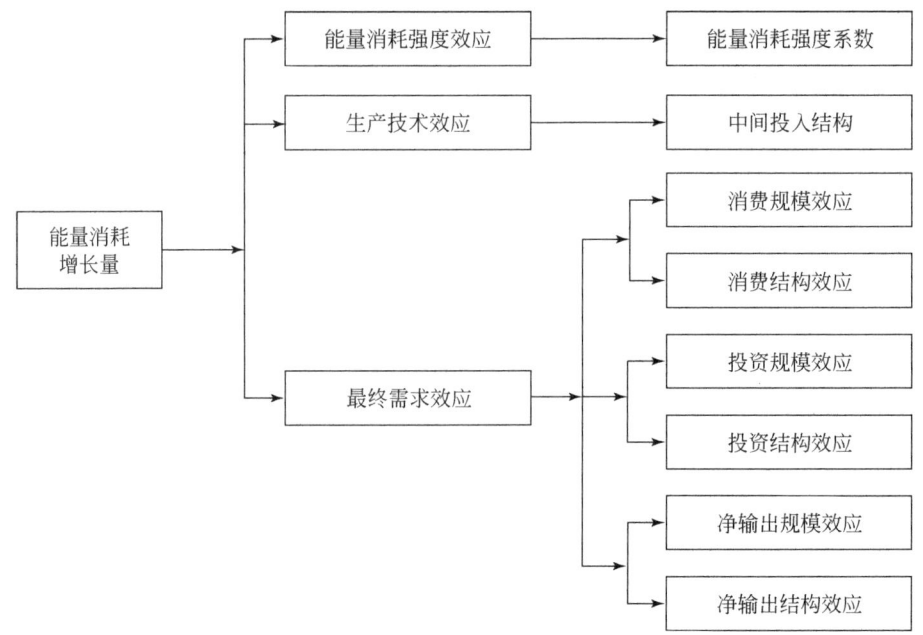

图6-2 北京市能量消耗增长的因素分解指标

表达式为

$$Q_1 = D(I-A)^{-1}(Y+P+E-T-F) = D(I-A)^{-1}[C+I+(P+E-T-F)]$$
$$= DLY' = DL(NC \cdot SC + NI \cdot SI + NE \cdot SE) \qquad (6-2)$$

（2）基于总产出视角的能量总量结构分解分析模型

$$Q_2 = D(I-A)^{-1}(Y+P+E) \qquad (6-3)$$

其中，本市最终使用（Y）又可以分为消费（C）和投资（I），将其增长量初步分成三种效应，分别为能量消耗强度效应、生产技术效应及最终需求效应。其中，最终需求效应可进一步分解为消费规模效应、消费结构效应、投资规模效应、投资结构效应、输出规模效应和输出结构效应，如图6-3所示。

表达式为

$$Q_2 = D(I-A)^{-1}(Y+P+E) = D(I-A)^{-1}[C+I+(P+E)]$$
$$= DLY'' = DL(NC \cdot SC + NI \cdot SI + NT \cdot ST) \qquad (6-4)$$

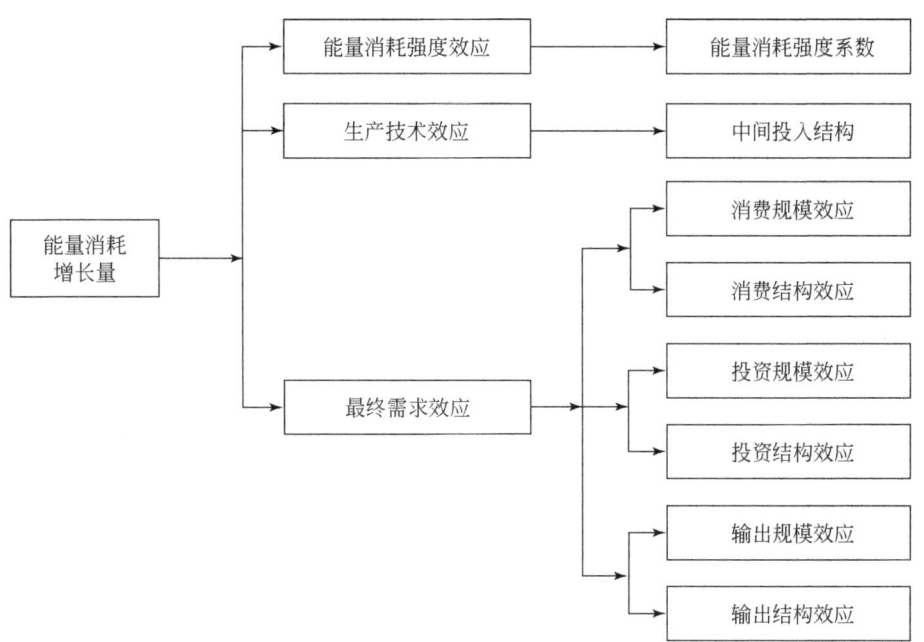

图6-3 北京市体现能增长的因素分解指标

6.3.2 能量分解模型

根据对分解交叉项的处理的不同,结构分解的模型可以分为多种方法,包括加法分解法、乘法分解法和除法形式等。通常 SDA 在分解时会遇到一个挑战,即多元化序列的起点和终点的问题(Dietzenbacher and Los,1998;Hoekstra and van den Bergh,2003)。由于分解方案有 $n!$ 种,且所有的分解方案是同样有效的,因此,本研究采取计算平均分解的方法(Dietzenbacher and Los,1998)。

因此,式(6-1)和式(6-3)均可分解为

$$\Delta Q = \Delta DLY + D\Delta LY + DL\Delta Y \tag{6-5}$$

式中,ΔQ 表示能量消费的变化量;ΔDLY 表示直接能耗强度变化效应的贡献;$D\Delta LY$ 表示表示生产结构 L 变化效应的贡献;$DL\Delta Y$ 表示最终需求变化效应的贡献。

本章将基于本地投入和总投入/总产出两个视角分析直接能耗强度、生产结构、最终需求、消费规模与结构、投资规模与结构和输入规模等因素变化效应的贡献大小。

6.4 北京市能量消耗变动影响因素的结构分解

6.4.1 北京市直接能耗变动因素分析

(1)直接能耗效率因素

如图 6-4 所示,不管从长期还是短期来看,直接能耗强度一直是抑制北京市能量消费过快增长的主要影响因素。研究期内,其共减少了 3567.69 万 tce 能量消耗,其中贡献量最大的阶段是 2002～2005 年。在此期间,北京市直接能耗效率由 1.09tce/万元下降至 0.76tce/万元,抑制了 2381.48 万 tce 的能耗增长,负向贡献率达 300%,究其原因,主要是 2002～2005 年是"十五"规划的末尾时期,也是举办 2008 年奥运会之前的最近一次五年规划阶段。为此,北京市推出了一系列(如首钢搬迁等重污染企业关闭、减产停产或搬迁等)措施,对减少能量消耗起到了重大推动作用。然而,从长时间序列的整体趋势来看,除了 2002～2005 年存在大的波动外,直接能耗效率的提高对抑制北京市能量快速增长的作用日趋减弱,甚至在 2005～2007 年出现了正向促进效应。这进一步验证了第 5 章中的结论,即北京市传统的基于部门直接能源效率改进措施

所带来的节能潜力正日益减弱,甚至是消耗殆尽,新的节能思路与措施的探索极为迫切。

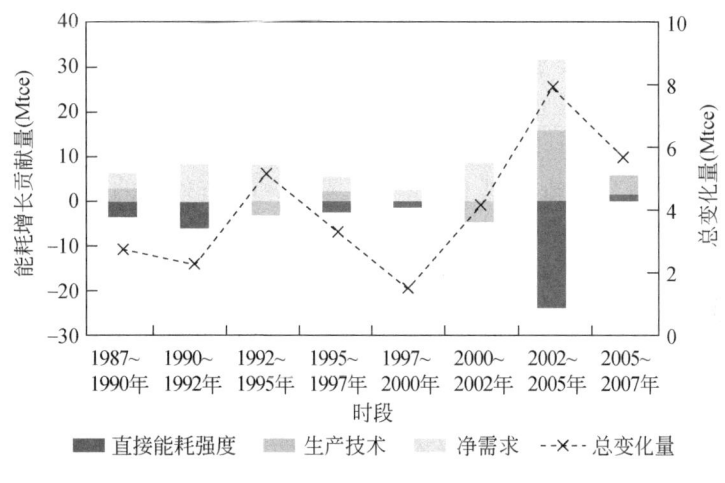

图 6-4　北京市直接能耗消费因素分解分析

(2)生产技术因素

生产技术的量化指标是投入产出的直接消耗系数,直接消耗系数表明某行业部门在产品生产过程中,单位产品对其他产品消耗的比例关系,因此直接消耗系数的变化实际上是表明了某行业投入要素的替代过程。从解析结果来看,如图 6-4 所示,从短期来看,除了 1990~1992 年,1992~1995 年和 2000~2002 三个阶段外,其他五个阶段均是生产技术变动促进了北京市能量消耗增长,说明这些阶段,由于行业间技术联系的变化引起国民经济中高耗能产品的投入增加,从而带动了能量消耗的增长。其中贡献量最大的是 2002~2005 年,生产技术系数的变化使得北京市本地生产过程能量消耗增长了 1580.77 万 t,贡献率达 199.65%。以五年为周期进行分析来看,1987~1992 年生产技术变化对北京市能量的增长起到正向促进作用,之后在 1992~2002 年,其作用方向逆转,成为抑制城市能量消耗增长的重要因素,尤其是在 1997~2002 年,抵消了 436.87 万 tce 的消耗。但是,值得注意的是,从 2002 年开始,生产技术系数的变化对北京市直接能量消耗的增长又开始转向正向促进作用,而且其贡献量达 2010.02 万 t,这与北京市正在进行的"产业结构优化升级"密切相关,虽然从长远来看,产业结构调整对能源消耗可能有较大的抑制作用,但是短期内由于基础设施等建设导致直接能源消耗反而会呈现增加趋势。

(3) 本地净需求

从解析结果不难发现,净需求变化一直是推动北京市直接能量消耗增长的主要影响因素,而且其正向促进作用往往大于生产技术和直接能耗强度效应。在研究期内的20年,净需求变化使得北京市直接能量增长5039.27万tce,贡献率为153.79%。显而易见,城市快速发展仍然是城市能源消耗的第一需求动力,体现在消费与投资规模的迅速扩张。

对净需求进一步解析发现(图6-5),消费和投资规模的扩张是促进北京市直接能量消耗增长的主要影响因素,1987~2007年,其使得北京市能耗分别增加了4291.62万tce和5753.54万tce。而负向净输出即正向净输入的效应作用与其相反,极大地抑制了北京市能源消耗的过快增长,也就是说北京市通过外部产品资源的输入减少了本地系统的直接能耗(约8579.63万tce),或者说转移了区域间的能源消费负荷。另外,从结构上来看,消费结构自2002年开始转向降低能耗的态势发展,但是负向效应仍然比较微弱,远低于消费规模扩张所带来的能耗增长效应;相比较而言,投资结构调整所带来的节能影响正日渐显著,但对控制北京市直接能量消耗的增长的效应仍然有限,而外部能量的输入结构的优化是缓解北京市直接能耗增长的主要原因。

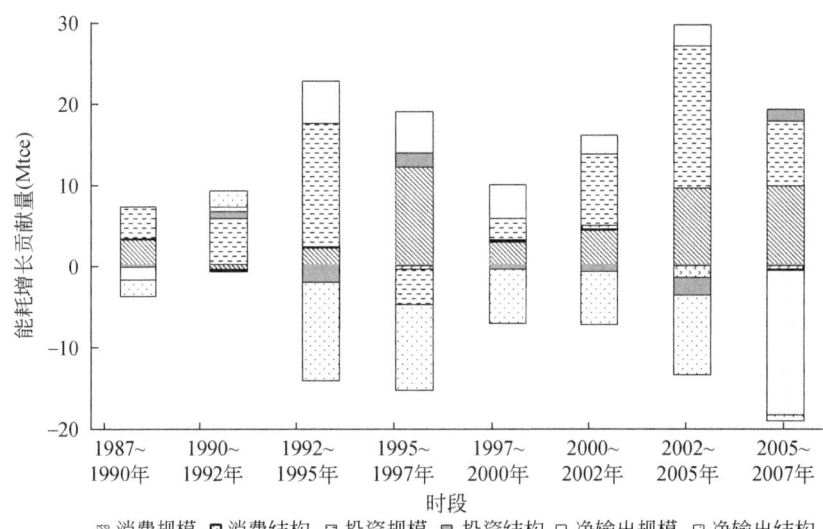

图6-5 北京市各需求因素对能耗增长的贡献量

6.4.2 部门能耗增长的结构分解分析

如图 6-6 所示，研究期内北京市各个行业直接能耗增长较为明显的部门主要分为两类：第一类是消费产品属于终端消费品的部门，如交通运输、仓储及邮政业部门和批发零售及餐饮业部门、公用事业及居民服务业部门等；第二类是密集消耗耗能产品的部门，如建筑业部门、电气机械制造业部门和通信设备、计算机及其他电子设备制造业部门等。这两类部门能耗的增长主要是最终需求规模扩大及高耗能产品投入增加所致，而本部门能量消费强度都对能耗增长都起到了不同程度的抑制作用。以最终需求规模扩张最为明显的建筑业为例，该部门 20 年间最终需求的扩张使其增长了 2529.17 万 tce，中间耗能产品投入的增加使其增长了 1111.84 万 tce，而直接能耗强度的降低减少了 1428.40 万 tce 的能耗，最终使其仅共增长了 2212.61 万 tce；另外直接能耗量存在明显降低的部门主要是表现在一些传统的重工业部门，如金属冶炼及压延加工业部门、化学工业部门、建材及非金属矿物制品业部门等。值得注意的是这些部门直接能耗的降低并不是因为能耗效率的提高，甚至个别部门的能耗强度促进了能耗的增长，负向净输出即净输入是促使能耗减少的主要原因，如金属冶炼及压延加工业部门（15）。进一步从需求结构来看，消费和投资是最终需

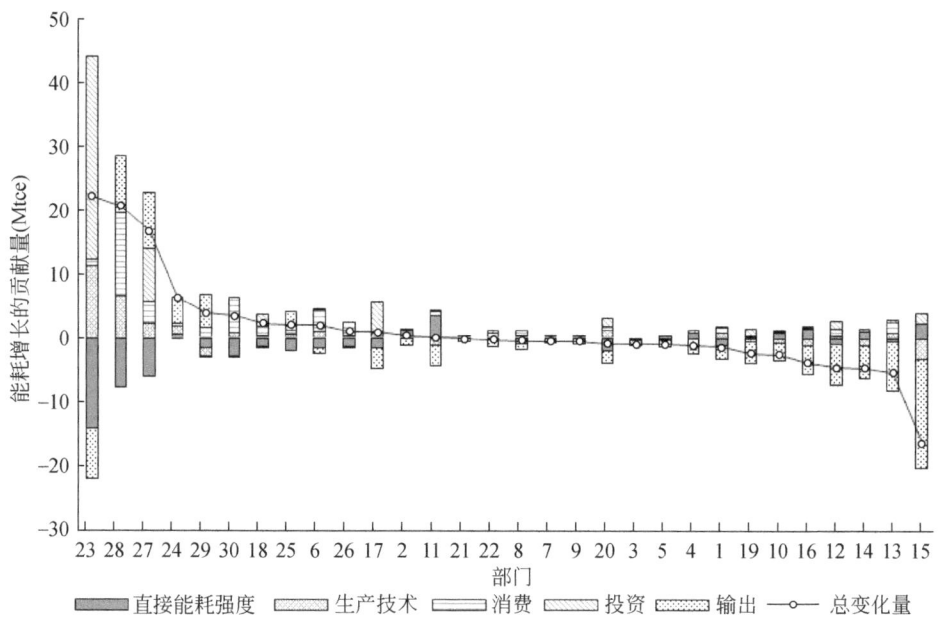

图 6-6 1987～2007 年北京市各部门直接能耗变动影响因素分析

求扩张的主要因素,与最终需求对能耗增长的影响方向相同,而净输出在不同的部门之间则存在着差异,对第一类即消费产品属于终端消费品的部门来说,净输出对直接能耗的增长起到正向促进作用,而对传统的重工业部门来讲,净输出则主要是能量消费增长的缓解因素,这与北京市的产业结构调整有关,经过近几十年的产业结构调整,北京市形成了以建筑业、第三产业等高附加值产业为主导的产业结构,而重要的中间投入结构主要是靠外部产品输入。

分阶段分析可见,如图6-7~图6-10所示:

1987~2002年,对北京市能量消耗增长造成影响的主要行业包括金属冶炼及压延加工业(15),其使能耗增长了487.26万tce,而造成能耗增长的原因主要包括三方面:一是直接能耗强度的增加,二是净输出规模的扩大,三是投资比例的增长。在这一时期,改革开放成效显著,而金属冶炼及压延加工业作为北京市的重要工业之一,在出口方面实现了明显突破;同时从投资结构上来看,北京市此时间段一个重要的投资特点即是投资比例显著向城市基础设施倾斜,进而再次带动了基础中间投入产业——金属冶炼及压延加工业的发展,短期内大规模的投资导致直接能耗强度也出现明显增长。

1992~1997年是重要的转折点,1987~1992年,最终净需求扩张是促使

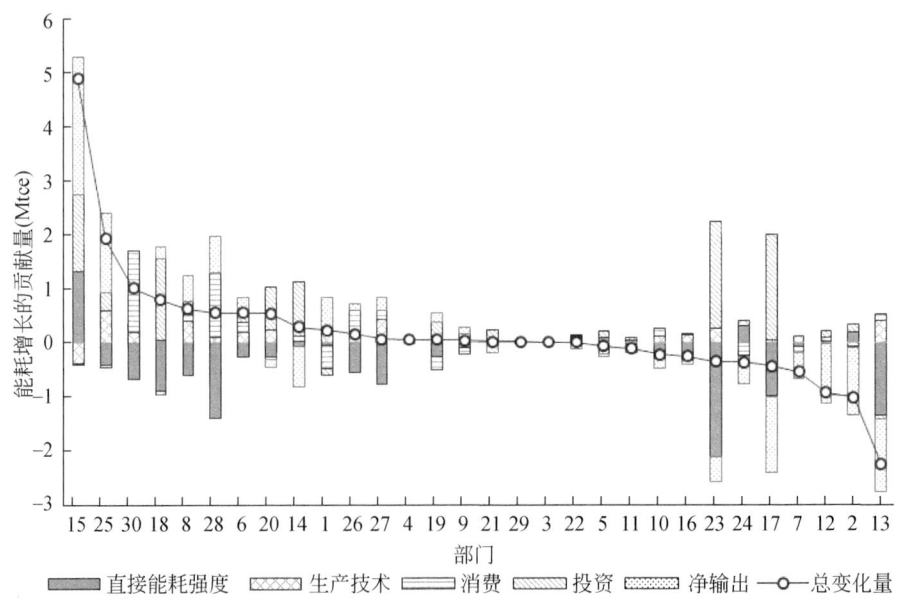

图6-7 1987~1992年北京市各部门直接能耗变动影响因素分析

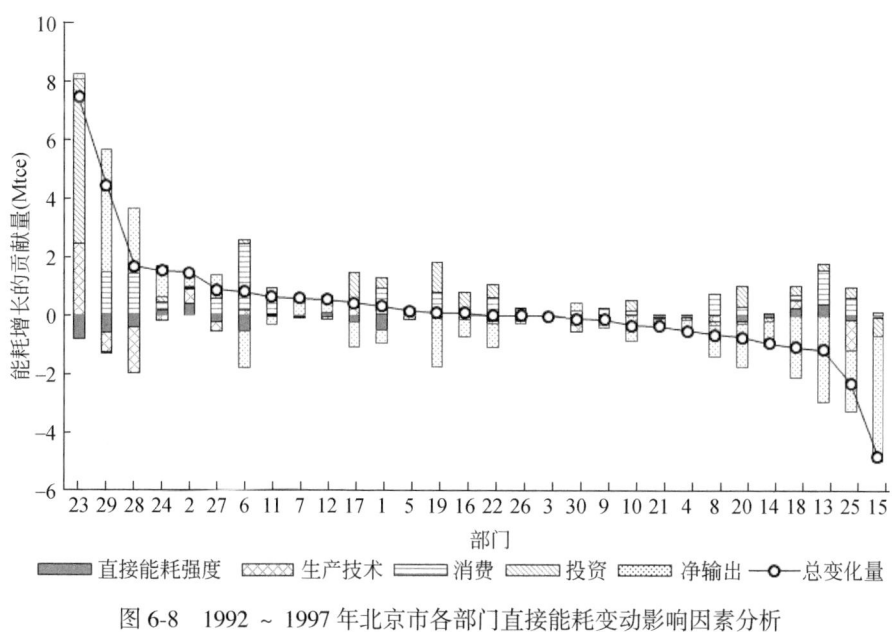

图 6-8　1992～1997 年北京市各部门直接能耗变动影响因素分析

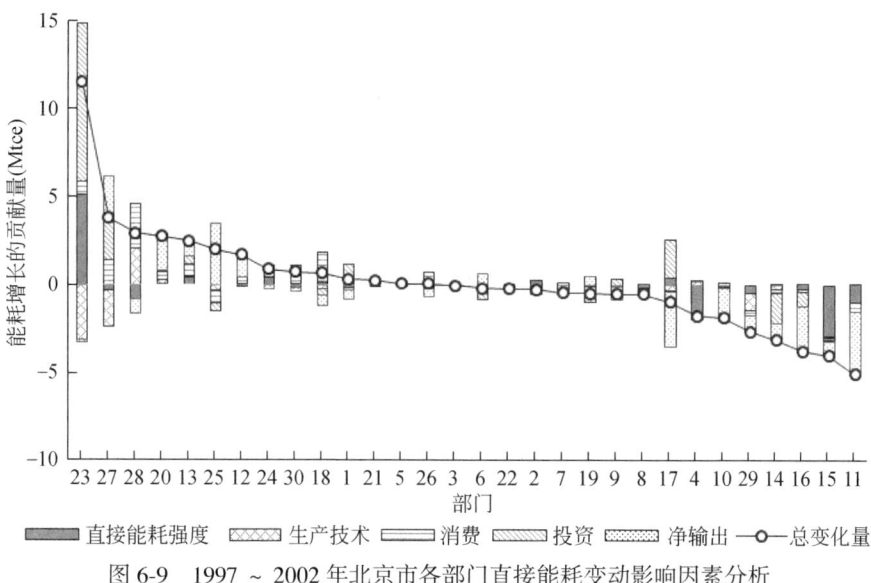

图 6-9　1997～2002 年北京市各部门直接能耗变动影响因素分析

各个部门能耗增长的主要影响因素，而能耗强度是各部门能耗变动的主要抑制因素，然而在 1992～2002 年，消费和投资的效应依然强劲，而直接能耗强度的效用减弱，净输出转变为各部门能耗变动的主要抑制因素，同时从结构上看，建筑

109

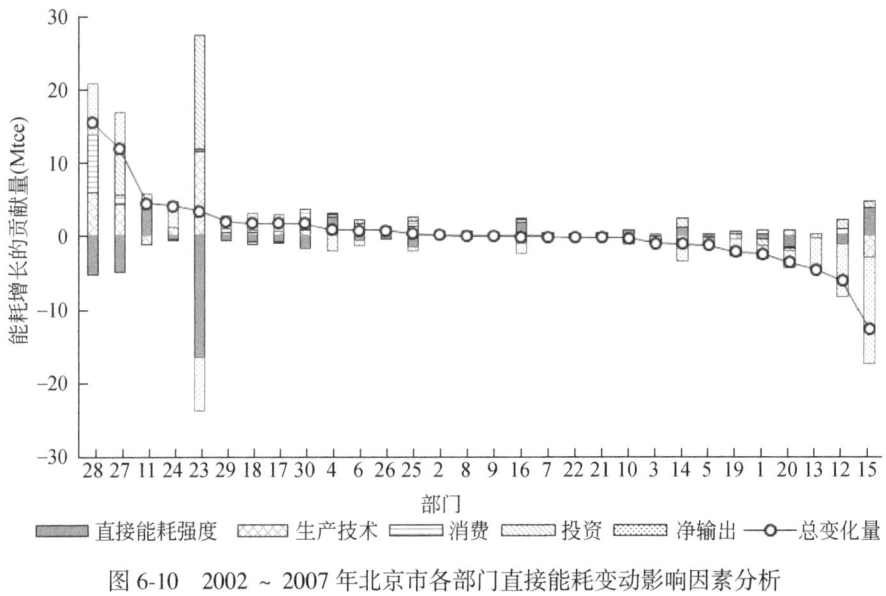

图 6-10　2002～2007 年北京市各部门直接能耗变动影响因素分析

业由于能耗强度的降低所带来的节能效果减小，而最终净需求的大规模扩张使其成为能耗增长最快的部门，同时消费品为终端产品的第二类部门也成为主要的能耗增长部门。从近期 2002～2007 年来看，直接能耗强度又转变为主要能耗增长部门的主要的能耗抑制因素，而除了消费和投资的因素，中间投入结构的能耗增长促进效应也开始明显。例如，能耗增长量最大的文教卫生科研事业部门（28）和公用事业及居民服务业部门（27），中间投入结构分别使其能耗增长了 592.90 万 tce 和 430 万 tce，贡献率分别达 38.4% 和 36.13%，建筑业的中间投入结构的能耗增长贡献率甚至达到了 3.33 倍。

6.4.3　北京市体现能变动的影响因素分解分析

（1）总量增长的结构分解分析

如图 6-11 所示，从 1987～2007 年北京市体现能总量需求的整体分解结果来看，最终需求因素是促进能量需求增长的主要影响因子，20 年间，其对北京市体现能的总的贡献量达 16 734.57 万 tce，而且从趋势上来看，其增长态势依然很强劲；而对城市能量需求具有重要减缓作用的是直接能耗强度，其共减少了 8755.38 万 tce 的能量需求，说明北京市过去基于效率改进的节能措施起到了一定的效果，然而相对最终需求变化所带来的需求增加量而言，其抵消作用仍然比较微弱。另外从趋势上来看，除 2002～2005 年具有较强的波动性外，直接能耗强度对能量需求增长的抑制作用正日益减弱，甚至在 2000～2002 年和 2005～2007 年出现了促进能需增长的现象，这同样说明，基于效率改进的传统节能措施的节能潜力正日益下降。值得注意的是，中间投入产出结构的变化也正呈现促进能量需求增长的态势。

另外，进一步对需求因素进行分解，如图 6-12 所示，在 1997 年之前，本地消费与投资是需求的主要影响因素，而在 1997 年之后的近 10 年里，输出规模逐渐成为需求结构中不可忽视的重要组成部分，而且对能耗变动的影响较大，以 2005～2007 年来看，输出规模的影响已经与本地消费、投资两规模影响之和持平。

（2）部门变动的影响因素分析

如图 6-13 所示，从 1987～2007 年整体的能量变动来看，各个部门之间能耗变动背后的影响因素虽然存不同程度的差异，但各个因素的作用方向基本是相同的，即直接能耗强度是负向促进作用，而中间投入结构及需求各组分均起到不同程度的正向促进作用。进一步从正向促进因素来看，各个部门的主要影响因素还是存在差异的。例如，能量增长最大的建筑业部门（23）主要受本地使用需求因素的影响，而像公用事业及居民服务业部门（27），通信设备、计算机及其他电子设备制造业部门（20）和交通运输、仓储及邮政业部门（24）等则主要受输

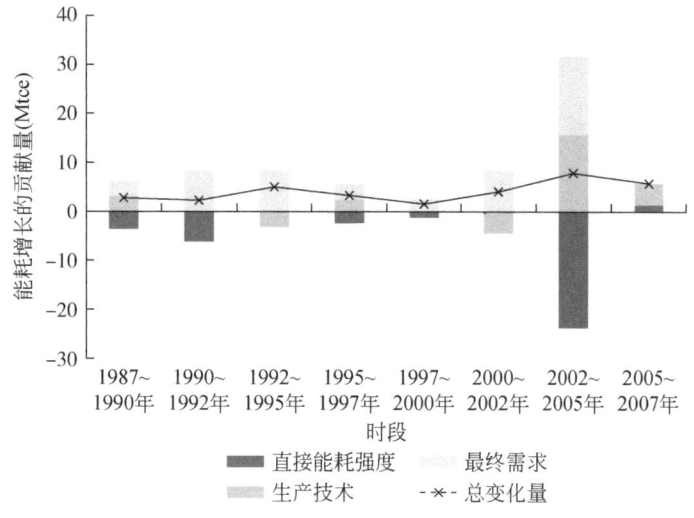

图 6-11 北京市 1987～2007 年体现能耗变动影响因素分析

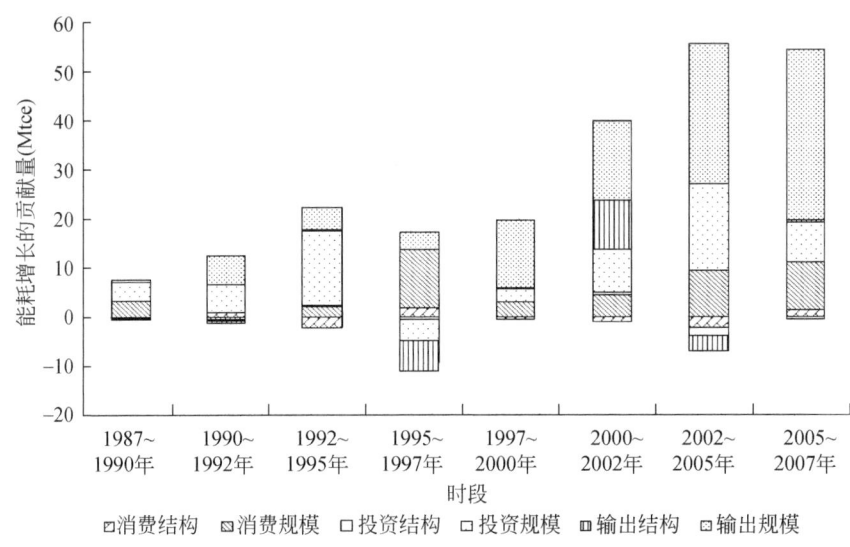

图 6-12　北京市 1987～2007 年体现能耗变动需求因素分析

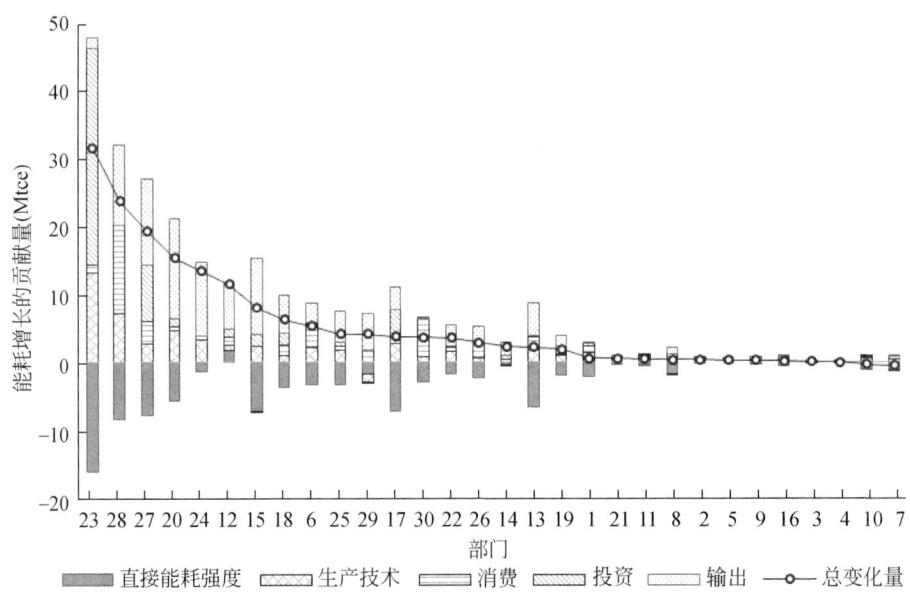

图 6-13　北京市 1987～2007 年各部门体现能耗变动影响因素分析

出因素的影响。

分阶段来看，整体而言，如图 6-14～图 6-17 所示，1987～1992 年，北京市各个部门之间的能耗变动主要是受直接能耗强度的影响,而在1992年之后,直接能耗强度的影响效用减弱,需求因素则成为影响能耗主导因素。值得注意的是,在2002～2007年,中间投入结构正向促进作用增强,主要表现在目前

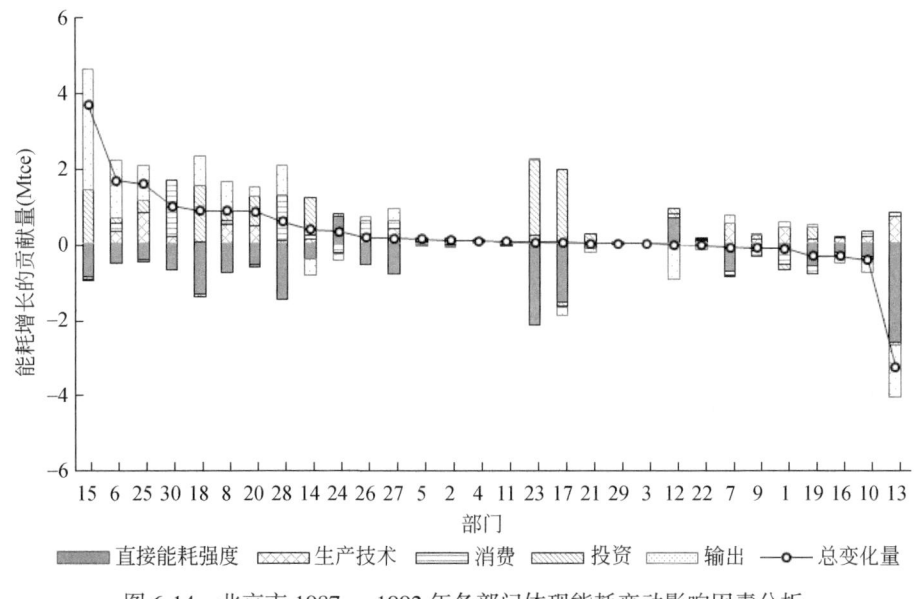

图 6-14 北京市 1987～1992 年各部门体现能耗变动影响因素分析

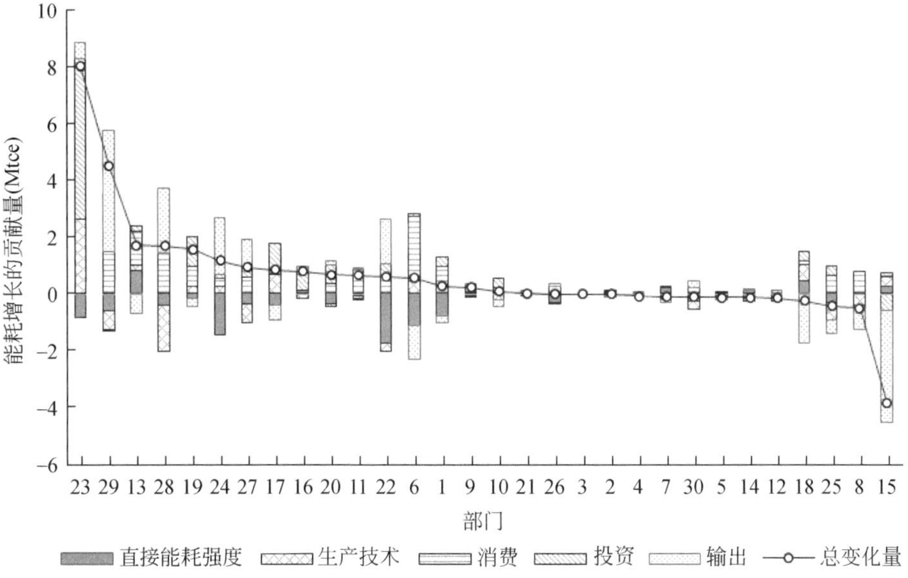

图 6-15 北京市 1992～1997 年各部门体现能耗变动影响因素分析

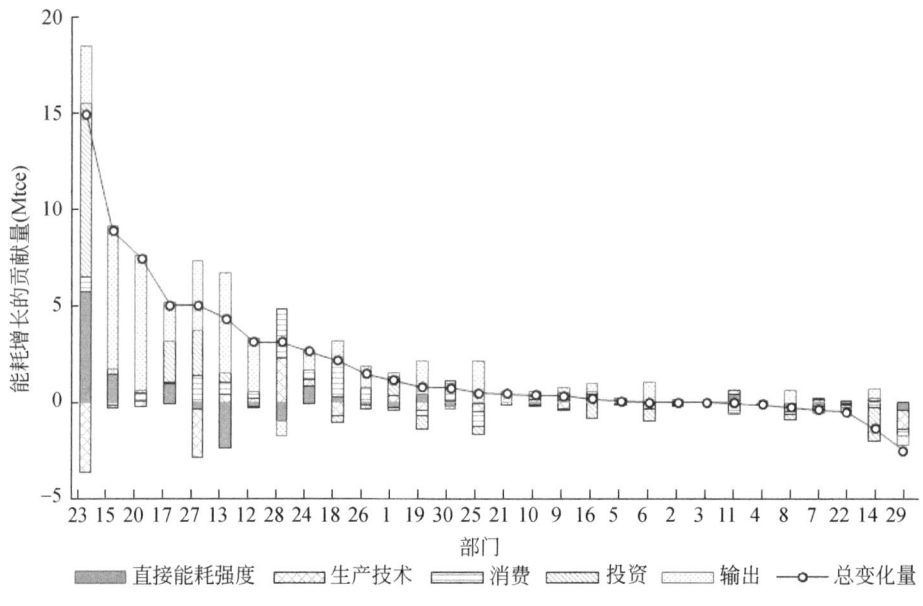

图 6-16　北京市 1997 ~ 2002 年各部门体现能耗变动影响因素分析

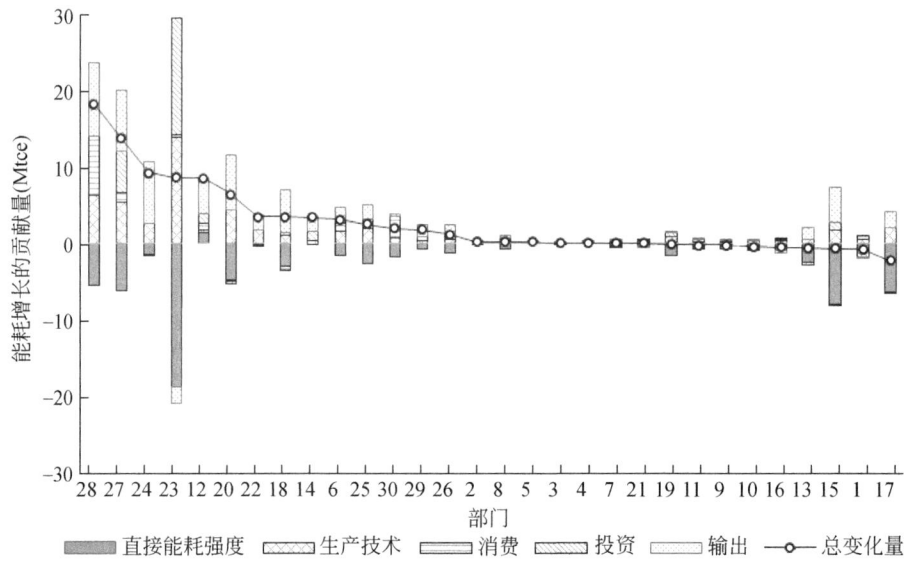

图 6-17　北京市 2002 ~ 2007 年各部门体现能耗变动影响因素分析

北京市的主要能耗部门，如建筑业部门（23）、公用事业及居民服务业部门（27）、文教卫生科研事业部门（28）和通信设备、计算机及其他电子设备制造业部门（20）等。

6.5 小　　结

通过运用结构分解分析模型分别对基于本地生产与需求的能量消费变动进行影响因素分析，结果表明：

1）最终需求变化和直接能耗强度变化是北京市直接能耗增长的主要影响因素，1987～2007年，最终需求规模和直接能耗强度对能量总量变化产生了显著的影响，但两者的作用方向相反：最终需求的变动促使北京市直接能耗增长5039.27万tce，贡献率为153.79%，其中主要来自消费和投资规模的扩张；而直接能耗强度变动促使北京市直接能耗减少3567.69万tce，但是从趋势上来看，其作用效果正日益减弱。

2）从1987～2007年北京市体现能的整体分解结果来看，最终需求因素是促进能量需求增长的主要影响因子，20年间，其对北京市体现能的总贡献量达20 161.75万t，而且从趋势上来看，其增长态势依然很强劲，而对城市能量需求具有重要减缓作用的是直接能耗强度，其共减少8703.00万tce的能量需求，说明北京市过去基于效率改进的节能措施起到了一定的效果，然而相对最终需求变化所带来的需求增加量而言，其抵消作用仍然比较微弱。另外从趋势上来看，除2002～2005年具有较强的波动性外，直接能耗强度对能量需求增长的抑制作用正日益减弱，甚至在1997～2000年和2005～2007年出现了促进能需增长的现象，基于效率改进的传统的节能措施的节能潜力正日益下降。值得注意的是，中间投入产出结构的变化也正呈现促进能量需求增长的态势，尤其表现在北京市一些主导能耗部门中。

3）能量的输入输出是直接能耗与体现能耗因素分解结果差异的主要原因，从本地直接能耗来看，1987～2007年北京市能量交换结构的优化有效缓解了北京市直接能耗的增加，而从体现能的角度来看，能量输出的影响日益增强，已经成为能量需求的主导影响因素之一。

参 考 文 献

李艳梅. 2010. 中国出口贸易中隐含碳排放增长的结构分解分析. 中国人口资源与环境, 20(8): 53-57.

尚红云. 2009. 中国工业大气污染的Laspeyres结构分解分析. 财经问题研究, 3: 28-34.

张子龙, 陈兴鹏, 杨静, 等. 2010. 甘肃省经济增长与环境压力关系动态变化的结构分解分析. 应用生态学报, 21（2）: 429-433.

周江波. 2009. 国民经济的体现生态要素核算. 北京: 北京大学博士学位论文.

Dietzenbacher E, Los B. 1998. Structural decomposition techniques: sense and sensitivity. Economic Systems Research, 10: 307-323.

Hoekstra R, van den Bergh J C J M. 2003. Comparing structural and index decomposition analysis. Energy Economics, 25: 39-64.

Hoekstra R, van den Bergh J C J M. 2002. Structural decomposition analysis of physical flows in the economy. Environmental and Resource Economics, 23: 357-378.

Inamura H. 2004. A spatial structural decomposition analysis of Chinese and Japanese energy demand: 1985-1990. Economic Systems Research, 16（3）: 279-299.

Kagawa S, Inamura H. 2001. A structural decomposition of energy consumption based on a hybrid rectangular input–output framework: Japan's case. Economic Systems Research, 13: 339-363.

Leontief W, Ford D. 1972. Air pollution and economic structure//Allingham et al. Contributions to Input-Output Analysis. Amsterdam, North-Holland.

Rose A, Chen C Y. 1991. Sources of change in energy use in the U.S. economy, 1972-1982: a structural decomposition analysis. Resources and Energy, 13: 1-21.

Skolka J. 1989. Input-output structural decomposition analysis for Austria. Journal of Policy Modeling, 11（1）: 45-66.

Su B, Ang B W. 2012. Structural decomposition analysis applied to energy and emissions: some methodological developments. Energy Economics, 34: 177-188.

Zhang Y G. 2010. Supply-side structural effect on carbon emissions in China. Energy Economics, 32（1）: 186-193.

第7章 城市能量消费空间分异特征

7.1 城市能量消费的空间差异研究进展

在20世纪70年代以前,能源作为影响经济增长的四要素之一(人力、自然、资本和技术)要么视为常量忽略不计,要么合并在资本中。直到"石油危机"的爆发,它才开始被作为一个单独的变量来研究其与经济增长的关系。而对能源的真正有系统性的研究始于1972年Medows等在 *The Limits to Growth* 中所提出的"世界末日模型",其以整个世界为研究对象,分析了世界人口、工业发展、污染、粮食生产和资源消耗五种因素之间的变动和相互关系,并通过电子计算机对此模型进行模拟和分析,最后得出结论:如果维持现有的人口增长率和资源消耗速度不变的话,世界资源将会耗竭。这样的理论在当时的世界引起了爆炸性的反响,但随之而来的两次"石油危机"似乎验证了该结论。自此,经济学家和工程学家开始重视对能源的研究,能源理论得到了快速的发展。

20世纪70年代中期,能源供应的安全是学者们关注的焦点,诞生了一系列用来研究能源规划及预测能源供应和需求的模型,如MARKAL(market allocation)模型、EFOM(energy flow optimization model)模型、MEDEE(model demand energy Europe)模型等(Grohnheit,1991;Rath and Stocks,1982)。

20世纪80年代中期,随着第二次石油危机的结束,世界石油市场趋于平稳,全球气候变暖成为决策者关注的最有意义的问题之一。因此,环境安全的研究成为焦点问题而备受关注,同时,1985年国际社会《保护臭氧层维也纳公约》的签订,极大地激发了各国能源环境模型的开发和研究,反映了该时期的一些能源环境模型,如AIM(Asian-Pacific integrated model)模型、LEAP(long-range energy alternatives planning system)模型、EFOM-ENV(energy flow system)模型等(Matsuoka et al.,1995)。

20世纪90年代以后,随着可持续发展理念的提出,各国为实现可持续发展的目标,所关注的焦点已从单一的能源问题转变为多个重点领域(能源经济、能源环境、能源技术和能源安全),一系列能源-经济-环境模型也相应而生,如CGE(computational genera equilibrium)模型、3Es(macroeconomic,energy and environment sub-model）模型、MESSAGE（the model for energy supply systems alternative）模型等及混合能源模型（mixed energy model），如 NEMS（the national energy modeling systems）模型、IIASA-WEC E3（the IIASA WEC energy economic environment）模型等（Galinis and Van，2000；Proost and Regemorter，1992）。

总之，自 1973 年能源危机以来，人们对能源的关注、各国对能源的争夺，以及学界和政界对如何充分利用好能源，怎样开发新能源的探讨从未停止过。有关能源的概念和理论经过几十年的发展形成了一个非常庞大而复杂的体系，下面将介绍与本章相关的国内外研究进展。

7.1.1 能源与经济的关系

早期的关于能源问题的研究多集中在能源与经济的关系问题上，这个问题一直都是学界研究和争论的热点，也是有关能源问题的研究中必然要涉及的。众多学者从时间序列出发选用多种方法对能源经济关系进行了定量的考察和分析，得出的结论主要有以下三个：

（1）能源消费与经济增长的单向因果关系

1978 年，Kraft 等进行了能源经济领域开拓性的工作，并首次发现了美国 GNP（国民生产总值）与能源消费的因果关系。继而，Yu 和 Choi（1985）、Erol 和 Yu（1987a，1987b）及 Chen 和 Lai（1997）将能源经济之间的单向因果关系研究扩展到了韩国、英国、德国、意大利、加拿大、法国及日本等发达国家，均得出类似的结论。吴巧生等（2005）将美国与中国能源消费与经济增长的关系进行对比分析，认为中国和美国能源消费增长与经济增长具有较为相似的单向因果关系，即 GDP 增长是能源消费增长的原因。杨朝峰和陈伟忠（2005）对中国 1952～2003 年能源消费和经济增长之间的关系进行 Granger 因果检验，结果表明我国能源消费和经济增长之间是单向的从经济增长到能源消费的因果关系，而且这种长期关系是稳定的，并没有随时间发生结构性变化。汪旭晖和刘勇（2007）以 1978～2005 年数据为基础，得出短期内我国能源消费与 GDP 之间存在波动关系，但是长期来看，能源消费与经济增长之间存在长期稳定的均衡关系，并且存在从能源消费到经济增长的单向因果关系。

（2）能源消费与经济增长的双向因果关系

Glasure 和 Lee（1997）将因果关系研究方法应用到亚洲国家的能源消费与经济增长之间的关系研究中，其利用 Granger 检验方法发现新加坡能源消费与 GDP 增长存在双向因果关系。Hondronyiannis 等（2002）应用"向量误差修正模型"，将"价格因素"引入对希腊 1960～1996 年的能源消费与 GDP 增长的关系研究中，验证了能源消费与 GDP 增长的长期关系。Shyamal 和 Rabindra（2004）应用"Engle-Granger 协整方法"结合"标准 Granger 因果检验"对印度 1950～1996 年的能源消费与经济增长的关系进行分析得出两者存在双向的因果关系。

我国学者采用不同方法和不同期的数据对我国能源消费总量与经济发展的关系进行了分析。韩智勇等（2004）基于中国 1978～2000 年的数据，进行了能源消费与经济增长的协整性与因果关系分析，认为中国能源消费与经济增长之间存在双向的因果关系，但不具有长期的协整性。罗芳和刘继伟（2005）通过引用柯布－道格拉斯函数，认为经济增长受能源投入量的影响，能源需求量随着经济增长速度的加快而快速增加，同时经济增长也促进了能源生产速度的提升，并提出了未来经济发展对能源需求的建议。还有一些学者对某一品种的能源消费单独进行研究。例如，贲兴振和杨宝臣（2005）利用 1953～2003 年的数据，采用协整分析技术、误差修正模型和 Granger 因果关系检验方法，检验了中国的能源消费总量及各组成部分（煤炭、油品、天然气和水电）的消费量和 GDP 之间的关系。实证表明，中国的能源消费总量与 GDP 之间存在双向因果关系，GDP 对电力的消费存在单向的因果关系，但是煤炭的消费量与 GDP 不存在相互的因果关系。王海鹏等（2005）运用协整理论和 Granger 因果关系检验，实证研究我国电力消费与经济增长之间的关系，通过协整分析及建立的电力消费和 GDP 之间的协整关系和误差修正模型，分别描述电力消费与经济增长间的长期均衡关系和短期动态关系，并且发现电力消费与经济增长之间存在双向因果关系。

（3）能源与经济关系的不确定性

可以说，能源与经济增长的关系一直是能源经济学的一个热点问题，尽管近 30 年来国内外学者在这一领域做了大量的研究，对两者之间的关系进行了大量的实证性工作，但是迄今为止仍然没有形成共识，许多分歧和争议依然存在，很多学者认为随着时间序列和空间对象的变动，能源和经济之间的关系并不确定。例如，1980 年 Akarca 和 Long 对 Kraft 父子在 1978 年的研究提出了质疑，认为他们使用的样本为石油危机期（1973～1974 年），如果把样本期提前两年，将得不出类似的结论；Abosedra 和 Radchenko（2006）等也利用不同的时间间隔和方法反驳了 Kraft 父子的结论。Oh 和 Lee（2004）在研究韩国不同时期 GDP 和能源消费的关系时，也发现了这种关系的不稳定性。

Soytas 和 Sari（2003）则分析这种关系在不同国家间的区别，通过对 16 个国家能源消费与 GDP 因果关系的研究发现，对不同的国家，这两个系列水平值是不平稳的：在土耳其、法国、德国和日本，能源消费与 GDP 之间的作用方向是能源消费促进经济增长；在意大利和韩国这种因果关系则正好相反；而在阿根廷又表现为双向因果关系。

针对中国地区差异十分显著的情况，国内一些学者基于不同的分区体系开始研究我国能源消费与经济增长关系的区域差异。例如，车树芹（2007）分别对我国东部、中部和西部三个地区的 GDP 和能源消费之间的关系进行了论证分析。结果表明东部地区的 GDP 和能源消费之间存在着单向的从能源消费到 GDP 的短期因果关系，不存在任何的长期因果关系；西部地区存在双向的短期因果关系及从 GDP 到能源消费的长期的单向因果关系；中部地区无论短期还是长期两者之间都不存在任何双向或是单向的因果关系。蔡旭娜和赖川波（2010）对我国八大经济区域的经济增长与能源消费数据进行了实证分析，发现在八大区域存在两者的长期稳定的双向因果关系，但是南部经济区域的能源消费增长对其经济增长的影响最大，而西北部的能源消费增长对其经济增长的影响最小。王鹏（2010）利用 Theil 指标体系对我国东部、中部、西部和东北四个区域能源消费与经济增长的关系进行了比较研究，也发现在不同地区这种关系是不稳定的。

上述的研究结果发现，国家的不同、同一国家时间间隔的不同或者所采用的因果关系检验方法不同，所得到的结论存在不同。可以看出，在不同的区域条件约束下，能源消费与经济增长之间并没有稳定一致的关系，研究我国能源经济关系时，区域差异的因素不能忽略。能源与经济的关系不是本章的研究重点，但是，经济因素是在研究能源问题时，分析相关原因所必须考虑的，并且，本章的相关研究结论也可以对我国经济发展与能源消费关系的空间差异性进行一个简单的补充与论证。

7.1.2 能源消费的空间差异研究

（1）能源消费效率的空间差异性研究

能源效率是能源经济学领域的一个重要课题。它是国家创新能力、综合竞争力和人类社会进步等的重要评价指标之一，能源效率的高低是结构调整和增长转型的重要依据。此外，能源效率也是我国节能绩效考核的主要指标。近年来，国家能源效率的差异问题开始成为国内外学者关注的热点之一，国内外许多研究对能源效率进行了国际、地区比较。

国外学者重点对能源效率的空间差异大小随时间的演变规律进行了探讨和研

究。Nilsson（1993）和 Goldemberg（1996）通过考察 1950～1988 年 31 个国家的能源强度演化，观察到发展中国家和工业化国家的能源强度是收敛的并且收敛于相同的模式。Mielnik 和 Goldemberg（2000）用 1971～1992 年 41 个国家的数据证实了差异缩小这一结论。Sun（2003）考察了 1971～1998 年 OECD（经济合作与发展组织）国家的能源强度差异问题，使用平均方差来衡量给定组内或组间的能源强度差异，结果表明 OECD 国家的能源强度差异在缩小。Vieent 和 Juan（2004）采用 Theil 二级指标分析 OECD 国家能源强度的差异，分析了组内和组间的差异，认为能源强度差距的下降是组内和组间不平等共同作用引起的，而组间不平等是整个不平等的主要原因。Jan 和 Samuel（2004）指出能源强度的地区差异在转型过程中有所弱化，但各国或地区的进展不平等，且多数转型国家的能源强度是西方国家的几倍。Juan 和 Emilio（2006）用 Theil 指数分解人均 CO_2 排放的不平等，表明这种分解方法可以扩展用来分析组间和组内差异。Roberto（2007）采用非参数方法研究了 1971～2001 年 98 个国家的能源效率的空间分布，结果表明在研究期内，样本国家的能源效率表现出收敛趋势，并且这个过程不是随机发生的。

中国学者对能源效率的空间差异研究还比较集中在定性描述上。邹艳芬和陆宇海（2005）利用空间自回归模型分析了我国能源利用效率的区域特征，发现中国省域能源利用效率与地区经济发展之间具有明显的空间依赖性，而且空间差异比较明显。高振宇和王益（2006）计算了 1995～2003 年的能源生产率，并进行了聚类分析，将全国划分为能源高效区、中效区和低效区。史丹（2006）认为能源效率的区域差别与国际差别有着根本的不同，计算了区域间的能源生产率，并在各地区能源生产率趋同的条件下，计算了中国不同地区的节能潜力，认为地理区位是影响区域能源生产率的主要原因之一，建议各地区在制定节能措施时既要考虑影响能源效率的一般性因素，也要考虑地区的特殊因素。

（2）其他相关方面

我国还有学者分析了我国农村能源消费的空间差异。王效华和冯祯民（2001）按能源消费对中国农村进行了聚类分析。Zhang 等（2009）利用 1979～2005 年可得的数据分析表明，近年来中国农村能源消费呈明显上升趋势，但是各地区农村的能源消费结构呈现出较大的空间差异性，这主要是受社会经济因素，特别是各地资源禀赋的影响。

目前，在城市层面上对能源消费空间差异进行比较分析的还较少。王新华等（2004）以"清洁能源行动"18 个试点示范城市为案例，探讨了我国城市人均能耗和单位 GDP 能耗水平，分析影响我国城市人均耗能和单位 GDP 能耗水平的关键因素，根据相关指标，将 18 个城市分为高耗能城市、中间耗能城市和低耗能城市，但这也只是一种非常粗略的分析与研究。

城市是我国能源消费的主体（Steemers，2003；张晓平，2005），城市能源系统在我国能源系统中扮演着极为重要的角色。但是，我国地域辽阔，区域自然禀赋条件、发展模式与发展水平差异较大，能源消费状况受各种自然和社会经济条件影响必然呈现一定的地域性差异，而任何忽视了这些差异的政策制定和实施都会导致一些城市无法高效开展能源管理工作，致使节能减排等很多目标难以达成。因此，系统考察我国城市能源消费的空间分布特征显得极为重要，只有掌握了各种类型的城市和地区能源消费现状和空间分布特点，才能因地制宜地实施能源管理政策。目前，国内外对能源消费的研究多侧重于能源消费与经济发展的相互关系上（Huang et al.，2008；Permana et al.，2008），或者是将研究尺度限定在国家或区域等较大空间范围上，如对我国能源消费强度的省际差异性的分析（齐绍洲和罗威，2007）。

同时，以往的研究往往集中于能源消费的某一要素（或是总量上的地域差异，或是强度上的差异），而对不同的能源消费特点，能源政策上的制定应该有所区别，而本研究就是要对城市能源消费整体现状进行识别和分析。

7.1.3 区域差异测度方法

能源消费的空间差异性是区域差异的一种表现形式，有关区域差异的问题也一直是研究热点，众多学者在长期的研究中发现并拓展了相关的研究方法。因此，本研究尝试借鉴以往的研究区域差异特别是经济差异的方法对能源消费的空间差异性进行研究。

对区域差异的研究，学者在前期阶段更多采用定性方法进行描述。20世纪中期特别是 90 年代以来，越来越多的研究开始采用一些定量化的手段和方法研究区域差异问题。而中国的区域不平衡问题更是引起了国内外许多学者的兴趣，他们纷纷开始应用各种方法研究中国区域差异问题，主要集中在以下两个方向：

（1）我国区域差异大小随时间的变化趋势

Chen 和 Fleshier（1996）采用变异系数和加权变异系数研究了中国不同时期区域差异的变化，发现中国区域差异的变化具有明显的阶段性，且发现两种方法的结论非常接近。Tsui（1991，1993）采用 Atkinson 指数研究了中国 1952～1985 年的区域差异变化，认为此期间省际差异并未扩大。同时，Solow 经济增长模型研究也发现 1978～1993 年中国各省区之间的人均 GDP 差异在缩小（Chen and Fleshier，1996）。Ravi 和 Zhang（1999）等采用综合熵（GE）指数研究了中国1983～1995年城乡差距及沿海与内地差距的演变。Ravallion和Chen（1996）等采用Gini系数和综合熵指数（GE）对中国1985～1990年的区域差异进行研究，认为不同方法显示差距扩大的程度不同。杨为民（1992）采用Gini系数分析三大地带收入水平之间的差距在20世纪80年代是缩小的。梁进社和孔健（1998）分析了Gini系数和变差系数对区域不平衡性度量的差异，认为变差系数更适合于度量我国的区域不平衡性。周玉翠等（2002）从各省区之间人均GDP的标准差和标准差系数等角度定量测度了1990～2000年省际经济差异的总体水平及其变化，建立了省级差异警戒水平。陈秀山和徐瑛（2004）采用Gini系数、变异系数和Theil指标描述了1970～2002年中国区域差异的变化情况，结果显示Gini系数和变异系数在大部分阶段的结论是一致的，但在1992年以后的一些时期，其结论是完全不同的。尚卫平（2002）以江苏省为例，运用Theil指数研究了我国城市居民可支配收入的不平等程度，认为Theil指标测度收入不平衡性在我国具有很大的适用性。许月卿和贾秀丽（2005）采用变异系数、加权变异系数和Williamson系数定量评价了1978～2002年中国经济发展的不平衡性，认为1990年以前中国经济区域差异程度在缩小，1990年以后在扩大。

（2）我国区域差异的分解分析

Knight和Song（1993）通过采用Theil指数的空间分解和Gini系数的因子分解，认为省与省之间的差距远大于省内各县之间的差距。而Hussain等（1999）采用Gini系数、变异系数和Atkinson指数对中国区域差异进行了因子和空间分解，认为省内差异是国家区域差异的主要原因。Long（1999）、Kim和Knaap（2001）及Masahisa（2001）分别采用Theil指数对中国不同时段的区域差异进行空间分解研究。刘旭华等（2004）应用区域经济空间动态发展模型对中国1978～1998年经济发展的不平衡性及其影响因素进行研究，拓展了不平衡性研究的空间分析功能。徐建华（2005）运用多时段Theil系数嵌套分解法和小波分析法研究认为省内差异是全国整体差异的重要构成部分。

而对研究区域差异的方法进行总结可归纳为以下4类：

1）统计学方法，包括变异系数、加权变异系数、Gini系数、Theil指数和Atkinson指数等；

2）公理法，即是推导出适合一组合乎愿望特征的不平衡指标；

3）安全函数，并根据这一函数推导出不平衡指标；

4）模型法，通过建立空间分析模型、经济增长模型等模拟区域发展的不平衡性。

在这些方法中，统计学方法是在国内外最广泛应用的一种方法，不同测度方法首先在指数构造上不同，适应的范围、特点及应用缺陷都不同，不能笼统地讲某种方法比其他方法好。我们必须根据需要选择适当的方法。但总体来说，Gini系数适宜于需要做机制分析时进行深入的因子剖析；Theil指数适宜于进行不同空间尺度的分析；变异系数考虑到最发达地区和最落后地区对我国整体区域差异的重要影响，它更适合于对我国目前的区域差异进行简单的整体度量；相对于其他三种方法，Atkinson指数应用得较少，但若要进行微小的差异分析，则非它莫属。表7-1给出了几种测度方法的总体评价和适用范围。

表 7-1 区域差异测度方法评价

方法	计算难易度	使用频率	因子分解	空间分解	适用范围
Gini系数	较复杂	高	是	否	因子分析。可用于区域差异形成的驱动机制分析研究
Theil指数	较复杂	高	否	是	空间分析。可进行不同空间尺度的区域差异分解，并进行多空间尺度的融合
Atkinson指数	较复杂	低	否	否	微小差异分析
变异系数	简单	高	否	否	简单总体分析。进行简单的时间序列的变化比较

Theil指数方法的特殊含义在于能够将总差异按照区域分解不同空间尺度的内部差异和外部差异，如中国的区域差异可以分解为东、中、西三大地带的地带内差异和地带间差异。Theil指数最初是用于分析国家之间的收入差距，其值越大，说明国家间的收入差距越大。该指数也能根据其思想通过一定的变形式应用于其他方面的区域差异测度上，如对区域间能源消耗强度差异的衡量（Alcantara and Duro，2004；刘源远，2008；邱灵等，2008）和人均CO_2排放的不平等度量（查冬兰和周德群，2007）。本章也试图将总差异进行空间差异的分解，因而也将采用Theil指数法计算并分解我国能源消费的空间差异。

7.2 研究区域和方法

7.2.1 研究区域

1）本章选择对我国内地30个典型城市进行研究。主要是收集和整理这30个城市的能源消费数据，并确定反映我国城市能源消费系统的指标，从能源消费的规模、结构和效率三方面探讨、描述我国典型城市能源消费的区域性差异及其分布特点，最后通过对相关指标的横向比较和聚类分析，将我国30个典型城市按照其能源消费情况进行分类。

2）在定性描述的基础上，考虑将我国城市能源消费的空间分异情况进行定量化描述。综合考虑目标的各种区域差异量化方法，最后选用Theil指数法，从规模、结构和效率三方面对我国能源消费的空间总差异进行测度，并基于东、中、西三大地带的分区方法，将我国能源消费的三类指标的总差异分解为地带内差异和地带间差异。

7.2.2 研究方法

7.2.2.1 范围界定

与以往研究不同的是，本章将能源消费的主体具体到了城市这一层面。其实，城市和农村能源并不是能源分类学中的概念。在欧美等发达国家，绝大多数已经基本实现了城镇化，只有少数人从事农业生产，并且农业人口的生活能源消费模式与城市居民的模式相仿；而发展中国家农村能源市场不能正常有效率地运作，农村和城市能源消费无论是在量上还是结构上都存在巨大差异，这是发展中国家的特有问题。在我国，由于比其他发展中国家更为突出的"城乡二元化"，城市和农村承载着两种完全不同的人类生产和生活活动，对能源的消费也有着本质的区别。

从消费总量角度来说，城市是我国能源消费的主体。在我国，农村人口虽然占我国人口的55%（2007年），但是其人均能源消费却远低于城市。据2007年中国农村能源发展国际研讨会发布的报告，我国农村地区人均能源消费仅为城市的1/3，并且随着城市化进程的推进及城市基础设施和交通的发展完善，这种能耗差距也可能进一步拉大。虽然历次出台的能源政策一直把农村能源建设放在了非常显著的地位，但是两者的着力点不同，在当前和今后一段时间内，城市作为我国能源消费的主体地位是不会改变的，城市成为我国能源消费和能源管理的最大战场，而城市能源工作的顺利推进则可以极大拉动全国各项能源工作的开展。

从另一个角度来看，城市作为一定区域内生产力高度集中的地区，是一定时期先进生产力的代表，并且，城市化进程的推进将会使得农村地区的生产和生活方式也在向城市靠近，而未来农村地区的能源消费也可能体现出与城市的类似性。因而，从一定程度上来说，城市能源问题是我国能源问题的缩影，分析我国城市能源消费的空间区域性，进一步把握我国城市能源消费的特点，不但对我国城市能源工作起到指导作用，促进我国城市系统健康地发展，也可以促进能源工作在全国的推进，实现我国经济的持续、快速和健康发展。

因此，相对于区域或者省域层面相类似的研究，以城市为对象更加切合我国的国情。在我国这样二元结构十分明显并且一时无法消除的发展中国家，城市是能源消费的主体，也就决定了它是节能工作的重心；同时由于我国地区发展极不平衡，即使处于同一地域或省域内的城市能源消费也会表现明显的相异性，而处于不同省域的城市却有可能表现出极强的相似性。归根到底，我国任何政策的实施与开展都最终由各城市来执行，因而将研究对象定位于城市层面，通过对案例城市的分析比较能够更加清晰地反映我国不同类型城市所体现的空间特点，对我国能源工作进行更加具体和科学的指导。

但是，城市的概念在我国有不同的界定，即"建成区"（城镇非农业活动的建设地段）、"市辖区"（包括城区和郊区）和"全市"（包括市辖区、下辖的县和县级市）。在以往有关城市的研究中，学者很少对所研究城市的数据统计口径进行明确的说明，在一定程度上造成了研究结果的差异较大，也缺乏可比较性（周一星，2003）。而笔者认为，本研究旨在反映具有现代城市功能主体城市地区的能源消费特点，并在此基础上对其空间分布特征进行归纳总结。由此点考虑，"建成区"最为接近，但其并不是我国现有城市的有关数据统计口径，对其相关统计也仅有各市建成区面积；"全市"则包含了大量的市辖县，它不完全是城市功能的主体，且其数量变动很大，不利于进行各个城市之间的比较；而"市辖区"基本上反映了城市各个主要方面，体现了城市的各项主要功能，能够比较正确地反映城市的作用和发展特点，且其界限相对稳定、数据可得，能够进行横向对比（国家统计局，1997）。因此，本研究中的城市能源消费是指我国建制市市辖区区域所消耗的能源，这是对我国现阶段有关城市的各种概念及统计口径综合考虑而确定的。

7.2.2.2 城市选择

2005年，我国城市数量已达661个，并且在一定时期内都会保持较高速度的增长，我国统计数据特别是能源消费统计的限制性使我们不可能对所有的城市进行分析和探讨。为了尽可能全面、真实地反映我国不同地域、不同特点及不同类型的城市能源消费空间特性，本章选取了我国内地30个省会城市和直辖市（市辖区）作为典型城市进行分析和研究（2005年能源消费数据，缺拉萨市数据），这主要是基于以下三点考虑：

第一，从空间上看，30个省会城市及直辖市遍布了全国的各个地区，在自然条件、规模大小、发展程度和经济增长速度等方面存在很大差异，在一定程度上代表了我国不同区域、不同类型和不同特点的城市。

第二,省会城市作为区域中心城市,经济发展最为迅速,城市化程度较高,是产业结构调整、高新技术研发和生产性服务业发展的核心,其发展模式和能源消费模式代表了现代城市的发展趋势,因而对其研究有着重要的理论和实践意义(Dhakal,2009)。

第三,本章的研究基础是大量相关数据的收集和整理,而省会城市的数据相对来说易得、准确度较高。

7.2.2.3 数据来源与处理

有关城市能源消费具体的、翔实的统计数据最直接的来源应该是各城市综合能源平衡表。但在资料的查阅中,发现只有6个城市(北京市、上海市、天津市、重庆市、广州市和济南市)在其城市统计年鉴中提供了能源平衡表,而其他城市仅提供了企业分品种能源消费与城市生活用电、燃气及热力数据。由已有的能源平衡表可知,各地区能源终端消费量包括农业、工业、生活、交通运输及建筑业等部门的能耗量,因此必须对部分数据进行估算。

考虑到我国现在能源消费的部门结构特点及数据估算的可行性,本章中仅对城市交通用能及城市生活用煤量进行估算。最终,本章中的城市能源消费总量仅包括工业、交通和生活三个部门的能源消费量,我国能源统计显示,这三个部门能源消费量之和约占能源消费总量的90%。

(1)城市交通用能的估算

经济的增长、城市化进程的加快及机动车保有量的迅猛增加,导致了交通运输需求和服务的迅速增加,使交通部门的能源消耗,尤其是油品消耗也在迅速增加。IEA(2004)能源统计显示,从1971~2001年,交通部门的能源消费以每年9.3%的速度增长。2005年,我国交通部门能耗占总能耗的7.5%;且交通运输业能源消费的结构特点是以油为主,有少量煤炭和电力消费(赵静,2008)。2005年油品消费占交通运输行业能源消费总量的92.4%,煤炭和电力消耗分别占能源消费总量的3.3%和3.4%,天然气消耗较少,占比仅为0.6%,热力消费占能源消费总量的0.3%,在本章中仅对交通部门消耗的油类进行估算。

在影响交通部门能源消费的各种因素中,机动车保有量是非常重要的因素(朱松丽,2004)。因此本研究首先根据可获得的6个城市交通部门所消耗的油品数据及城市机动车保有量,得到单位机动车能源消费平均值,再根据其他城市的机动车保有量进行其交通部门油品消费量的估算。

（2）城市生活用煤

在本章中城市生活用煤量根据各城市城镇居民家庭平均每人全年煤炭的购买量及城镇人口进行计算而得。

总之，在本章中城市能源消费量包括城市工业能源消费量、城市居民生活用能及城市交通运输耗能。其中，城市工业能源消费量指的是城市规模以上工业企业能源消费量；城市居民生活用能则包括城市居民生活消耗煤炭、电力、煤气、天然气、液化石油气及热力；城市交通运输耗能仅包含上一小节中估算所得交通耗油量。从能源品种上则分为煤炭、油品（包括煤油、柴油、汽油和燃料油）、电力、煤气、液化石油气、天然气及热力。

相关数据首先根据《中国能源统计年鉴》提供的"各种能源折标煤参考系数"由实物量统一折算为 tce（吨标准煤）后，再进行城市能源消费总量、分品种消费量、城市能源消费结构及城市万元 GDP 能耗等相关指标的计算。

7.3 典型城市能源消费的空间分布特征

从能源消费规模、结构和效率三方面出发，选取相关指标对我国 30 个典型城市能源消费的空间分异情况进行分析，并借助 GIS 软件进行空间展示，最终利用聚类分析法将 30 个城市按照其能源消费情况分为 4 类。

7.3.1 能源消费规模的空间分布特点

城市能源消费的总量与能源可获得性、产业结构、工业发达程度、城市经济发展速度和人均能耗上涨速度等因素有关。如图 7-1 所示，我国 30 个典型城市能源消费总量的区域差异性十分明显。2005 年能源消费总量最高的为上海市，达 7043.49 万 tce，而总量最小的海口市仅为 228.17 万 tce。如果将这些城市按照其能源消费总量大致分为高、中、低三组，可以看出我国城市能源消费总量按照从高到低在空间上呈现从东部向西部逐渐过渡的特点，与我国东、中、西三大地带经济梯度表现出了很好的相关性，消费总量最高的城市多集中在京津唐、长三角和珠三角等经济发达地区。但是，从图 7-1 中还可以看出，个别城市（如重庆），虽然处在西部地区，但其能源消费总量却紧追天津市达到 3386.33 万 tce，高于沈阳市、福州市等东部城市。

当然，能源消费总量受城市规模（辖区规模、人口规模与经济规模等）、产业结构及能源结构等多方面的影响（Sun，1998）。因此，相对于消费总量来说，

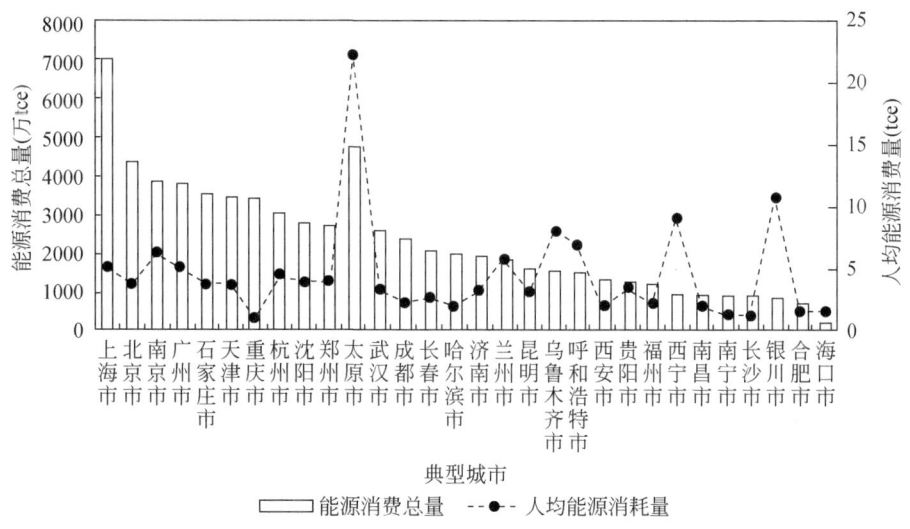

图 7-1 我国 30 个典型城市能源消费总量及人均能耗

人均能源消费量更能体现城市的能源消费水平与居民所享受的能源福利（张鹤丹，2006）。如图 7-1 所示，城市人均能源消费的空间分布特点与能源消费总量并不一致，人均能耗偏高的城市集中分布在我国中西部资源丰富的城市，其中居于前五位的城市分别是太原市、银川市、西宁市、乌鲁木齐市和呼和浩特市，人均能源消费量在 7.0 ~ 12.82 tce/ 人，远高于 30 个典型城市的平均水平 4.3 tce/ 人。

进一步将人均能耗与人均 GDP 进行对比分析。绘制 30 个典型城市两指标的散点图（图 7-2），太原市、乌鲁木齐市等 5 个人均能耗高的城市均位于 I、Ⅱ 象限区，属高能耗类型，显示出经济呈粗放式发展，特别是位于第 Ⅱ 象限的 3 个城市，产业结构多以资源采掘和加工为主，能源利用效率较为低下，但同时也预示着这些城市存在较大的节能潜力。总体而言，我国大部分城市非常集中地分布在第 Ⅲ 象限，即城市处于发展过程中，人均能耗和人均 GDP 水平都不是很高，随着城市化进程的进一步加快，这些城市对能源的需求也将急剧增加，在其发展中，应制定合理的规划措施，使其发展过程避免向 I、Ⅱ 象限转移，而应向第 Ⅳ 象限（即保持经济水平较高的同时，人均能耗并不是很高）逐渐过渡，实现能源的合理高效使用。

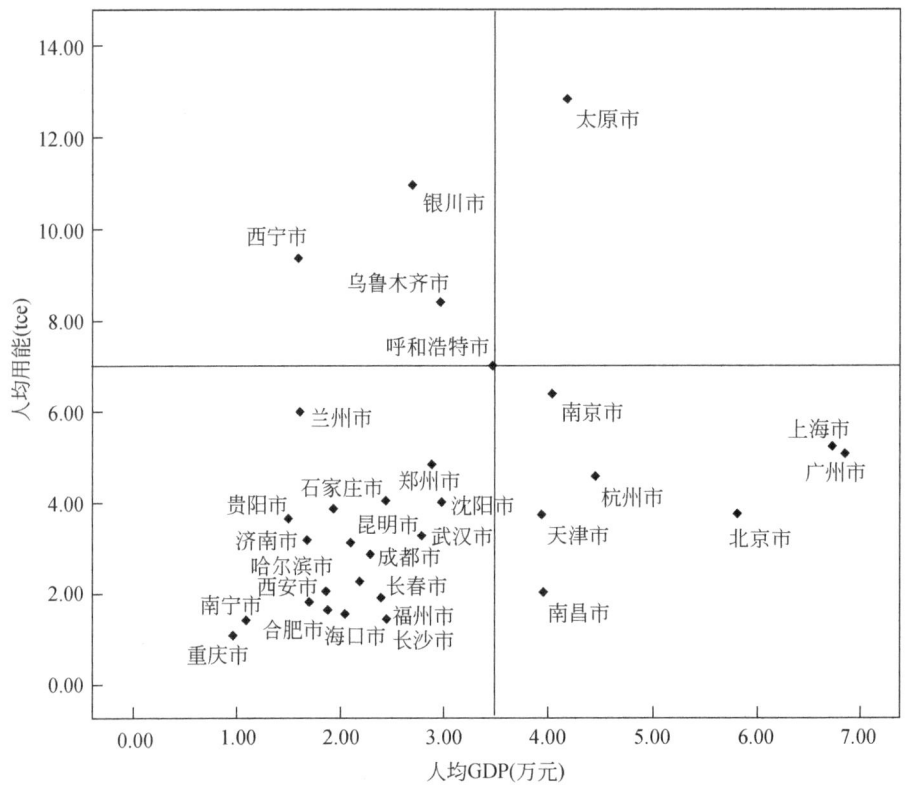

图 7-2　30 个典型城市人均能耗及人均 GDP 关系

7.3.2　能源消费结构的空间分布特点

经济发展很大程度上意味着结构的调整与转换。对一个国家或地区来说，这一结构变化突出表现在两个方面，一是产业结构的升级换代，二是城市化水平的提高，而伴随这一结构演变的是能源消费结构也会发生明显的规律性变化。反之，能源消费结构在一定程度上也反映了国家或地区的发达程度。

由于历史原因及我国富煤、贫油和少气的能源现状，煤炭在我国能源消费总量中一直占据绝对主导地位，尽管随着我国石油天然气工业和水电事业的发展，煤炭消费比重有所下降，但是在很长一段时间，煤炭在我国能源消费中的主体地位是无法改变的，这一特点也清晰地反映在了我国城市能源消费结构中。本章中，城市用能从能源品种上分为煤炭、油类（包括煤油、柴油、汽油和燃料油）、电力、煤气、液化石油气、天然气及热力。城市能源消费结构以各品种能源消费量所占总量的比重来表示。由于煤气、液化石油气、天然气和热力等在城市用能结构中所占份额较少，不再分项表示，本小节将它们合计表示为其他类。因此，在本小节中，能源消费品种结构指的是煤炭、油品、电力及其他分别占能源消费总量的比重。

图7-3反映了中国城市能源消费结构的总体特点。可以看出，我国城市能源消费结构仍然呈现以煤为主体的特点，30个典型城市平均用煤比重为45.81%，接近一半的城市煤炭比重超过或接近60%，其中太原市、呼和浩特市、石家庄市和济南市4个城市用煤比重高于70%。油类产品是我国城市能源消费中的第二大能源，平均比重为23.33%，但是还有相当一部分城市的用油比重低于20%。电力使用的平均比重略低于油类产品为21.01%，但是电力在30个典型城市中的使用比重均未超过50%，最高的西宁市也只有48.61%。天然气、煤气、热力和液化石油气在我国城市能源消费结构中比重仍然很低，其之和平均不足10%。

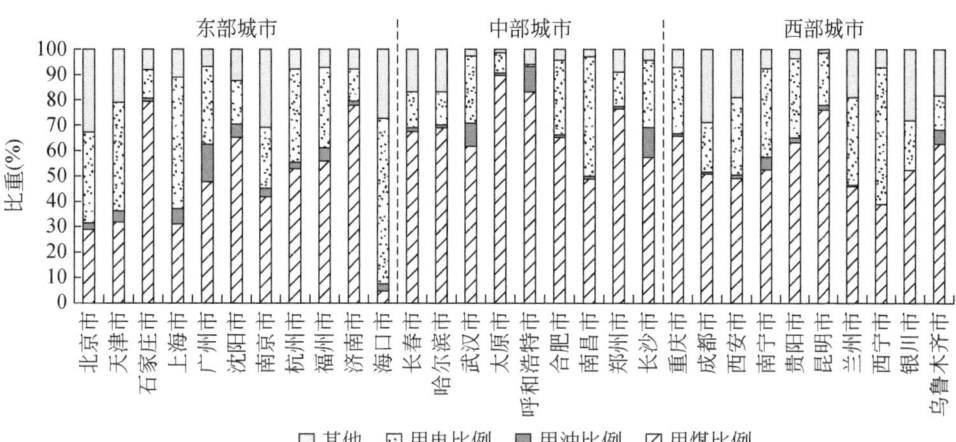

图7-3 30个典型城市能源消费品种结构分布

（1）煤炭

煤炭在我国城市能源消费结构中所占比重呈现北多南少、西多东少的特征，与我国煤炭资源在空间上的分布基本一致。在30个典型城市中煤炭比重达到70%的4个城市（太原市、呼和浩特市、石家庄市和济南市）基本上都处于我国的中北部地区，且无一例外地都位于我国大型煤炭基地；而我国东南沿海地区煤炭所占的比重平均低于50%，这些城市也多为我国经济发达地区，能源结构较为多元化，对煤炭的依存度相对较小。

（2）油类

图7-3中可以看出，油类产品在各个城市中的使用情况差别非常大，最高的

海口市为 73.33%，最低的兰州市不足 10%。同时，我国用油比重的南北分界十分明显，南京市 – 郑州市 – 西安市成为一条十分明显的分界线，30 个典型城市中用油比重较高的基本上分布在这条线以南，特别是福州市、广州市和海口市等东南沿海发达城市。而这条线以北的城市中，东北三个城市用油比重相对较高。这样的空间分布特点明显受到我国油田分布的影响。但经济因素也起到了较为明显的作用，一些位于重要产油基地的城市的能源结构中油类产品的比重却很低，它们仍然选择了价格占优势的煤炭资源。

（3）电力

电力在我国城市消费能源结构中呈现东南、西南部城市较高，东北地区和中西部城市特别是其中煤炭比重较大的城市较低的基本特征，并且电力和煤炭所占比重在空间分布上呈现出相逆的趋势。如图 7-4 所示，用电比重和用煤比重存在一定负相关关系，即随着用煤比重的上升，用电比重呈下降趋势，并且在一些煤炭主导型城市中更加明显，如石家庄市、呼和浩特市和太原市。

总体上来说，我国城市能源消费结构的空间分布在一定程度上受到区域资源

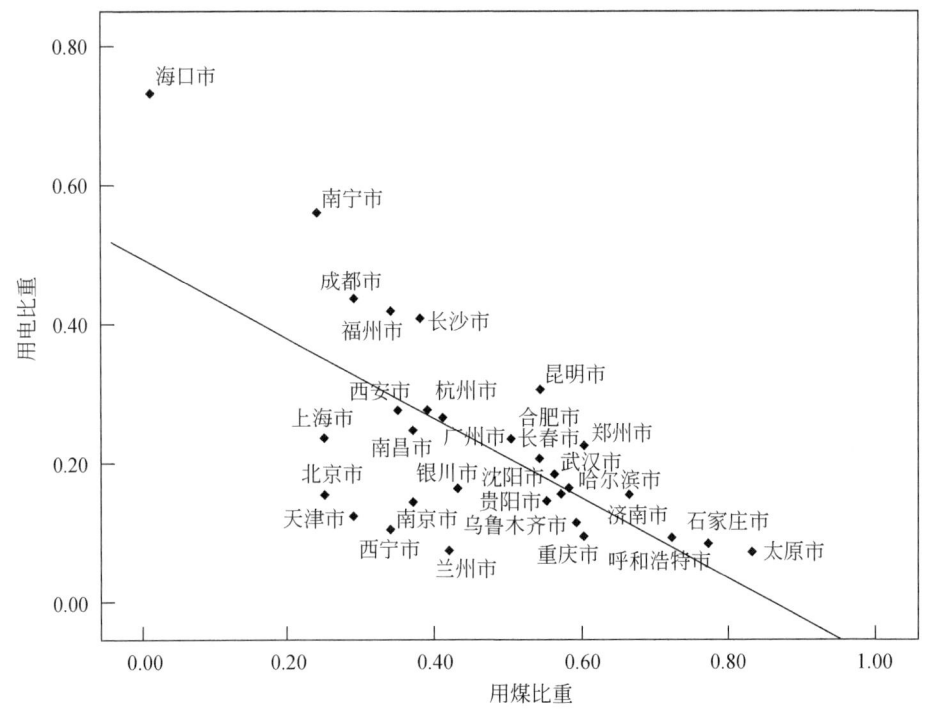

图 7-4　30 个典型城市能源结构用煤比重和用电比重关系

禀赋分布的影响：东南沿海城市及我国北方经济较为发达的城市能源消费结构呈现多元化特点，而中西部地区则对煤炭依赖较重，能源结构也相对单一。

7.3.3 能源消费效率的空间分布特点

能源消费效率不是一个单独的指标，往往通过一系列指标对其进行表征。本章用万元 GDP 能耗值反映能源消费效率的大小，它是一个逆向指标，其值越大，能源消费效率越低，反之，则越高（Patterson，2006；Patlitzianas，2008）。从表 7-2 中可以看出 2005 年我国城市能源消费效率的城际差异十分显著，能源消费效率最高的南昌市、上海市和北京市等 10 个城市万元 GDP 能耗平均仅为 0.76 tce/ 万元；而能源消费效率较低的西宁市、银川市和兰州市等 10 个城市万元 GDP 能耗平均达 2.94 tce/ 万元，而位居两端的分别为南昌市 0.51 tce/ 万元和西宁市 5.86tce/ 万元。

此外，从表 7-2 可以看出，能源消费效率较高即万元 GDP 能耗值较低的城市主要分布在东南沿海地区，能源消费效率较低的城市集中于我国的西北地区，而能源消费效率居中的城市在空间上比较分散，主要是东北和中部地区城市。

表 7-2　30 个典型城市 2005 年万元 GDP 能耗值及排序

城市	能源消费效率（tce/ 万元）	排名	城市	能源消费效率（tce/ 万元）	排名	城市	能源消费效率（tce/ 万元）	排名
南昌市	0.51	1	杭州市	1.02	11	郑州市	1.65	21
长沙市	0.58	2	西安市	1.05	12	济南市	1.89	22
北京市	0.63	3	哈尔滨市	1.09	13	石家庄市	1.99	23
广州市	0.73	4	重庆市	1.10	14	呼和浩特市	2.01	24
海口市	0.76	5	武汉市	1.16	15	贵阳市	2.43	25
上海市	0.77	6	长春市	1.23	16	乌鲁木齐市	2.79	26
福州市	0.79	7	南宁市	1.28	17	太原市	3.06	27
合肥市	0.86	8	沈阳市	1.34	18	兰州市	3.69	28
天津市	0.93	9	昆明市	1.49	19	银川市	4.06	29
成都市	1.02	10	南京市	1.58	20	西宁市	5.86	30

7.3.4 能源消费的空间聚类分析

在上述分析的基础上，利用SPSS13.0软件对中国典型城市能源消费系统进行聚类分析，聚类方法采用分层聚类的离差平方和，距离测度方法选择组间连接的欧几里得距离法，选取的指标为城市能源消费总量、人均能耗、城市能源用煤比重、用油比重、用电比重及其他能源比重和万元GDP能耗。由于城市能源消费的各个指标之间存在一定关联性，如城市用煤和用电比重呈负相关关系（图7-4）。为避免在聚类中出现高度相关的因子，首先利用SPSS13.0软件中的主成分分析法提取反映城市能源消费概况的主要公共因子。

7.3.4.1 主成分分析

（1）分析方法

主成分分析（PCA）是由Hotelling在1933年首先提出的，主要是利用对高维变量空间进行降维处理的思想，把多个指标转化为少数几个综合指标。它的工作目的就是在信息损失量最小的前提下，尽可能提取问题的主要方面，从而对这种多变量数据进行最佳综合简化。如果在原数据表中有p个变量$x_1, x_2, \cdots, x_p$，主成分分析法就是对这个数据表中的信息进行重新调整组合，从中提取m个综合变量$F_1, F_2, \cdots, F_m (m<p)$，使这$m$个综合变量能最多地概括原数据表中的信息。很显然，在一个低维空间做系统分析要比在高维空间容易得多，也可以尽量减少一些信息的重叠。此外，主成分分析法一般不单独使用，常结合判别分析和聚类分析使用。

主成分分析法的步骤如下。

1) 原始指标数据的标准化；

$$z_{ij} = \frac{x_{ij} - \overline{x_j}}{s_j}, i=1,2,3\cdots,n; j=1,2,3\cdots,p \quad (7\text{-}1)$$

其中，$\overline{x_j} = \frac{\sum_{i=1}^{n} x_{ij}}{n}$；$s_j^2 = \frac{\sum_{i=1}^{n}(x_{ij}-\overline{x_j})^2}{n-1}$。

2) 计算标准化矩阵Z的协方差矩阵R；

3) 求R的前m个特征值：$\lambda_1 \geqslant \lambda_2 \geqslant \lambda_3 \cdots \geqslant \lambda_m$，以及相应的特征向量$u_1, u_2, u_3, \cdots, u_m$，它们标准正交；

$$\eta_h = \frac{\sum_{i=1}^{h} \lambda_i}{\sum_{i=1}^{m} \lambda_i} \quad (7\text{-}2)$$

$$F_h = Xu_h = \sum_{j=1}^{p} u_{jh} x_j \qquad (7\text{-}3)$$

4）求第 h 个成分的累积方差贡献率；

5）求第 h 主成分 F_h。

从上式看出，主成分 F_h 是原变量 $x_1, x_2, x_3, \cdots, x_p$ 的线性组合，组合系数恰好为 u_{hj}。

主成分个数的确定一般有两种方法：一是根据特征值的大小确定，一般取大于 1 的特征值；二是根据因子的累计方差贡献率来确定，一般 m 个主成分方差的累计贡献率达到 80％，即认为这 m 个主成分能够代表所有样本。本研究中按照第二个方法确定主成分的个数。

以上过程均可在 SPSS 中实现。

（2）分析结果

将 30 个典型城市的 7 个指标的数据输入 SPSS 进行分析，得到以下结果。表 7-3 给出的是主成分分析的总方差解释。

表 7-3　总方差解释

指标	初始特征值		
	方差值	方差贡献率（％）	累计方差贡献率（％）
总量 X_1	2.54	36.22	36.22
人均能耗 X_2	1.70	24.34	60.56
用煤比重 X_3	1.26	18.05	78.61
用油比重 X_4	0.90	12.92	91.53
用电比重 X_5	0.46	6.62	98.15
其他比重 X_6	0.13	1.85	100.00
万元 GDP 能耗 X_7	0.00	0.005	100.00

从表 7-3 中我们可以看出，选取 4 个因子是合适的，它所解释的比重占原方差的 91.53％，达到了 80％的要求。表 7-4 是 SPSS 输出的因子荷载矩阵，可以看出 F_1 因子在人均能耗、用油比重上占有较大比重；F_2 因子在用电比重和用煤比重上占有较大比重；F_3 因子在总量和万元 GDP 能耗上占有较大比重；F_4 因子在用电比重和其他比重上占有较大比重。4 个主成分综合起来基本能反映各城市能源消费的一般特征，即这 4 个因子可以代表原来的 7 个指标。我们可以通过因

子得分系数表（表7-5）得到这4个因子与原来7个指标的线性关系。

表7-4 因子荷载矩阵

成分因子	主成分			
	F_1	F_2	F_3	F_4
总量 X_1	0.16	0.58	−0.70	−0.12
人均能耗 X_2	0.84	0.10	0.27	0.09
用煤比重 X_3	0.66	−0.62	−0.41	−0.11
用油比重 X_4	−0.86	−0.12	0.32	0.17
用电比重 X_5	−0.04	0.76	0.26	−0.57
其他比重 X_6	0.23	0.62	−0.05	0.72
万元GDP能耗 X_7	0.76	0.01	0.60	−0.03

表7-5 因子得分系数

成分因子	主成分			
	F_1	F_2	F_3	F_4
总量 X_1	0.06	0.34	−0.56	−0.01
人均能耗 X_2	0.33	0.06	0.21	0.10
用煤比重 X_3	0.26	−0.36	−0.32	−0.12
用油比重 X_4	−0.34	−0.07	0.26	0.19
用电比重 X_5	−0.02	0.45	0.20	−0.63
其他比重 X_6	0.09	0.36	−0.04	0.79
万元GDP能耗 X_7	0.30	0.01	0.47	−0.03

根据表7-4将4个主成分表达为7个指标的线性形式如下：

$F_1 = 0.06 x_1 + 0.33 x_2 + 0.26 x_3 − 0.34 x_4 − 0.02 x_5 + 0.09 x_6 + 0.30 x_7$

$F_2 = 0.34 x_1 + 0.06 x_2 − 0.36 x_3 − 0.07 x_4 + 0.45 x_5 + 0.36 x_6 + 0.01 x_7$

$F_3 = −0.56 x_1 + 0.21 x_2 − 0.32 x_3 + 0.26 x_4 + 0.20 x_5 − 0.04 x_6 + 0.47 x_7$

$F_4 = −0.01 x_1 + 0.10 x_2 − 0.12 x_3 + 0.19 x_4 − 0.63 x_5 + 0.79 x_6 − 0.03 x_7$

继而，将原始数据代入得30个典型城市4个主成分值，见表7-6。

表 7-6　30 个典型城市 4 个主成分数值

城市	F_1	F_2	F_3	F_4	城市	F_1	F_2	F_3	F_4
北京市	280.09	1487.26	−2427.64	−553.39	杭州市	194.28	1027.23	−1676.02	−382.17
天津市	222.23	1177.99	−1922.34	−438.36	合肥市	47.83	250.77	−408.89	−93.39
石家庄市	229.54	1214.07	−1981.44	−451.9	福州市	75.49	398.56	−650.09	−148.3
长春市	133.18	703.36	−1147.7	−261.68	济南市	123.43	649.36	−1059.22	−241.64
哈尔滨市	129.16	683.27	−1115.23	−254.29	南昌市	61.84	325.7	−531.1	−121.27
上海市	452.04	2402.26	−3921.7	−894.21	郑州市	177.19	935.36	−1526.17	−348.02
武汉市	167.96	888.27	−1449.6	−330.67	长沙市	57.43	303.19	−494.62	−112.85
广州市	243.99	1292.05	−2108.6	−480.73	南宁市	59.92	315.91	−514.94	−117.54
重庆市	217.21	1154.72	−1885.56	−430.15	贵阳市	83.69	435.9	−709.92	−162.19
成都市	155.8	826.19	−1348.33	−307.36	昆明市	102.28	537.75	−877.01	−200.09
西安市	85.94	453.83	−740.24	−168.86	兰州市	121.92	634.03	−1031.99	−235.6
太原市	180.26	933.8	−1520.48	−346.52	海口市	15.08	77.96	−126.19	−28.76
呼和浩特市	98.56	509.59	−829.81	−189.16	西宁市	66.59	329.79	−532.75	−122.1
沈阳市	180.16	951.78	−1553.06	−354.11	银川市	60.36	296.43	−478.9	−109.12
南京市	246.51	1301.64	−2123.35	−483.95	乌鲁木齐市	102.73	528.67	−859.9	−195.99

7.3.4.2　聚类分析

（1）分析方法

聚类分析是从事物数量上的特征出发对事物进行分类，是事物分类学和多元统计技术结合的结果。这是一种较为粗糙的、理论并非完善的分析方法，但是使用简便、分类效果较好，是常用的数据探索性分析工具。

聚类分析基本思想是认为我们所研究的样本或指标（变量）之间存在着某种程度的相似性（亲疏关系）。首先，将要归类的 n 个样本各自看成一类，然后按事先规定的方法计算各类之间的归类指数（如某种相关系数或距离），根据指数大小衡量两两之间的密切程度，将关系最密切的两类并成一类，其余不变，即得 $n-1$ 类；再按事先规定的方法重新计算各类之间的归类指数（仍为某种相关系数或距离），又将关系最密切的两类并成一类，其余不变，即得 $n-2$ 类；如此进行下去，每次归类都减少一类，直至最后，n 个变量都归成一类为止。而这一归类过程可以用一张聚类图形象地表示出来。

（2）分析结果

对 30 个典型城市的公共因子进行聚类，根据距离系数的大小，可将所有城市划分为 4 类，即图 7-5 中所示的Ⅰ、Ⅱ、Ⅲ、Ⅳ。如图 7-5 所示，第Ⅰ类城市包括太原市、郑州市和沈阳市等 10 个城市，该类的特点是多位于能源资源丰富的西部和北部地区，消费总量水平居中但是人均能耗值偏高，城市用煤比重极大、用油比重很小，相对不合理的消费结构也导致了较低的能效水平；第Ⅱ类城市则包含了北京市、石家庄市、南京市、天津市、重庆市和广州市 6 个城市，可以看出除重庆市外，其他城市均为我国东部经济发达的城市，城市能源消费总量和人均能耗都较高，城市能源结构多元化，各种类型能源使用比较均衡，因而城市用

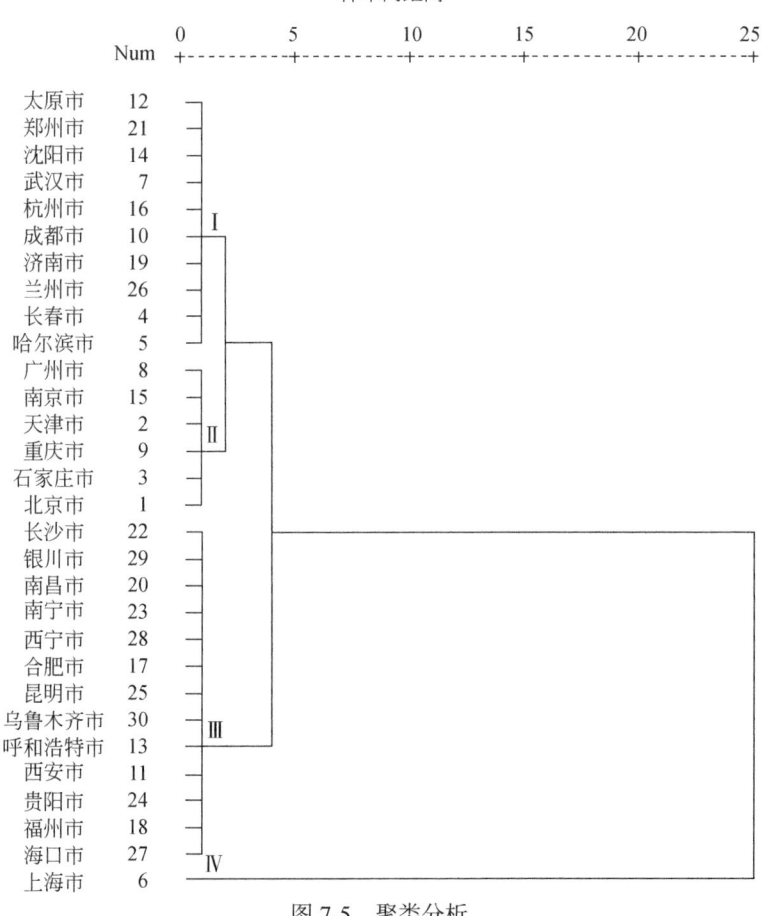

图 7-5　聚类分析

能效率较高；第Ⅲ类城市的数量最多（13个），多为西部和南部城市，消费总量及人均能源消费量的值均偏低，城市能源结构中用电的比重很高，能效水平则居中；而上海市为第Ⅳ类，在全部城市中其用能总量最大，城市能源结构中煤的比重很小，电的比重很高，且单位GDP能耗很低，如图7-6所示。

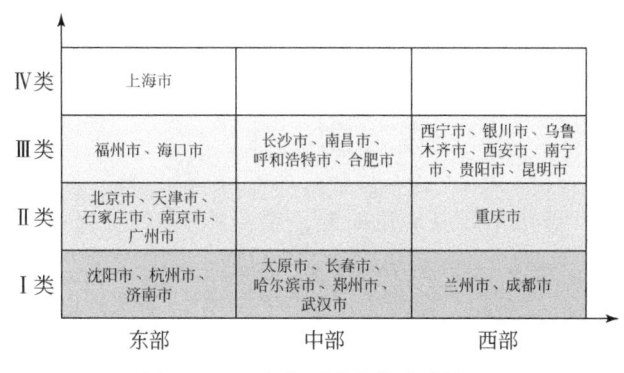

图 7-6　30 个典型城市的分类情况

7.3.5　小结

通过对 2005 年我国 30 个典型城市能源消费的规模、结构和效率等指标的研究发现：

1）我国城市能源消费的各项指标均呈现明显的空间差异性，能源消费总量表现出与我国三大经济带相关的东部、中部、西部依次递减的趋势，而人均能耗则表现出西部地区城市偏高的特点。能源结构中煤炭所占比重受各地资源禀赋影响非常显著，在 30 个典型城市的能源结构中，用煤大市皆是或处于我国重要的产煤基地，电力所占比重在空间上的分布与煤炭表现出一定的负相关，而油类产品在沿海经济发达的城市中所占比重相对较高。能源消费效率的空间分布明显表现出西部、中部富煤地区能效低下，而沿海发达地区能效较高的基本特征。

2）城际之间能源消费的空间差异性特点使我们需要重新审视当前的能源管理政策，这种空间差异性使分区管理显得十分重要，也使得我国节能减排目标的分解不能"一刀切"，也不能简单地分解到省域或区域。实行差异化的区域能源管理政策将是降低节能减排成本、提高节能减排效率及城市能源系统有效性建设的关键之一。

3）本研究通过初步的分析发现经济因素依然是影响我国城市能源消费规

模、结构和效率的非常重要的因素,但资源禀赋、地方产业结构及能源政策也都会对当地能源消费系统产生影响。同时,对每个指标不同因子的影响程度也都因地而异,这将是本研究下一步进行的工作。由于影响当地能源消费的主要因素可能不同,在制定节能措施时,既要考虑一般性影响因素,也要考虑每种类型城市特殊影响因素。

7.4 基于 Theil 指数的中国典型城市能源消费空间差异测度分析

7.3.5 节分析并展示了我国城市能源消费在能源消费规模、结构和效率上的差异,得出"能源消费的空间差异在城际之间是十分显著的"这一结论。但这只是对我国城市能源消费空间差异性的一个定性认识,消费规模上的差异,结构上的差异及效率上的差异这三个方面哪一个是我国目前最主要的能源消费方面的差异?同时,我国能源消费的空间差异是由区域间差异和区域内部差异构成,以三大地带为例可以说我国的空间差异是由三大地带间差异和地带内差异构成,那么到底是地带间差异占优势还是地带内差异起主导作用?通过这些分析,可以对我国城市能源消费空间差异有一个更加科学的、清晰的及量化的认识。因此本节将采用 Theil 指数法,从量化差异的角度出发对我国城市能源消费的空间差异进行测度分析。

7.4.1 Theil 指数的计算及分解

本章采用 Theil 指数对能源消费的空间差异进行测度分析,Theil 指数的计算公式为

$$T(I) = \sum_i y_i \ln\left(\frac{\bar{I}}{I_i}\right) \tag{7-4}$$

式中,I 表示进行测度的指标,本研究中则分别表示能源消费规模、结构及能源消费效率;I_i 表示 i 城市相应指标;$\bar{I}$ 表示 30 个典型城市指标平均值;y_i 表示 i 城市的 GDP 占全部 30 个典型城市 GDP 的比重;$T(I)$ 表示各指标的 Theil 指数值,它的值越大,表示各城市之间能源消费状况差异越大。

对 Theil 指数进行一阶段分解,就可以将全国总体差异按照不同地带进行分解。本研究将按照传统的东、中、西三大地带的划分方法,将 30 个典型城市分为东部地区城市(11 个)、中部地区城市(9 个)、西部地区城市(10 个)三大

地带（附表 3），在此基础上，将能源消费的全国总体差异分解为东、中、西三大地带间的差异和三大地带内各城市之间的差异，计算公式为

$$T(I) = T_B(I) + T_W(I) = \sum_{i=1}^{3} y_i \ln \frac{\overline{I}}{I_i} + \sum_{i=1}^{3} y_i \left[y_{ij} \ln \frac{\overline{I_i}}{I_{ij}} \right] \quad (7-5)$$

式中，$T_B(I)$ 表示各地带间指标 I 的差距；$T_W(I)$ 表示地带内各城市指标 I 之间的差距；y_i 则表示相应的第 i 区域 GDP 占总 GDP 的比重；y_{ij} 表示 i 区域 j 城市 GDP 占区域 GDP 总量的比重；$\overline{I_i}$ 则表示 i 区域所评价指标的平均值；I_{ij} 表示 i 区域 j 城市所评价指标的值。$T_B(I)$、$T_W(I)$ 之和即为总差异 $T(I)$。

7.4.2 中国典型城市能源消费规模的空间差异测度

国家或区域的能源消费规模在一定程度上反映了当地人民的生活质量。本节分别选择人均综合耗能和人均生活耗两项指标作为反映我国城市能源消费规模的指标，利用 Theil 指数对 30 个典型城市能源消费规模的空间总差异进行测度及东、中、西三大地带的分解，计算结果见表 7-7。

分析表 7-7 可知，人均综合耗能和人均生活耗能两项指标均反映出在我国城市能源消费规模的空间总差异方面，地带内部差异是构成消费规模空间差异的主要原因，它对总差异的贡献份额均超过 70%；而三大地带内部的空间差异情况则基本为西部＞中部＞东部，两项指标的西部内部差异对总差异的贡献率分别为 57.42%、98.96%，都超过了地带间差异。以上分析说明了我国 30 个典型城市的能源消费规模的差异主要是由地带内部差异引起的，即在我国各区域内部的城市之间能源消费规模仍然有巨大的空间差异。其中差异最为明显即 Theil 指数值最大的为西部地区，它对总体差异的贡献度均超过 50%，西部地区目前仍是我国城市能源消费规模最不平衡的地区。西部地区人均综合耗能平均值为 5.12 tce/人，最低的两个城市分别为重庆市 1.1 tce/人、南宁市 1.4 tce/人，还未达平均规模的一半；与此同时，最高的两个城市银川市、西宁市的相应指标值则分别达到了 10.97 tce/人、9.35 tce/人，超过了平均规模的一半，与最低的两个城市在指标值上相差较大，如此大的悬殊情况也同样存在于人均生活耗能上。

这样的"极端"情况也存在于中部、东部地区，但仅为个别城市，如中部地区的太原市 12.81 tce/人、长沙市 1.43 tce/人和东部地区的海口市 1.54 tce/人，这些城市是拉大城市间规模差距的原因。而这样的情况在西部地区更加普遍和明显，西部地区可以基本分为以乌鲁木齐市为代表的 3 个极高人均能耗规模城市，平均规模为 9.56 tce/人；以南宁市为代表的 5 个极低能耗规模城市，平均规模仅

为 1.92 tce/人；而规模居中的仅有两个城市：兰州为 5.96 tce/人，呼和浩特市为 6.99 tce/人。两极分化的情况导致了西部地区内部消费规模的极不均衡。

表 7-7 我国 30 个典型城市能源消费规模的空间差异情况

指标	项目	总体	地带间	地带内	东部	中部	西部
人均综合耗能	Theil 指数值	0.25	0.07	0.18	−0.06	0.09	0.14
	贡献度（%）	100.00	28.65	71.35	−24.05	37.98	57.42
人均生活耗能	Theil 指数值	0.14	0.03	0.11	−0.08	0.05	0.14
	贡献度（%）	100.00	23.29	76.71	−57.34	35.09	98.96

7.4.3 中国典型城市能源消费结构的空间差异测度

受我国国情多方面因素影响，煤炭仍然是我国能源消费结构的主体。2005 年，30 个典型城市煤炭消费量在城市能源消费总量中的比重平均达到 54.34%。近年来，随着经济发展其他能源品种（如油品、电力、天然气）在我国特别是城市地区的能源消费中比重日渐上升，2005 年 30 个城市上述 3 种能源消费量之和所占比重平均达到 35% 以上，在相当一部分城市（如北京市、南京市和南昌市等）达到 50% 以上。总体上来说，煤炭、油品、电力和天然气这 4 种能源消费量基本占到了我国城市能源消费总量的 93% 以上，其各自所占比重也基本能代表我国能源消费结构的现状。基于此，本章对这 4 种重要的能源品种的空间消费差异性进行分析（与前文的能源消费结构略有不同）。首先计算案例城市 2005 年 4 种能源的消费量各自占能源消费总量比重，再根据式（7-4）及式（7-5）计算相应的 Theil 指数值，依次对我国城市能源消费结构的空间差异性进行测度。

如图 7-7 所示，从总差异来看，各能源所占比重的 Theil 指数值从大到小排序为天然气（0.60）>油品（0.46）>电力（0.24）>煤炭（0.14），即在 30 个典型城市中，煤炭与电力的使用情况较油品和天然气的使用相对更加均衡。煤炭作为我国传统的基础性能源，在全国各城市的能源结构中都占有较高的比重，特别是在发电、工业、供气等方面发挥着不可替代的作用；电力作为现代工业过程和家庭生活不可缺少的一种能源，在我国是仅次于煤炭而广泛使用的能源，加之国家电网的覆盖输送，很大程度上降低了其使用的区域限制。而天然气作为一种清洁、高效的优质能源，尽管已成为世界三大支柱能源之一，但目前在我国能源结构中所占比例仍然非常低，平均不到3%，它的使用受到了我国天然气管网建设尚不完善的影响。对于管线能够到达的城市，如北京市、重庆市和成都市等城市，天然气在生产生活中都得到非常广泛的使用，而对于一些天然气管网尚未铺设的城市（2005年），如太原市、昆明市等城市，天然气的推广使用依旧十分缓慢，使用量基本为零，这使得城市与城市之间差距非常大。另外，地带内差异仍是造成我国城市能源消费结构空间差异的主要原因，各品种能源的地带内差异对总差异的贡献率均超过80%（图7-7）。

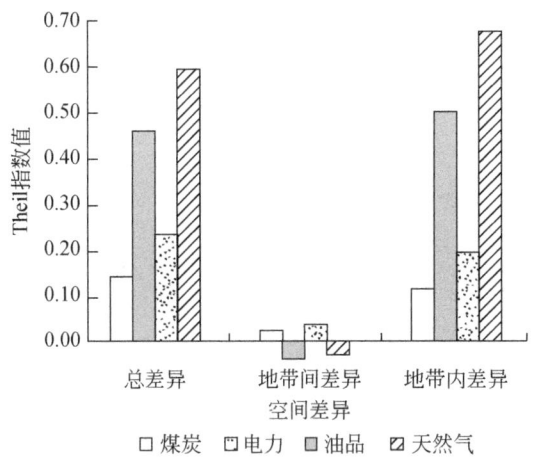

图7-7 我国30个典型城市能源消费结构空间差异

进一步分析可知，4种类型能源的消费均在东部地区各城市之间相差最大（图7-8）。从另一个角度来看，可以说东部地区的能源消费结构较西部、中部地区更加呈现出一种无序化与多样化的特点。东部特别是沿海地区是我国经

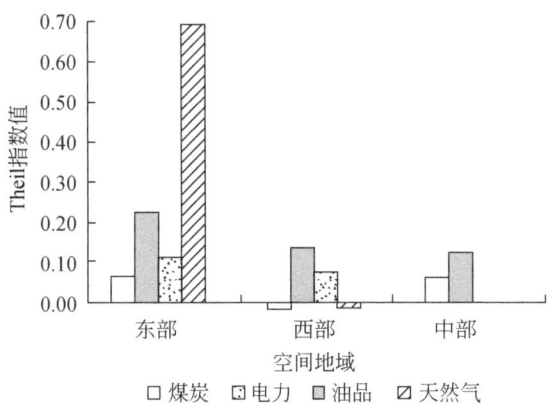

图7-8 三大地带内部能源消费结构空间差异

济最发达的地区，经济处于高速发展的阶段，它们更有能力摆脱我国资源禀赋的"束缚"，对能源的选择利用开始较少受到地域自然、地理条件的影响，体现出需求导向性的特点。各城市在发展过程中，会更加自主地依据当地综合情况对能源选择利用，对能源品种的选择也更加多元化，因而城市个体之间的能源结构相互差异较大。

7.4.4 中国典型城市能源消费效率的空间差异测度

同样，计算我国 30 个典型城市 2005 年万元 GDP 能耗的 Theil 指数值并进行区域分解，结果见表 7-8，同我国城市能源消费规模、结构所体现的空间分异性特点一致，能源消费效率的主要空间差异也存在于地带内部，对总差异的贡献率为 58.9%，且三大区域内部差异从西至东呈现出"V"形变化趋势，即东部、西部地区内部差距较大，中部最小。如果将我国东部、中部和西部目前的发展阶段看作时间序列上的三个阶段来说的话，东、中、西内部差异在空间序列上呈现出"V"形变化趋势也在一定程度上符合了一些学者所提出的"我国经济增长呈"U"形收敛"的结论，即我国经济发展地域差异经历了先缩小而又扩大的收敛过程（Max and Wang，2002），原因是在转型期内的区域差异会较大，东部、西部两个地区均处于较为剧烈的"转型期"，这也许同样是引起两个地区能源消费效率空间差异性显著的主要原因。

表 7-8 我国 30 个典型城市能源消费效率空间差异

项目	总体差异	地带间差异	地带内差异	东部	中部	西部
Theil 指数值	0.54	0.22	0.32	0.13	0.06	0.12
贡献度（%）	100.00	41.10	58.90	24.48	11.26	23.16

虽然东部和西部区域内部能源效率都体现出较大的不均衡性，但引起不均衡的主要原因有所差异。西部地区在国家一系列开发政策的推动下开始快速发展起来，但由于地理、经济条件的限制，西部地区相当一部分城市的发展模式仍是依靠其丰富的资源禀赋发展起来的较为粗放的模式，如兰州市、西宁市、银川市和乌鲁木齐市四个城市的万元 GDP 能耗是平均水平的 2~3 倍，这些城市拉大了地区内部的差异。而对于东部地区来说，相当一部分城市在经历了产业结构、能源结构等调整后，能源效率大幅提高，如北京市、上海市、广州市和海口市等城市，其万元GDP能耗变化区间为0.63万~0.77万元/tce，远远低于30个城市的平均值，这些城市是拉大城市差距的主要原因。

但是，与前面两类指标不同的是，东部地区的 Theil 指数仅略大于西部地区，从表 7-8 中可以看出在能源效率的地区内部差异方面，东部与西部差异对总差异贡献率的差别明显低于前两类指标。并且，我国典型城市万元 GDP 能耗的地带间差异与地带内差异分布比较平均，且 Theil 指数值均较大，这说明我国能源消费的空间差异情况更加的复杂。

7.4.5 小结

通过计算分析 30 个典型城市 2005 年能源消费规模、结构及效率指标的 Theil 指数值发现：

1）目前，我国城市之间能源消费在各方面均存在较大差异，因而实行有差异的分类分区管理将是我国开展各类能源工作的关键。然而这种分区管理不能再以我国传统的三大区域的分类为基础开展，因为区域内部差异占主导地位是目前我国能源消费空间分异现状的一个显著特点，这一点在三类指标上均有体现，特别是在消费规模和结构两类指标上，地带内部差异对总差异的贡献率都非常明显地高于地带间差异。因而在能源管理工作的开展上，需要按照能源消费的特点，重新进行区域划分，但如何选取合适的指标及方法进行区划是有待解决的问题。

2）根据三类指标的总体 Theil 指数值，可以看出中国 30 个典型城市基本上呈现出能源消费效率总差异最大，消费规模总差异次之，而消费结构总差异最小的分布特征。能源效率是我国目前考核"节能减排"工作的主要指标，这一巨大差异说明我们在节能减排策略实施上，对于节能目标的制定不能"一刀切"，要对节能目标进行合理的分解；同时，我们也应对城市间能源消费规模和结构指标的差异加以考虑，不能单纯地将能源效率的提高、万元 GDP 能耗的下降作为工作的唯一目标，要以节能工作为契机，实现区域能源结构的优化调整；同时也不能忽略区域人民所享受的能源福利，提高全民能源水平，从而实施高效、经济、以人为本的节能策略，降低节能减排的相对成本。

3）区域内部差异是我国能源消费空间分异的主要原因，但总体说来，东部地区是城市能源消费结构、效率空间差异最大而能源消费规模差异最小的区域；西部地区是能源消费规模最不均衡、能源效率空间差异较大的地区，中部地区则是能源消费结构、效率差异最小的地区。这些特性都在一定程度上体现了各个地带发展的阶段性特点，能源消费是与城市发展水平、特点紧密相关的，对发展水平、模式处于转型期的区域来说，其内部的城市更易呈现出较大的空间不均衡性，这类区域的调整方向应该是在优化能源系统的同时逐渐缩小个体差距，这样才能实现区域的整体发展。

参 考 文 献

贲兴振,杨宝臣.2005.中国能源消费和经济增长的协整关系分析.哈尔滨理工大学学报,10(4):117-119.

蔡旭娜,赖川波.2010.区域经济增长与能源消费关系的实证检验-基于中国八大经济区域的面板数据.统计与决策,1:113-115.

车树芹.2007.我国区域GDP与能源消费关系的实证研究.东北财经大学硕士学位论文.

陈秀山,徐瑛.2004.中国区域差异影响因素的实证分析.中国社会科学,(5):117-129.

付峰,张鹤丹,王悝.2006.中国城市能源安全指标体系研究.中国能源,28(5):39-43.

高振宇,王益.2006.我国能源生产率的地区划分及影响因素分析.数量经济技术经济研究,23(9):46-57.

国家统计局城市社会经济调查总队.1997.城市统计方法应用.北京:中国统计出版社.

韩智勇,魏一鸣,焦建玲,等.2004.中国能源消费与经济增长的协整与因果关系分析.系统工程,12:17-21.

梁进社,孔健.1998.基尼系数和变差系数对区域不平衡性度量的差异.北京师范大学学报(自然科学版),34(3):409-413.

刘旭华,王劲峰,孟斌.2004.中国区域经济时空动态不平衡发展分析.地理研究,23(4):530-540.

刘源远.2008.中国能源效率的地区差异及收敛性研究.大连理工大学硕士学位论文.

罗芳,刘继伟.2005.未来经济增长对能源的需求.研究与探索,(9):52-54.

齐绍洲,罗威.2007.中国地区经济增长与能源消费强度差异分析.经济研究,7:74-81.

邱灵,申玉铭,任旺兵,等.2008.中国能源利用效率的区域分异与影响因素分析.自然资源学报,23(5):920-928.

尚卫平.2002.我国城市居民可支配收入不平等程度研究.中国软科学,(8):102-121.

史丹.2006.中国能源效率的地区差异与节能潜力分析.中国工业经济,10:49-58.

汪旭晖,刘勇.2007.中国能源消费与经济增长:基于协整分析和Granger因果检验.资源科学,29(5):57-63.

王海鹏,田澎,靳萍.2005.中国电力消费与经济增长的变参数协整关系.华北电力大学学报,(5):48-51.

王鹏.2010.我国能源消费与经济增长关系的区域差异研究.江苏大学博士学位论文.

吴巧生,成金华,王华.2005.中国工业化进程中的能源消费变动—基于计量模型的实证分析.中国工业经济,4:30-37.

王效华,冯祯民.2001.运用聚类分析法进行中国农村家庭能源消费的区域划分.南京农业大学学报,24(4):103-106.

王新华,俞珠峰,李宝山,等.2004.从18个城市看我国人均能耗和单位GDP能耗水平.中国能源,26(5):24-27.

许月卿,贾秀丽.2005.近20年来中国区域经济发展差异的测定与评价.经济地理,25(5):600-603.

徐建华.2005.中国区域经济差异的时空尺度分析.地理研究,24(1):57-68.

杨为民.1992.地区收入差距实证分析.经济研究,(1):70-74.

杨朝峰,陈伟忠.2005.能源消费和经济增长:基于中国的实证研究.石油大学学报(社会科学版),1(1):18-22.

张鹤丹,王悝,付峰.2006.中国城市能源指标体系初探.研究与初探,28(5):42-45.

张晓平.2005. 20世纪90年代以来中国能源消费的时空格及其影响因素.中国人口.资源与环境,15(2):38-41.

赵静.2008.我国交通运输业能源消费及用电分析.中国能源,30(12):27-30.

周一星.2006.城市研究的第一科学问题是基本概念的正确性.城市规划学刊,1(1):1-5.

周玉翠,齐清文,冯灿飞.2002.近10年中国省际经济差异动态变化特征.地理研究,21(6):781-790.

朱松丽.2004.交通需求和交通能源需求预测方法.数量经济技术经济研究,5:100-108.

邹艳芬,陆宇海.2005.基于空间自回归模型的中国能源利用效率区域特征分析.统计研究,10:67-71.

查冬兰,周德群.2007.地区能源效率与二氧化碳排放的差异性.系统工程,25(11):65-72.

Abosedra S, Radchenko S. 2006. Transportation demand for petroleum products in Indonesia: a time series analysis. OPEC Review, 30(3):125-150.

Akarca A T, Long T V. 1980. On the relationship between energy and GNP: a reexamination. Journal of Energy and Development, 5(2):326-331.

Alcantara V, Duro J A. 2004. Inequality of energy intensities across OECD countries: a note. Energy Policy, 32: 1257-1260.

Chen B S, Lai T W. 1997. An investigation of co-integration and causality between electricity consumption and economic activity in Taiwan. Energy Economics, 19: 435-444.

Chen J, Fleshier B M. 1996. Regional income inequality and economic growth in China. Journal of Comparative Economics, 22(2):141-164.

Dhakal S. 2009. Urban energy use and carbon emissions from cities in China and policy implications. Energy policy, 37(11):4208-4219.

Erol U, Yu E S H. 1987a. Time Series analysis of the causal relationship between U.S. energy and employment. Resources and Energy, 9: 75-89.

Erol U, Yu E S H. 1987b. On the causal relationship between energy and income for industrialized countries. Journal of Energy and Development, 13: 113-122.

Fujita M, Hu D. 2001. Regional disparity in China: 1985-1994.The effects of globalization and economic liberalization. Annals of Regional Science, 35(1):3-37.

Galinis A, Van L. 2000. A CGE model for Lithuania: the future of nuclear energy. Journal of Policy Modeling, 22(6):691-718.

Glasure Y U, Lee A R. 1997. Cointegration, error-correction, and the relationship between GDP and electricity: the case of South Korea and Singapore. Resource and Energy Economics, 20: 17-25.

Goldemberg J. 1996. A note on energy intensity of developing countries. Energy Policy,(24):759-761.

Grohnheit P E. 1991. Economic interpretation of the EFOM model. Energy Economics, 13(2):143-152.

Hondroyiannis G, Lolos S, Papapetrou E.2002. Energy consumption and economic growth: assessing the evidence from Greece. Energy Economics, 24(4):319-336.

Huang B N, Hwang M J, Yang CW. 2008. Causal relationship between energy consumption and GDP growth revisited: a dynamic panel data approach. Ecological Economics, 67: 41-54.

Hussain A, Lanjouw P, Stern N. 1999. Income inequalities in China: evidence from household survey data. World Development, 22（12）: 1947-1957.

Jan C, Samuel F. 2004. The energy intensity of transition countries. Energy Economics, 26: 283-295.

Juan A D, Emilio P. 2006. International inequalities in per capita CO_2 emissions: a decomposition methodology by Kaya factors. Energy Economics, 28: 170-187.

Kim T J, Knaap G. 2001. The spatial dispersion of economic activities and development trends in China: 1952-1985. Annals of Regional Science, 35（1）: 39-57.

Knight J, Song L. 1993. The spatial contribution to income inequality in rural China. Cambridge Journal of Economics, 17: 195-213.

Long G Y. 1999. China's changing regional disparities during the reform period. Economic Geography, 75（1）: 59-70.

Matsuoka Y, Kainuma M, Morita T. 1995. Scenario analysis of global warming using the Asian Pacific Integrated Model（AIM）. Energy Economics, 23（4-5）: 357-371.

Max L, Wang E. 2002. Forging ahead and falling behind: changing regional inequalities in post - reform China. Growth and Change, 33（1）: 42-71.

Mielnik O, GoldembergJ. 2000. Converging to a common pattern of energy use in developing and industrialized countries. Energy Policy,（28）: 503-508.

Nilsson L J. 1993. Energy intensity trends in 31 industrial and developing countries 1950-1988. Energy, 18（4）: 309-322.

Oh W, Lee K. 2004. Energy consumption and economic growth in Korea: testing the causality relation. Journal of Policy Modeling, 26: 973-981.

Patlitzianas K D, Doukas H, Kagiannas A G, et al. 2008. Sustainable energy policy indicators: Review and recommendations. Renewable Energy, 33（5）: 966-973.

Patterson M G. 1996. What is energy efficiency?: Concepts, indicators and methodological issues. Energy policy, 24（5）: 377-390.

Permana A S, Perera R, Kumar S. 2008. Understanding energy consumption pattern of households in different urban development forms: a comparative study in Bandung City, Indonesia. Energy Policy, 36: 4287-4297.

Proost S, Regemorter DV. 1992. Economic effect of a carbon tax: with a general equilibrium illustration for Belgium. Energy Economics, 14（2）: 136-149.

Rath N S, Stocks K. 1982. Energy modeling for technology assessment: the MARKL approach. Omega, 10（5）: 493-505.

Ravi K, Zhang X B. 1999. Which regional inequality: the evolution of rural-urban and inland-coastal inequality in China from 1983 to 1995. Journal of Comparative Economics, 27: 686-701.

Ravallion M, Chen S H. 1996. When economic reform is faster than statistical reform measuring and explaining income inequality in rural China. Oxford Bulletin of Economics and Statistics, 61（1）: 33-56.

Roberto E. 2007. Distribution dynamics of energy intensities: a cross country analysis.Energy Policy,（35）: 5254-5259.

Shyamal P, Rabindra N. 2004. Causality between energy consumption and economic growth in India:

a note on conflicting results. Energy Economics, 26: 977-983.

Soytas U, Sari R. 2003. Energy consumption and GDP: causality relationship in G-7 countries and emerging markets. Energy Economics, 25: 33-37.

Steemers K. 2003. Energy and the city: density, buildings and transport. Energy and buildings, 35(1): 3-14.

Sun J. 1998. Changes in energy consumption and energy intensity: a complete decomposition model. Energy economics, 20(1): 85-100.

Sun J W. 2003. The decrease in the difference of energy intensities between OECD countries from 1971 to 1998 .Energy Policy, (30): 631-635.

Tsui K Y. 1991. China's regional inequalities, 1952-1985. Journal of Comparative Economics, 15: 1-12.

Tsui K Y.1993. Decomposition of China's regional inequalities. Journal of Comparative Economics, 17: 600-627.

Vieent A, Juan A D. 2004. Inequality of energy intensities across OECD cuntries: a note. Energy Policy, (32): 1257-1260.

Yu E S H, Choi J Y. 1985. The causal relationship between electricity and GNP: an international comparison. Journal of Energy and Development, 10: 249-272.

Zhang L X, Yang Z F, Chen B, et al. 2009. Temporal and spatial variations of energy consumption in rural China. Communications in Nonlinear Science and Numerical Simulation, 14(11): 4022-4031.

第8章 城市节能目标分解模型

8.1 引　　言

节能减排的本质是正确处理经济发展与资源环境之间的关系（张秀清，2011），在实现低碳目标的同时，最大化地减轻对经济发展的影响，甚至利用相关技术的创新为经济发展提供新的契机。目前，节能减排已经成为全球共识。中国作为发展中国家，在产业发展过程中仍然存在着能源结构失衡、能源效率不高等问题，这不仅制约着低碳经济的发展，也严重破坏了区域生态环境（沙之杰，2011）。节能减排是我国可持续发展的必然选择，也是我国应对资源稀缺和环境承载力有限的挑战的重要途径（李海翔，2009）。

2009 年，中国政府正式提出"到 2020 年单位 GDP 二氧化碳排放比 2005 年下降 40%~45%"，并制定相应的国内统计、监测和考核的办法。近几年，能源需求日趋增加，给国家的节能减排工作带来了更加严峻的挑战。在减排的同时，国家也愈加重视节能工作。"七五"以来，国家制订了许多规划与措施推进节能减排工作，但这些大多只是参考性管理，在很大程度上依赖于地方或企业的自愿性，取得的效果并不明显。为了进一步强化节能工作，"十一五"初期，国务院将降低能源消耗强度作为约束性目标纳入国民经济和社会发展中长期规划中，并从国家层面确定了"单位能源消耗强度（万元 GDP 能耗）降低 20%"的节能目标。至 2010 年末，全国单位 GDP 能耗下降了 19.1%，节能工作初见成效（国家统计局，2011）。鉴于此，国家再次确定"十二五"节能目标：到 2015 年末，全国单位 GDP 能耗下降至 0.869 tce（按 2005 年价格计算），比 2010 年的 1.034tce 下降 16%[①]。"十二五"期间，全国节约能源约 6.7 亿 tce。

地方层次如何落实国家承诺是国家提出的节能减排目标能否实现的关键（Yi et al., 2011）。自"十一五"规划提出"全国单位 GDP 能耗在五年内要降低约 20%"的节能目标后，国内学者纷纷开始关注如何将国家层面的总体目标高效、合理地分解到各个省和直辖市，甚至细化到各个年度上。而城市是能源消耗和温室气体排放的主要贡献者，城市层面的节能减排已成为直接影响全球能源利用开

---
① 国务院办公厅 . 2011.《"十二五"节能减排综合性工作方案》。

发和气候变化战略的重大议题，在城市尺度上开展节能减排工作对整个国家能耗强度的降低具有重要意义。

目前，节能减排工作的难点之一，就在于如何将目标分解并有效贯彻实施。同国家节能目标的分解问题相似，城市各行政区在人口规模、经济结构和能源利用方式等方面都存在不同程度的差异，直接分解强度目标的可操作性较弱。因此在进行节能目标分解时将强度目标转化为总量目标更为科学。此外，若是将节能目标平均分配给各辖区无疑是不公平的，也不具有合理性。因此，城市层面节能目标的分解不能简单地平均，必须兼顾各项因素。

本研究选取北京市作为案例城市，旨在将全市总的节能目标自上而下进行分解，以便将总的节能任务科学合理地分配到所辖区（县），使其更加符合当地的经济发展和能源消费模式，确保地区经济增长的平稳性和经济发展的相对公平性。因此，本章探讨北京市节能目标的分解，不仅有助于政府制定科学、合理的区域节能减排政策，为优化未来节能减排工作提供定量化依据，也能为其他省份、直辖市节能任务的分配提供一定的参考和借鉴。

8.2 节能减排目标分解国内外研究进展

如何科学、合理和公平地将节能减排目标在区域间、行业间甚至时间上进行分解，是国内外面临的重要技术性难题。国内外许多权威科研机构和学者也提出了众多模型和方法，但大都集中在对污染物减排指标的分解上，尤其是针对国际碳减排目标的分解。

8.2.1 碳减排目标的区域分解研究

对碳减排的分解，国内外采取的分解原则主要考虑了公平性和效率性（Ringius et al.，2002；Torvanger and Ringius，2002）。王金南等（2011）在两大主流原则上增加了一项可行性原则，并提出碳减排目标区域分解过程中货币化减排成本也需要被纳入考虑范围，要充分考虑不同区域经济水平、减排的资金投入能力和公众生活水平的受影响程度。这三个原则可以作为"共同但有区别的责任"的根本支撑（刘春兰等，2013）。Yi等（2011）还提出，在进行碳减排目标分解时，除以上因素外，区域的可持续发展也是一个重要的考虑因素。也就是说，一个科学可行的分解方法应该在公平性、效率性、可行性和可持续发展四大原则中保持均衡（祁悦和谢高地，2009）。

目前学界已提出许多碳减排目标分解方案。《京都议定书》签署之前，"各国减排率一致"一度成为国际碳减排目标的主流分解方法,但这种方法对处在经济发展阶段及新兴工业化国家来说可接受度并不高(Grubb,1989)。基于GDP排放的分解方案(Grubb,1989)也受到了GDP体量较小的国家和发展中大国的反对。在这些早期分解方法的基础上,后期发展起来的方案多将工业能源利用效率、人均碳排放量和GDP作为分解模型的核心因素,从不同角度代表碳减排目标分解的公平性和效率性等原则,大大提高了方案的合理性和可接受度。Phylipsen等(1998)提出将综合人均CO_2排放量、GDP、CO_2/GDP值和人均GDP作为分解参数,采用等权加和方法构建模型。瑞典斯德哥尔摩环境研究所提出的GDR(greenhouse development rights)方案将人均GDP和人均累计排放作为减排承担能力和承担责任的定量表征,采用两个参数的乘积关系(幂函数修正)来构建排放分解模型(Baer et al.,2008)。

"三部门法"(triptych sectoral approach)是目前极少数在实践中得到了应用的碳减排目标分解方案。它是一种基于部门的自下而上的方法,在碳减排目标的分解模型中具有较高的影响力。它将各国排放源分为三个部分:电力、工业(能源密集型)及其他行业(交通、服务等)。早期提出的Triptych模型,电力部分侧重考虑能源结构,工业部分侧重考虑能源利用效率,其他行业和生活福利相关,侧重考虑人均GDP和人均CO_2排放(Phylipsen et al.,1998),通过三部门各自的减排量加和构成国家减排量。Triptych方法是欧盟成员国之间减排量分配的核心方法,它充分考虑了区域工业节能潜力和各国之间的差异。如果把欧盟看作一个"国家",则欧盟向各成员国的减排量分配与我国各省的排放量分配的情形非常类似。因此,Triptych模型对我国碳减排目标的区域分解具有重要的借鉴意义。

自中国在国家层面向国际社会明确了碳减排的目标后,国际社会及国内学界尤其关注该目标确定科学与否、能否按时实现、是否会延缓中国经济社会发展的进程及不同区域的减排分担率如何确定等问题(Shi et al.,2010;姜克隽等,2009;丁仲礼,2010;孙根年等,2011)。中国当前碳减排目标的区域分解是在省级层面的区域之间进行的,这与国家之间的目标分解还存在一定差异。而且Triptych模型结构复杂,其潜力核算部分所需要的参数较多,直接应用于我国当前的碳减排目标分解存在一定的不合理性。因此,国内一些学者在借鉴Triptych模型思想和国家之间分解原则和方法的基础上,结合我国的实际情况,尝试构建了一些中国碳减排目标区域分解模型。一类是以历史数据为基础,建立中国内地不同省区的碳减排环境学习曲线(ELC),并依据该理论模型进行碳减排目标的地区分解;另一类分解模型则较为综合和复杂。例如,王金南等(2011)提出的中国区域分解模型(China regional burden differentiation model,CRBDM),将人均CO_2排放量、人均GDP、工业增加值能耗、工业增加值能耗变化趋势和非化石能源占一次能源消费比重作为分解参数，采用五个参数的几何平均法计算分解因子，构建出分解模型；Yi等（2011）提出的以人均GDP、累积碳排放量和单位工业增加值能耗作为碳减排承担能力、承担责任和承担潜力的表征，采用三个参数的赋权加和方法构建分解模型。这些减排目标分解的模型和方法对节能目标的分解也具有一定的参考意义。

8.2.2 国内节能目标分解概况

近年来，国家发展和改革委员会、国家环境保护局及相关部门先后共同修订了一系列考核能耗的统计指标、考核方案等，并制定了诸多节能减排政策；部分地区及其相应的部门也在充分考虑本地区实际情况和经济水平的条件下，对地区节能减排方案和措施提出了具体规划。

在对节能目标如何分解的探讨上，已有研究大多从节能途径、节能目标与产业结构的关系等角度进行。从中不难发现，我国在节能工作上过于强调产业结构的调整，忽视了整体结构特别是消费结构的调整；在制定和实施节能减排的相关政策时，过分偏重产业部门忽视非产业部门，导致相关政策缺乏针对性。

关于节能目标如何向下级区域分解的研究主要是从"十一五"国家提出具体节能目标后开始的。官义高（2006）构建了相应的模型，对"十一五"提出的20%节能降耗目标如何在各年分解，如何向各省份分解进行了研究。丁乐群等（2007）利用因素替代法建立了单位GDP能耗分解模型，分析了中国1994~2005年单位GDP能耗及其影响因素的历史轨迹和变化特征。韩亚芬和孙根年（2008）统计分析了全国各省份15年间单位GDP能耗与人均GDP的关系，依照"学习曲线"的理论，构造出一条"能源学习曲线"来分解各省份的节能减排任务。樊元和王洪波（2008）构建了相应的分解模型，探讨了省区节能目标向地市分解，并在此基础上根据相关统计数据将甘肃省"十一五"期间20%节能目标分解到所辖区域。

8.3 北京市节能目标分解研究

8.3.1 原则与指标

为完成北京市"十三五"节能目标，本研究综合人口布局、经济水平、产业结构和环境容量等因素，建立了一个能充分反映区域资源环境特征的节能目标分解体系，将总的节能任务合理分配到各地区。本研究仅作为方法和可行性的探讨，结果数据不作为节能总量分配的依据。

借鉴国际上应对气候变化的经验,对于北京市节能目标的分解主要考虑三个决策因素,可简单概括为"责任""能力""潜力",见表8-1,每一个因素都可以用两个具体的分解参数来量化。

表 8-1　区域节能目标分解的量化指标

决策因素	含义	分解参数
责任	地区在一定时期内的能耗量	2010～2014年累积人均能耗
		2010～2014年累积单位面积能耗
能力	地区为实现节能目标所具备的财政和社会经济能力	人均GDP
		财政收入
潜力	地区改善能耗强度的可能性	单位工业增加值能耗
		煤炭在一次能源消费中所占的比重

责任代表某地区在一定时期内对城市总能源消费量的累积贡献。根据我国环境保护"谁开发,谁保护;谁污染,谁治理"的基本原则,向环境中排放了更多污染物质和消耗了更多资源的地区,理应承担更多的节能减排任务,节能目标也应与当地累积能耗量成比例地分解到该地区。本研究在对北京市的节能目标向其各辖区分解的过程中,主要运用了2010～2014年的累积人均能耗和累积单位面积能耗两个分解参数来量化责任这一因素。

能力是指某地区为完成相应节能任务所能提供的经济和技术支持。对一些经济相对落后或者处于发展中的地区来说,尽管其责任指数很大,应该承担更高的节能指标,但其自身的经济能力和节能技术并不足以支撑其完成分配的节能任务。在进行节能目标的分解时,这一点也是要充分考虑到的。人均GDP是经济学中衡量经济发展状况最重要的宏观经济指标之一,它可以准确地从个体的角度来衡量一个地区的经济发展水平。财政收入主要由地方财政预算收入和预算外收入构成,对完成节能目标具有重要的现实意义。因此,在考虑责任的基础上,运用人均GDP和财政收入两个分解参数,将各地区经济能力和技术水平也纳入考虑范围。

潜力这一因素表征了一个地区降低能源消耗强度的可能性,与之相联系的两个分解参数分别是单位工业增加值能耗和煤炭在一次能源消费中所占的比重。作为中国的能源密集型行业,工业部门的能源消耗量在总能耗中占据了很大比重。因此,工业部门是提高能源效率的一个关键点,具有很大的节能潜力。目前的研究更倾向于通过优化产业结构和提高能源利用效率来降低工业部门的能源强度。此外,中国以煤炭为主导的非可持续能源结构,也为提高能源利用效率提供了巨大的潜力。中国政府已经提出了相应改善方案,促使国家能源结构从煤依赖型向多元化发展,进而提高能源利用效率,达到节能减排的目的。

对责任、能力和潜力三个决策因素的数值量化能更加形象具体地反映出不同地区之间的社会条件差异。每一个决策因素的值可以用式(8-1)进行定量计算。X 表示某个决策因素,X_1 和 X_2 则分别表示量化该因素的分解参数。

$$X=\sqrt{X_1 \times X_2} \tag{8-1}$$

8.3.2 北京市节能目标分解方案

根据决策者对责任、能力和潜力三个决策因素权重设置的不同,可以划分出四类不同的分解方案。各方案中每项因素的权重值分配见表8-2。

方案一:等权分配型(equal weighting,EW),即决策者对三种决策因素并无任何偏好。在这种情况下,每项决策因素所占的权重比例是相等的,权重值均为0.33。

方案二:责任优先型(responsibility preferring,RP)。决策者在进行权重分配时,倾向于将能耗量作为分解节能目标的主要因素,因此赋予责任因素较大的权重值,为0.6,能力和潜力所占比重均为0.2。这也就意味着,在过去5年中消耗了更多自然资源的区(县)为实现北京市"十三五"节能目标需要做出更多的努力。

方案三:能力优先型(capacity preferring,CP)。决策者更倾向于将能力作为分解节能目标的主要考虑因素。因此,能力因素的权重值为0.6,高于责任和潜力的权重值(0.2)。经济发展水平较高的区(县)具备更好的财政基础和技术条件,在节能降耗上具有一定的优势,向其分配相对重的节能任务更有助于完成全市总的节能目标。

方案四:潜力优先型(potential preferring,PP)。该方案中,决策者分配给潜力因素的权重最大,为0.6,责任和能力两项决策因素均为0.2。在这种情况下,一个区(县)节能任务的轻重在很大程度上取决于当地工业部门的能源利用效率和该区(县)的能源结构。

表 8-2　4 种分解方案中各决策因素的权重值

权重	EW 方案	RP 方案	CP 方案	PP 方案
W_R	0.33	0.6	0.2	0.2
W_C	0.33	0.2	0.6	0.2
W_P	0.33	0.2	0.2	0.6
总计	1	1	1	1

注：因四舍五入，权重加和不一定等于 1。

确定了各项决策因素的权重后，利用式（8-2）可以计算出综合指数 K_i，K_i 值越大，该地区分配到的节能指标也越高。

$$K_i = W_R \times R_i + W_C \times C_i + W_P \times P_i \tag{8-2}$$

式中，K_i 表示 i 区（县）的综合指数（$i=1, 2, \cdots, 16$）；R_i、C_i 和 P_i 分别表示利用式（8-1）计算出的区（县）i 的责任、能力和潜力的 X 值在该因素总和中所占的比重；W_R、W_C 和 W_P 分别表示各项因素的权重值。利用 6 个具体的分解参数结合起来构建的综合指数 K_i 来衡量某区（县）在北京市总的节能目标中应承担的份额，相比于某个单一的指标更加科学合理，可接受度也更高。

8.3.3　北京市节能目标分解模型

根据《北京市"十三五"时期节能降耗及应对气候变化规划》，总节能目标是：以 2015 年为基数，到 2020 年底单位 GDP 能耗降低 17%（因 2015 年数据暂未发布，本研究选取 2014 年作为基数年，总的节能目标为到 2019 年底单位 GDP 能耗降低 17%）。为了进一步明确节能减排的责任，使节能任务精准地落实到各区（县）并有效完成，综合考虑北京市内各区（县）的经济发展水平、节能减排潜力及其他社会因素等的影响，本研究拟对北京市"十三五"节能目标的分解问题进行探讨，并构建相应的分解体系，根据北京市 16 区的具体情况进行节能目标分解。

本章研究区域为北京市 16 区，所用数据均来自北京市各区统计年鉴和各区统计局，因 2015 年数据暂未发布，选取 2010～2014 年的数据作为"十三五"节能目标分解的数据基础。

北京市"十三五"总节能目标为 17%，则利用式（8-3）可以计算出剩余系数 C 的值。

$$C = 1 - Y \tag{8-3}$$

$$I_{2019}=C \times I_{2014} \quad (8\text{-}4)$$

式（8-3）中，C 表示剩余系数；Y 表示总节能目标 17%。式（8-4）中，I_{2014} 和 I_{2019} 分别表示北京市在 2014 年和 2019 年的单位 GDP 能耗。对于每一个区 i，则有

$$I_{i2019}=C_{i2019} \times I_{i2014} \quad (8\text{-}5)$$

北京市在 2019 年的总能耗量 E_{2019} 可以由式（8-6）和式（8-7）计算得出。

$$E_{2019}=I_{2019} \times \text{GDP}_{2019} \quad (8\text{-}6)$$

$$E_{2019}=\sum_{i=1}^{n} I_{i2019} \times \text{GDP}_{i2019} \quad (8\text{-}7)$$

根据是否考虑边际节能成本这一因素，可以构建出两个不同的分解模型，即模型 A 和模型 B。

(1) 节能目标分解模型 A

模型 A 是一个忽略了边际节能成本的简化模型，各区（县）节能指标 Y_i 与综合指数 K_i 是成比例的，即节能指标 Y_i 与综合指数 K_i 之间存在线性关系，如式（8-8）所示：

$$K_1/Y_1=K_2/Y_2=K_3/Y_3=\cdots=K_n/Y_n \quad (8\text{-}8)$$

$$Y_1=\frac{\sum_{i=1}^{n} I_{i2014} \times \text{GDP}_{i2019} - I_{2014} \times (1-Y) \times \text{GDP}_{2019}}{\sum_{i=1}^{n} I_{i2014} \times \text{GDP}_{i2019} \times \frac{K_i}{K_1}} \quad (8\text{-}9)$$

将 Y_1 值代入式（8-8），各区（县）的节能指标就很容易计算得出了。

(2) 节能目标分解模型 B

模型 B 是指数模型。在模型 B 中，对节能目标的分解不仅考虑到了责任、能力和潜力三项，同时将边际节能成本也作为一个重要的决策因素纳入模型中。如前所述，某地区的综合指数 K_i 值越大，该地区所应当承担的节能任务就越重，剩余系数 C_i 的值就越小，当地的能耗强度（单位 GDP 能耗）也越低。除此之外，随着边际节能成本的增加，减少一个单位能耗强度所需成本也会随着上升。式（8-10）中关于 K_i 的指数函数可以很好地将这一关系表达出来。

$$C_i=f(K_i)=a\exp(-K_i) \quad (8\text{-}10)$$

式中，a 表示根据具体情况而计算出的参数。

$$a=\frac{C \times I_{2014} \times \text{GDP}_{2019}}{\sum_{i=1}^{n} \exp(-K_i) \times I_{i2014} \times \text{GDP}_{i2019}} \quad (8\text{-}11)$$

得出剩余系数 C_i 值后，结合式（8-3），就可以计算出各区（县）应该承担的节能指标 Y_i。

8.4 结果与讨论

8.4.1 线性模型 A 分解结果与解析

根据线性模型 A 计算出来的北京市节能目标分解结果如图 8-1 所示。从图 8-1 中可以看出，在任何一种分解方案中，西城区、朝阳区和顺义区的节能指标均高于北京市总的节能目标 17%，这也意味着这 3 个区在完成北京市总的节能任务中需要更大程度地降低自身的能耗强度。从而也间接反映出，西城区、朝阳区和顺义区消耗了更多的自然资源，经济发展水平比其他 13 区更快，在提高工业能源效率和优化能源结构方面可供挖掘的节能潜力更高。与之相反，门头沟区、平谷区和延庆区等区需要承担的节能任务比重更小一些。

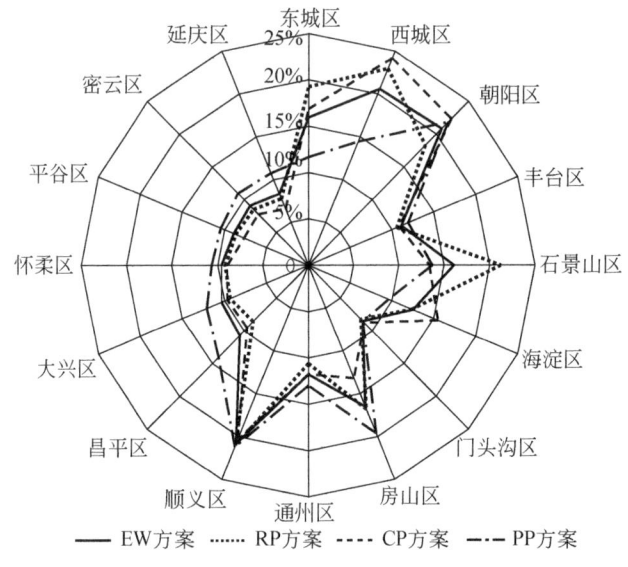

图 8-1 北京市节能目标分解图——模型 A

在 EW 分解方案中，西城区、朝阳区和顺义区承担的节能任务更重，其中，顺义区的节能指标最高，为 20.85%。门头沟区、平谷区和延庆区等区承担的节能任务相对较轻，该方案中，分配给延庆区的节能指标仅为 8.35%。

将责任作为主要考虑对象时（RP 方案），西城区和延庆区分别承担了最高节能指标 22.95% 和最低节能指标 7.76%。石景山区的节能指标为 21.23%，仅次于西城区。顺义区作为北京市东北部发展带的重要节点、重点发展新城之一，工业发达，能耗量大，因此也承担了较高的节能指标，为 21.03%。这些高能耗城区一般都分布在城市的经济发达区域，如西城区、东城区和朝阳区等，它们在经历快速工业化和城市化带来经济繁荣的同时，也消耗了更多的自然资源，对环境造成的影响更大，理应为降低能源强度做出更多的贡献。石景山区和顺义区等以重工业为主要发展类型的区域对能源消耗量的贡献也相对较大，也应承担更重的节能任务。平谷区、昌平区、密云区和延庆区等区由于对能源消耗量的贡献不大，承担的节能指标也相对较低。任一个体区域都有利用自然资源来发展本体经济的权利，为了保证公平发展的原则，有更大能源需求的地区更需要改进能源结构，控制能源密集型产业的发展，努力构建一种高效低碳的经济发展模式。同时，发达地区也应为发展中地区提供一些技术方法改善其能源利用方式，以缩小区域之间的发展差距。

CP 方案认为能力是加剧各区节能指标两极分化程度的主要因素。其中，西城区的节能指标最高，为 24.17%，延庆最低为 6.58%。相比其他 3 个方案，CP 方案中最高降耗目标和最低降耗目标差值最大，其主要原因就在于在过去的 5 年里，西城区和延庆区两个城区的经济发展水平呈现出巨大的差异分化。西城区在 2014 年的人均 GDP 为 23.44 万元，居 16 城区之首，而延庆区的人均 GDP 仅为 3.16 万元。朝阳区和顺义区分别作为北京市城市功能拓展区和城市发展新区，近几年人均 GDP 增长迅速，能为节能减排提供更多经济和技术上的支持。

对 PP 方案而言，着重考虑潜力这一因素时，各区节能指标之间的差异程度明显较前 3 个方案缓和。朝阳区、顺义区和房山区的节能指标相对较高，分别为 21.84%、21.20% 和 19.61%。其中，朝阳区和顺义区继承了以煤炭为主导的传统能源消费模式，煤炭消费占一次能源的比重分别为 37.43% 和 23.76%。房山区在向多元化能源结构模式转型的过程中，虽然减少了对煤炭的依赖，较高的单位工业增加值能耗依然致使该地区需要承担较高的节能指标。

8.4.2 指数模型 B 分解结果与解析

在节能目标向下级辖区分解的过程中，除了责任、能力和潜力三项决策因素，分解模型的选择对最终分解结果也会产生决定性的影响。在指数模型 B 中，边际节能成本也作为一个重要的考虑因素纳入分解体系。如图 8-2 所示，西城区和顺义区在四种分解方案中的节能指标均高于北京市的总节能目标 17%。模型 B 避免了极端分配，在任一种方案中，各区间节能指标的差异程度均小于模型 A。

结果表明,在将边际成本纳入分解体系的条件下,模型 B 能减轻在模型 A 中节能指标较高的地区在接下来 5 年里应承担的节能任务,而对于在模型 A 中节能指标较低的部分地区,它们在模型 B 的结果中则被分配了更重的节能任务。

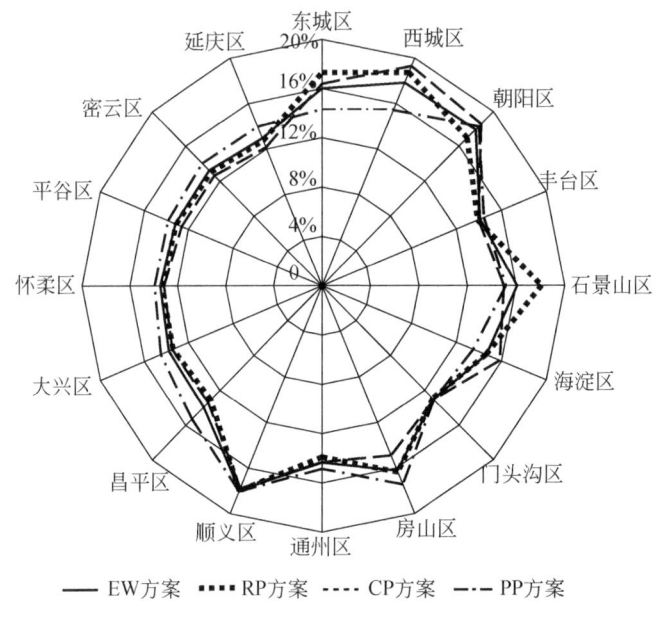

图 8-2 北京市节能目标分解图——模型 B

EW 方案对朝阳区、顺义区和西城区三区的节能要求依然较高,与模型 A 计算出的结论一致。其中,朝阳区和顺义区的节能指标均为 17.93%,西城区为 17.83%,均远小于模型 A 里该方案下的计算结果。而延庆区在该方案中承担了最低的节能指标为 12.94%,相较于模型 A 中的 8.35% 有所增加。

在 RP 方案中,西城区、石景山区、顺义区和东城区承担的节能任务较重,分别为 18.73%、18.07%、17.99% 和 17.30%,最低节能指标落在延庆区,为 12.74%。

拥有高人均 GDP 和高财政收入的地区能更有力促进节能政策的实施,如购进能效高的设备或投资创新节能产品。利用模型 B 计算出的 CP 方案中,西城区的节能指标 19.28% 依然居 16 城区之首。除此之外,经济发展较快的朝阳区和顺义区两区也分别分配到了 18.56% 和 17.77% 的节能指标。尽管这些城市的节能成本相对较高,强大的经济能力依然足以支撑其在节能减排技术上有所突破。相比之下,一些经济欠发达的城区,由于资金限制、技术匮乏,完成节能任务的能力也有限,如密云区、平谷区和延庆区,其节能指标均低于 16%。因此,通过政府责任建设、革新融资机制和为经济较落后地区提供技术援助等方式加强区域合作，将更有利于北京市整体能源强度的降低。

根据 PP 方案计算出的最高节能指标和最低节能指标分别为朝阳区 18.29% 和门头沟区 13.07%。顺义区由于其单位工业增加值能耗和能源消费中的煤炭比重均高于平均水平，承担了 18.05% 的节能指标，仅次于朝阳区。从国家层面来看，中国在加速工业化的进程中，许多省份，尤其是位于西北欠发达地区的城市，发展经济的模式仍专注于能源密集型行业与过时的技术设施，导致单位工业增加值能耗较高。这种情况同样也发生在北京市，房山区在 2014 年的人均 GDP 仅为 5.01万元，位于北京市第七位，而其单位工业增加值能耗已达到 1.89tce/万元，超出东城区近 10 倍，因而该区在 PP 方案中也分配到了较高的节能指标。PP 方案的结果也表明，地方政府尝试引导一种更加高效、合理的能源消费方式会为北京市挖掘巨大的节能潜力。中国北方拥有丰富的煤炭资源，在北京市的部分地区煤炭在能源消费中依然占据主导地位。优化能源结构不仅有利于能源利用效率的提高，而且对能源供应安全和缓解气候变化都有一定的正面促进作用。

8.4.3 两模型对比分析

从图 8-3 和图 8-4 中可以看出，在模型 A 中，同一城区在不同分解方案中分配到的节能指标差异普遍大于模型 B。例如，在模型 A 中，西城区根据 CP 方案计算出的节能指标值为 24.17%，在 PP 方案中为 14.45%，两者差值达到了 9.72%。

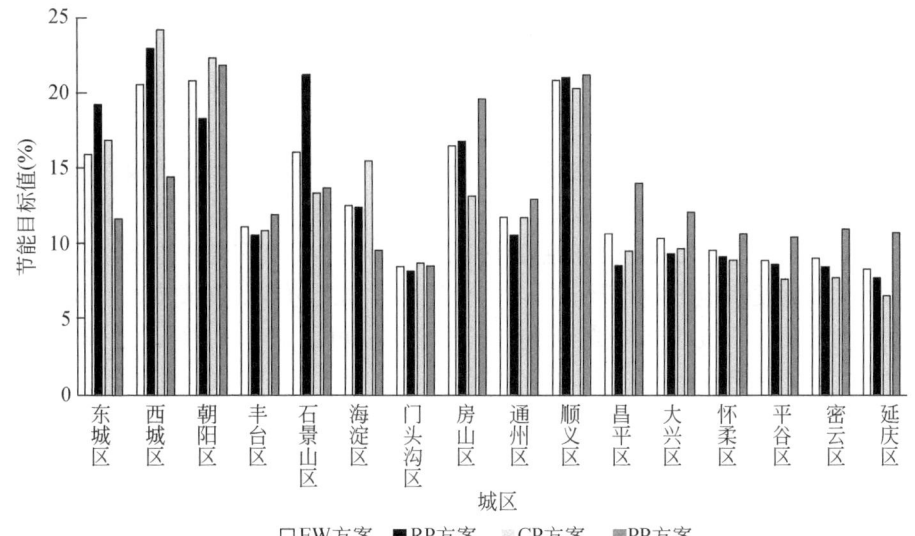

图 8-3　各城区在四种分解方案中的节能目标值——模型 A

对于不同城区，在同一分解方案中得出的节能指标差异也很明显：CP方案中，节能负担最大的西城区（24.17%）和节能负担较小的延庆区（6.58%）之间的差值达到了17.59%；RP方案、PP方案、EW方案节能负担最大的城区与负担最小的城区之间指标差值分别为15.19%、13.29%和12.50%。在考虑边际节能成本的模型B中，无论是不同方案还是不同城区之间的对比，这种差异化趋势均得到了缓解。西城区CP方案（19.28%）与PP方案（15.43%）的差值仅为3.85%。门头沟区各分解方案节能指标极差为0.15%。在同一分解方案中（如CP方案），西城区（19.28%）与延庆区（12.14%）的差值为7.14%，远小于模型A中的结果。

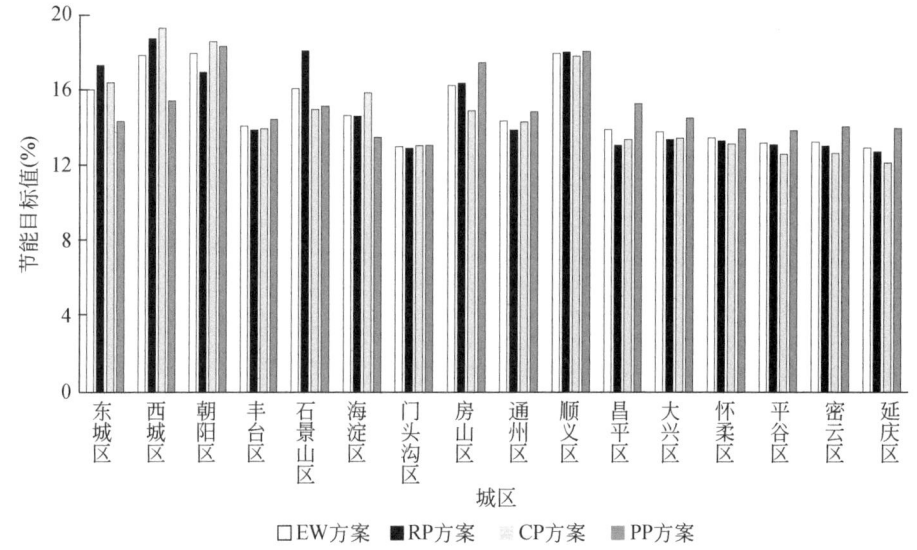

图8-4 各城区在四种分解方案中的节能目标值——模型B

无论是在模型A还是模型B中，不同城区之间节能指标最大极差均出现在CP方案中（图8-5）。这也表明，过去5年的经济能力是导致各城区节能指标出现差异的关键因素。如果政府在制定区域节能政策时，更多地考虑各地区的经济发展状况和较发达地区随着节能技术的升级而增加的边际节能成本，就能有力提高节能政策在各区域的可接受度。但这并不意味着可以忽略其他两个决策因素（责任和潜力）在节能目标的公平分配中的作用。"十二五"期间，中国政府在将节能任务落实到地方时，并未仅选择单一的分解方案，而是针对各省份的具体情况综合了不同方案来进行整体节能目标的分解。对于以重工业为主的能源密集型省份（如山西、内蒙古等），政府分配给这些省份的节能指标与PP方案的结果更为一致。对于部分经济相对发达的城市（如北上广等），政府则会更多地考虑到这些地区的能力因素及增加的边际节能成本。

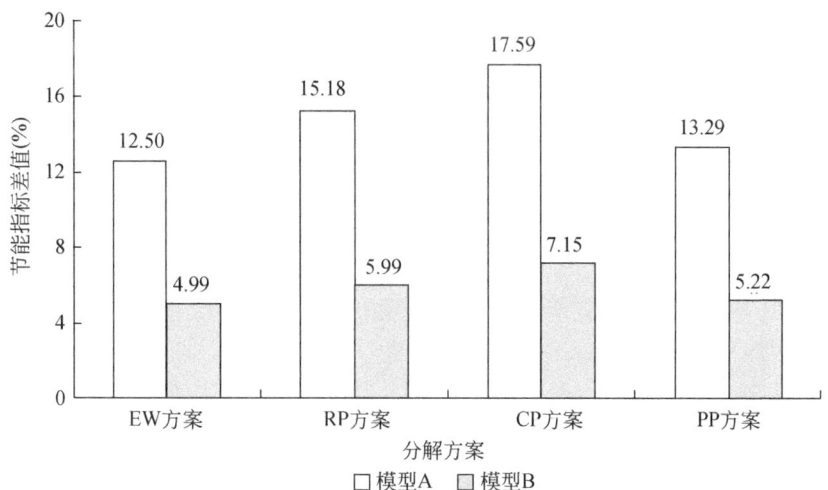

图8-5 不同分解方案中最大节能指标与最小节能指标差值

8.5 结论与政策建议

8.5.1 主要结论

本研究基于公平、可行和高效三大原则，利用一个自上而下的分解体系将北京市整体节能目标分解到各辖区。在这个分解体系中，根据是否纳入边际节能成本这一因素建立了线性模型A和指数模型B，并根据决策者对责任、能力和潜力三项因素的权重的分配提出了EW、RP、CP和PP四种分解方案。通过对两种模型中不同分解方案结果的分析，主要得到以下结论：

1）本研究运用自上而下的分解方法，将北京市在"十三五"期间应承担的节能任务分配到所辖区，使节能目标的分解实现了由模糊到具体、从定性到定量的转化，建立了一个完整的节能目标分解体系。整个分解体系包含线性模型A和指数模型B两个模型，以及在每个模型中的四种不同分解方案。经过验证分析，地区的人均GDP、财政收入、累积人均能耗、累积单位面积能耗、单位工业增加值能耗及煤炭在一次能源消费中的比重六个分解参数对地区节能目标的分解都有不同程度的影响。

2）不同分解方案中对不同决策因素的权重设置也是影响最终分解结果的重要因素。在模型A中，这种影响较B更为明显。将边际节能成本纳入分解体系构建模型 B 后,这种影响将会减轻。因此,政府在分配节能任务时,除了定量考虑责任、能力和潜力三个决策因素,还应充分考虑边际节能成本带来的影响。

3)本研究中节能目标的分解方法主要是针对整个市区能耗强度降低指标向所辖区科学合理地分配而提出的,因此该方法不仅适合于北京市节能目标的分解,对其他省份及直辖市也具有一定的借鉴参考意义。

8.5.2 政策建议

根据以上研究结果并结合北京市产业发展实际情况,提出如下政策建议:

1)转变产业调整策略,发掘节能减排潜力。"十三五"期间在继续对高污染、高耗能企业进行调整兼并和扩大第三产业空间的同时,还应侧重推进产业结构的升级、提供有高附加值的产品和服务。同时强调工业企业的技术节能和管理节能,并挖掘第三产业的节能潜力。

2)逐渐调整能源消费结构,提高能源利用效率。"十二五"期间,虽然北京市能源消费结构有所转变,但部分地区的能源消费中煤炭依然占据主导地位。因此,着重推进新能源和可再生能源的开发,提高新型能源在能源消费中的比重将会为节能减排带来重大突破。

3)倡导绿色生活,提升居民素质。加大节能减排的宣传力度,倡导低碳出行、绿色办公等生活方式,培养居民环保意识,均会对北京市的节能减排工作起到一定的促进作用。

总体来说,在推进节能减排工作的过程中,政府扮演主导角色去激励地方在节能减排上做出努力,促进区域共同合作,使各地区的利益保持一个长远的平衡互利关系,能更有力地促进低碳经济更快更好地发展。

参 考 文 献

丁乐群,翟绘景,何青,等.2007.单位 GDP 能耗的分解模型及其分析.能源研究与信息,3: 146-153.

丁仲礼.2010.对中国 2020 年 CO_2 减排目标的粗略分析.陕西能源与节能,(3):1-5.

樊元,王红波.2008.节能指标分解模型探析——基于甘肃省的实证分析.河南科技大学学报(社会科学版),(6):78-81.

官义高.2006.GDP 能耗降低指标如何分解.中国能源,9:19-22,31.

国家统计局.2011.中国统计年鉴(2010).北京:中国统计出版社.

韩亚芬,孙根年.2008.我国"十一五"各省区节能潜力测算.统计研究,1:43-46.

姜克隽,胡秀莲,庄幸,等.2009.中国 2050 年低碳情景和低碳发展之路.中外能源,14(6):1-7.

李海翔.2009.节能减排:实现可持续发展的必然选择.大众用电,2:3-4.

刘春兰, 蔡博峰, 陈操操, 等. 2013. 中国碳减排目标的地区分解方法研究述评. 地理科学, 9: 1089-1096.

祁悦, 谢高地. 2009. 碳排放空间分配及其对中国区域功能的影响. 资源科学, 31（4）: 590-597.

孙根年, 李静, 魏艳旭. 2011. 环境学习曲线与中国碳减排目标的地区分解. 环境科学研究, 24（10）: 1194-1202.

沙之杰. 2011. 低碳经济背景下的中国节能减排发展研究. 西南财经大学硕士学位论文.

王金南, 蔡博峰, 曹东, 等. 2011. 中国 CO_2 排放总量控制区域分解方案研究. 环境科学学报, 4: 680-685.

张秀清. 2011. 节能减排构建和谐——以乌海市为例浅议资源型城市节能减排的重要意义. 内蒙古煤炭经济, 1: 49-52.

Baer P, Athanasiou T, Kartha S. 2008. The Right to Development in a Climate Constrained World. Berlin: Stockholm Environment Institute.

Grubb M. 1989. The Greenhouse Effect: Negotiating Targets. London: Royal Institute of International Affairs.

Phylipsen G J M, Bode J W, Blok K, et al. 1998. A triptych sectoral approach to burden differentiation: GHG emissions in the European Bubble.Energy Policy, 26（12）: 929-943.

Ringius L, Torvanger A, Underdal A. 2002. Burden sharing and fairness principles in international climate policy. International Environmental Agreements: Politics, Law and Economics, 2(1): 1-22.

Torvanger A, Ringius L. 2002. Criteria for evaluation of burden-sharing rules in international climate policy. International Environmental Agreements: Politics, Law and Economics, 2（3）: 221-235.

Shi M J, Li N, Zhou S L, et al. 2010. Can China realize CO_2 mitigation target toward 2020. Journal of Resource and Ecology, 1（2）: 145-154.

Yi W J, Zou L L, GuoJ, et al. 2011. How can China reach its CO_2 intensity reduction targets by 2020?a regional allocation based on equity and development. Energy Policy, （39）: 2407-2415.

第 9 章　我国城市群发展与系统分析

9.1　城市群的发展及其生态环境问题

9.1.1　城市群是城市演化和发展的新阶段

世界城市发展的进程呈现出区域化、群体化的发展态势,即城市在一定的范围内聚集、组合而逐步形成区域性的城市群体。城市群就是基于这样的客观现实而提出的一个概念,它是城市化发展到成熟阶段(即地带性城市化阶段)的城市地域空间组织形式,是城市化进入高级阶段的标志。

20世纪初以来,人们对城市群这种特殊的区域产生了浓厚的兴趣,并相继提出许多相关概念,主要有城市群(urban cluster; urban agglomerations)、大都市带(megalopolis)、都市圈、大都市区(metropolitan area)、有卫星城的大都市(conurbation)、城镇功能组合区(desakota area)、城镇群(town cluster)、大都市管区(metropolitan district)、城市功能区(urban function area)、城市场(urban field)、城镇体系(urban system)和城市地区(city region)等。这些概念大体来讲都是对城市群发展状态的描述,但其间又有一定的区别。虽然这些提法的出发点和侧重点不同,但有其共同的一面,即在城市化的过程中(范围扩大和数目增多),城市空间布局上呈现高度集中的形态,反映在工业项目布局集中、人口集中、技术力量集中和区域性基础设施集中等方面,城市用地的比例越来越高,城市与城市间的农田分界带日渐模糊,城市地域相互蔓延,甚至连成一片。目前,一般认为世界上有五大比较成熟的城市群,分别是:①美国东北部大西洋沿岸大城市群;②美国五大湖区大城市群;③日本东海岸大城市群;④英国大城市群;⑤欧洲西北部大城市群。其中,以美国东北部的"波士华"城市群和日本东海岸城市群最为典型。

我国城市有着悠久的发展历史,早在公元前3000年前就有偃师(郑州)商城、殷墟及洛邑等重要城市。但在"匠人营国"[①]的时代,生产力水平低,社会

[①] 参见《周礼·考工记》。

结构重农轻商，区域性基础设施很不完善，交通体系也没有形成，城市是"独立"的。其中很重要的原因就是，中国城市群落的发展受到"礼"[①]和"以农立国"的传统思想的影响较为根深蒂固，封建社会经济结构制约着城市的发展（傅筑夫，1982）。

中华人民共和国成立特别是改革开放以来，我国的城市化进程逐渐加快，城市高度集聚，向外围扩散形成城市群的态势日渐明显。与发达国家相比，我国的城市群虽然起步较晚，但发展速度迅猛。从20世纪70年代开始在我国东部地区逐渐发展形成了珠江三角洲城市群、长江三角洲城市群和京津唐城市群三大跨省级行政区域的一级城市群及辽中南、成渝等次一级的城市群（表9-1）。

表9-1 我国城市群发展阶段的判定

发展阶段	城市群名称	分值[①]
相对成熟阶段	长江三角洲城市群	87.4319
	珠江三角洲城市群	82.3824
	京津唐城市群	80.6538
	辽中南城市群	76.3852
	成渝城市群	67.5620
	关中城市群	65.5892
	中原城市群	64.7431
过渡发展阶段	湘中城市群	63.5824
初级发展阶段	略	略

资料来源：刘荣增，2003。
① 作者通过建立指标体系评价所得的值。

由于不同的专业背景和研究目的，以及广义、狭义等的各种理解，国内外关于城市群的概念有不同的表述，仅就法国地理学家Gottmann所发表的 *Megalopolis or the Urbanization of the Northeastern Seaboard* 一文中的Megalopolis一词（Gottmann，1957），国内就有诸如"巨大城市带"（于洪俊和宁越敏，1983）、"大都市带"（史育龙和周一星，1996）、"大都市连绵带"（刘敏，2005）、"城市群"（周一星和杨焕彩，2004）和"大都市圈"（邹军和王学峰，2005）等各种各样的提法[②]。

概念界定很多时候是一项难度极大的工作，特别是在非实验科学领域，一些最初由国外学者提出的概念（如城市群），在引入国内时，就往往出现各种各样的提法，有些忠于原意进行翻译，有些对国外的提法进行了扩展和修正。当然，

---
① 简单说，"礼"代表着等级，古代城市规模和形制有严格的等级限制。
② "我国大城市连绵区的规划与建设问题研究"项目组．2004．中国大城市连绵区的规划与建设．专题十：大城市连绵区相关概念研究．北京：中国建筑工业出版社．

在科学研究中，各种概念和理论观点的学术争议也一直没有停止过。但在本研究中，对于城市群概念微小的差异性理解并不影响本研究的初衷和目的。为此，本研究引用较有代表性的《中国城市群》一书中的定义：所谓城市群是指在特定的地域范围内具有相当数量的不同性质、类型和等级规模的城市，依托一定的自然环境条件，以一个或两个特大城市（或大城市）作为地区经济的核心，借助于现代化的交通工具和综合运输网的通达性，以及高度发展的信息网络，发生与发展着城市个体之间的内在联系，共同构成一个相对完整的城市"集合体"（姚士谋等，2001）。在书中姚士谋等（2001）同样提到"关于城市群区域范围的界定，我们始终认为是相对的，局部性地域的，不可能有明确的、绝对的界限"。

英国学者 Friedmann 和 Weaver（1979）认为，城市群的形成发展大致可分为 4 个阶段：第一个阶段是工业化以前的农业社会，尽管出现了由村庄组合而成的城邦式城市，但由于生产力水平很低，各个城市仍然处于自给自足的孤立状态，很少与外地发生经济、社会联系；第二个阶段是工业化初期，出现了点状分布的城镇，此时由于投资有限，只能选择资源丰富、交通便利，或人口稠密、市场条件好等区位优势明显的城市进行重点开发，以便产生聚集经济的效应；第三个阶段是工业化的成熟期，此时城市的中心——边缘结构逐渐转变为多核心结构，边缘的部分优势地区得到开发，形成区域性的大城市和大市场，产生了城市群的经济基础；第四个阶段是工业化后期，卫星城发展很快，区域性的基础设施（交通、通信等）逐渐完善，使各城市间的经济文化联系日益加强，产生了相互吸引与反馈作用，形成一体化的城市网络，即城市群。

9.1.2 城市群的区域经济集聚效应明显

城市群地区日益成为国内外城市发展和经济增长最具活力的地区。组团式城市群是大、中、小城市"结构有序、功能互补、区域优化、共建共享"的镶嵌体系，不同规模、不同类型和不同结构的城市在平面上集结成群，在整体结构上呈现出产业结构、社会结构和人才结构的调配，从而在区域发展上产生规模效应、辐射效应和联动效应，以寻求资源利用的空间最大"整合交集"，最大限度地分享"发展红利"，体现出城乡互动、区域一体的特征（杨时民等，2006）。2005 年长江三角洲、珠江三角洲及京津唐 GDP 总量达 64 803 亿元，利用外资 447.46 亿美元，分别占全国的 35.40% 和 70.14%（表 9-2），城市群区域经济在我国发展中的地位可见一斑。

当今城市群已成为全新的国家参与全球竞争与国际分工的基本地域单元，它的发展深刻影响着国家的国际竞争力，对国家经济持续稳定发展具有重大意义。

表 9-2　2005 年中国典型城市群 GDP 和外资利用情况表

区域	GDP		实际利用外资	
	总量（亿元）	占全国（%）	总量（亿美元）	占全国（%）
长江三角洲	33 963	18.55	260.26	40.79
珠江三角洲	18 059	9.86	110.6	17.33
京津唐	12 781	6.98	76.6	12.02
总计	64 803	35.40	447.46	70.14

资料来源：国家统计局，2006。

9.1.3　城市群生态环境问题的区域性和复合性

快速的城市化导致国家经济、人口和产业过分集中于某一地带，相应地带来了一系列弊端，突出地表现为：导致区域生态平衡破坏；加剧区域经济发展失衡与区际差异扩大；城市基础设施的连绵扩张吞食大量良田；企业外迁造成城市政府财税锐减，中心城市渐趋衰退。

我国正面临着世界上最为严重的现代城市"病"问题，如水资源短缺、能源匮乏、水质恶化、大气污染、垃圾肆虐、生态破坏、交通拥挤、噪声扰民、人居环境恶化和居民健康水平下降等。这些问题已对我国的社会经济发展产生了一系列触目惊心的惩罚性影响（黄国和等，2006），并且作用于城市群地区，出现了新的特点和趋势，使环境问题具有更大复杂性。

城市群的发展往往依托一定自然环境条件（如三角洲河口地带、大河流域及平原盆地等），其资源条件和原生态基础往往具有很强的相似性，加之产业的高密度和集群性，导致其环境问题必然也是区域性的。由于城市群的存在，各种污染物排放后在整个区域内输送、转化、再输送，形成区域内的高浓度水平，并通过大气中的均相、非均相化学反应互相耦合。大气、水等各界的污染问题又通过界面物质交换紧密联系，城市群经济活动效益的 1＋1＞2 的系统机理同样作用于环境问题，使环境问题的区域性又进一步演化为复合性，问题的严重性已经不仅仅在于排污总量的简单增加和生态破坏范围的扩大，还在于生态环境问题无论在类型、规模、结构还是在性质上都发生了深刻的变化，已出现大气、水体、土壤污染相互作用的格局，区域性和复合性特征明显（图9-1），对生态系统、食品安全和人体健康构成了日益严重的威胁，并存在随时集中爆发的隐患。

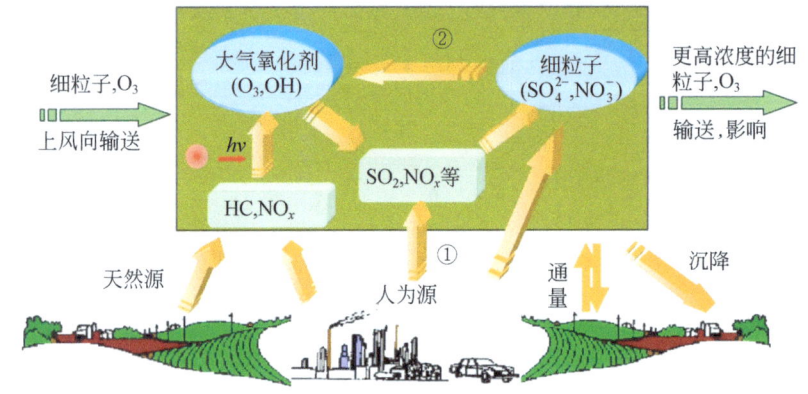

(a) 大气复合污染形成机制

①城市群的影响：污染物排放、输送、转化；②高浓度的大气污染(O_3、细粒子)同时存在下的耦合机制

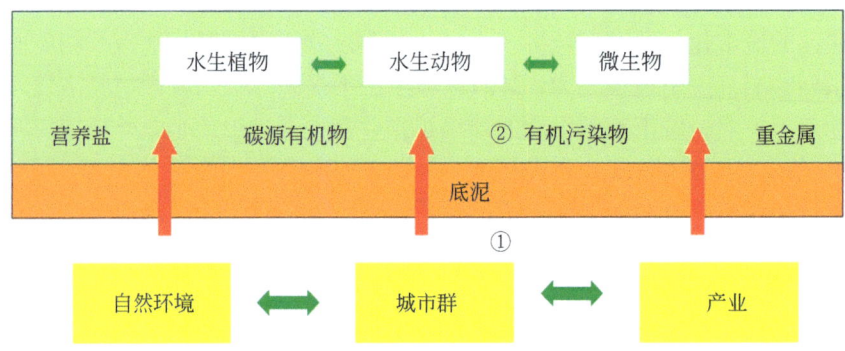

(b) 水污染复合形成机制

①城市群的影响：污染物排放、输送、转化；②碳源有机物、氮磷营养物、难降解有机物和重金属共存下,水体的复合污染及其特有的反应

图 9-1 城市群区域复合污染形成机制（江家驷，1997）

以灰霾问题为例，空气中悬浮的灰尘、酸性化合物及有机碳氢化合物等粒子可导致大气能见度恶化，当能见度 <10 000m 时，将这种由非水成物组成的气溶胶系统所造成的视程障碍称为霾或灰霾。灰霾会导致辐射减少、空气品质恶化，诱发呼吸道疾病；会使生物气溶胶更加活跃，传染病增多；会严重影响植物的呼吸作用和光合作用；还将影响区域气候变化，导致灾害性气候频发。

从图 9-2 可以看出，改革开放后随着经济规模不断扩大，广州市灰霾天气数目迅速上升，并伴随着 3 次大的波动，分别代表与珠江三角洲经济发展相伴随的气溶胶污染、硫酸盐加气溶胶污染和光化学过程的细粒子加硫酸盐加气溶胶的复合污染时期。特别是近年来随着珠江三角洲运输业高度发展，机动车尾气污染引发的光化学污染在珠江三角洲出现,再叠加上直接排放的气溶胶和硫酸盐粒子,珠江三角洲进入了大气复合污染的时代(吴兑等,2006)。据闻泽(2006)提供的 2001~2005 年灰霾天气的统计数据(表 9-3)显示:2002 年,广州市灰霾 65 天;2003 年,灰霾 87 天;2004 年更达到了 142 天。这就意味着,在 2004 年,广州市 5 天中就有近两天出现灰霾,数量比 2003 年多了近一半。广州市灰霾爆发的总天数不仅逐年增加,连续出现的天数也在逐年增多。2003 年连续灰霾最长是 15 天,2004 年增至 20 多天。

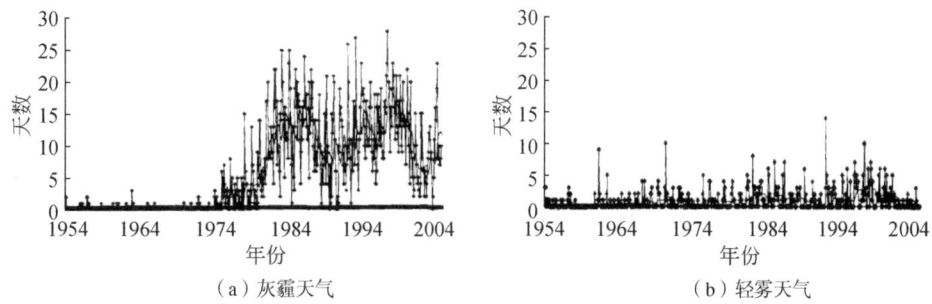

图 9-2　广州市过去 50 a 灰霾天气和轻雾天气的长期变化趋势(吴兑等,2006)

表 9-3　珠江三角洲各地 2001~2005 年出现灰霾天气日数表　　(单位:天)

城市	2001 年	2002 年	2003 年	2004 年	2005 年	平均
广州市	56	65	87	142	132	96
佛山市	174	123	159	170	130	151
东莞市	32	35	154	190	165	115
肇庆市	88	63	85	91	86	83
中山市	26	37	26	17	14	24
惠州市	3	1	6	5	19	7

资料来源:闻泽,2006。

大气污染演化的过程与我国城市化进程是息息相关的。随着经济的快速增长和城市化进程的不断加速,我国以煤为主的能源结构造成的煤烟型污染和由机动车排放引起的光化学污染共存和相互耦合,表现在城市和区域大气环境中细粒子浓度的急剧升高。同时,日益密集的高层建筑群严重阻碍了风的水平流动,对污染物横向稀释的能力减弱;另外,由于城市化导致了地表状况的变化,城市上空长期存在逆温层,垂直方向的逆温现象又导致了人类活动直接排放的大量粒子和污染气体等污染物滞留在低空。因此，当气象条件稳定时，便会出现区域性灰霾现象。煤烟型污染和因机动车尾气造成的光化学污染的共存，是造成我国灰霾天气的根本原因，这与许多发达国家在煤烟型污染得到有效控制后才出现机动车尾气污染的情况不同。而珠江三角洲城市群所独有的"组团式"结构特征，使得这一地区的灰霾天气发生频率更高，程度更为严重。由于城市群迅速膨胀，城区高层建筑群越来越多，建筑的高度越来越高，如广州市城区目前在20层以上的建筑达7000多栋，最终结果是城市长期笼罩在灰霾之中，能见度日渐恶化。

9.1.4 城市群生态经济系统研究的紧迫性

城市生态经济系统是一个高度复杂的复合系统，是自然过程与人文过程的混合体，涉及社会、经济、政策、资源、文化和环境等子系统。每个子系统又包含多个层次与组分，且各子系统之间及其内部组分之间存在错综复杂的互动关系，呈现异常复杂的多目标性和动态性，而城市群的扩展使其更为复杂。

长期以来城市生态研究多是针对特定的生态环境问题，或者仅限于对"水""气""声"（噪声）"渣"（垃圾）等要素进行定量分析，较少真正从系统的层面来研究问题的成因与解决途径，而且对城市生态系统的生态过程及城市生态系统演变趋势与规律认识不足，难以满足现代城市规划、管理的需要，因此必须对城市生态系统进行系统层面的解构和定量分析。

若把城市系统等同于生命有机体，我们不但可以更加形象地理解现代城市维持其系统运行的复杂性，而且可以转换视角，获得从系统层面上分析城市生态系统的思路。尽管两者不完全是同类的事物，但却具有相似的地方。正如人体新陈代谢与生命活动中需要消耗物质和能量一样，城市的运转也依赖于持续不断的能量、资源和信息的供应，因此我们可以从物质输入、转化、储存及废弃物的排放等过程对城市系统进行分析（Odum，1989；Baccini and Brunner，1991），将城市生态系统作用过程分解为三个部分：生命支持系统、城市生产消费过程和城市代谢产物（图9-3）。对人体来说，消耗掉的是食物和水分，能量被利用或储存起来，而废弃物和热量则被释放到大气、陆地和水域中。在一个城市中，"新陈代谢"贯穿于物质的利用、能量的消耗和城市的发展中：一部分物质和能量被作为城市基础设施储存起来，物质和废弃物通过人工循环系统进行迁移，伴随着这一系列过程，污染物被排放到大气、陆地和水系中。以上这些"城市代谢速率"都是可以被定量测定的，通过对这些过程的测定可以定量解析城市生态过程的效率（Warren-Rhodes and Koenig，2001），并估测这种代谢产物对环境所造成的影响。也就是说，通过对城市生态经济系统各种生产与消费活动中物质代谢、能量转换、水循环和货币流通等过程的研究，可探讨城市生态系统的生态效益、环境负荷、动力机制及其调控办法等，这正是生态经济学的研究范畴之一（Martinez-Alier，1987）。对城市生态经济系统进行分析，将有助于对城市系统的组成、结构、演变，以及物质与能量循环进行全方位综合分析，从而从本质上把握城市系统运行的内在规律，为从根本上解决现代城市"病"问题提供有效的理论基础和方法体系。

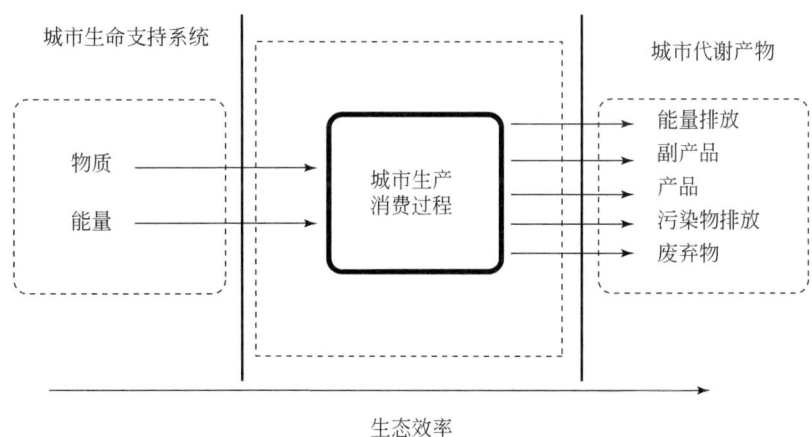

图 9-3　城市生态经济系统解析示意图

具体到中国的城市群，目前已经进入经济社会结构快速转型期，区域间竞争更加激烈，区域间生产要素的流动呈现出大规模、大流量和高速度的特征，城市群开始了新一轮的生产要素空间集聚过程。有两个问题随之提出：不同城市群中城市之间的生态效率或者其生态竞争力相比较的话，结果如何呢？同一城市群不同规模的城市之间在资源利用、环境负荷及整体效率是如何的呢？这就需要对中国城市群典型城市的生态经济系统进行对比研究，从而从整体上了解中国城市群在发展过程中基于不同资源禀赋条件、城市定位和政策导向下的城市生态系统属性和生态效率。

9.2　国内外研究现状

9.2.1　城市群研究的回顾和概述

对城市群的研究始终是城市地理学和城市规划学领域研究的核心内容和热点（张京祥，2000），在此没有必要也不可能对城市群的研究历史进行非常详细的论述，仅对关键性的人物和著作进行回顾，以及对当前研究的新动向进行分析。

在城市群研究的过程中，有几个里程碑式的人物需要指出：①霍华德，其主张将城市周围地域的城镇纳入城市规划的考虑范围，正是通过"组合群体"来协调和发展，提出了"田园城市模式"，建议以围绕大城市的分散、独立和自足的田园城市解决大城市的矛盾，并提出"城镇群体"（town cluster）的概念（Howard，1898），这一般被认为是国际上最早提出的与城市群相类似的概念，其后这种模式被恩温进一步发展为"卫星城"理论而广泛被应用于大城市的规划与调整中。②格迪斯，现代城市规划的奠基人之一、英国的生物学家和规划师，通过对英国城市的研究，1915年出版了 *Cities in Evolution* 一书，并预见性地提出了城市将扩散到更大的范围内聚集、连绵而形成新的群体形态。他认为一些特定地区，城郊的发展造成了一种趋势，使城镇结合成巨大的城市群（urban agglomerations 或称 conurbations）（Geddes，1915）——这是格迪斯提出的一个新概念。③芬兰的沙里宁，1918年提出了"有机疏散"理论，并于1943年出版了 *The City: Its Growth, Its Decay, Its Future*，其强调城市是有机的生命体，城市群体发展应当从无序的集中变为有序的疏散，同期基于城市群体的规划研究，在一些大城市发展中都有体现，也表明了城市群体的研究渐渐受到重视。④戈特曼，法国地理学家、现代意义上城市群研究的开拓者，他在考察北美城市化后发表著名的 *Megalopolis or the Urbanization of the Northeastern Seaboard*，其指出在大都市带中，支配空间的形式已不再是单一的大城市或都市区，而是聚集了若干都市区。他在提到包括中国长江三角洲在内的世界几大城市群后，进一步预言："城市群"是城镇群体发展、人类社会居住形式的最高阶段，具有无比的先进性，而必然成为21世纪人类文明的标志。然而戈特曼在其最近的新作 *Since Megalopolis* 一书中对其早年许多忽视社会、文化和生态的观点做了修正（Gottmann and Harper，1990）。⑤费里德曼提出经济发展与空间演化相关模式，反映了城市群的发展阶段与过程，提出了城市群形成和发展的四个阶段（Friedmann，1979）。

当前，经济全球化和以信息技术为标志的革命极大地促进了城市群研究，但重点仍旧是全球、区域范围内城镇体系的组织结构。Bunnell等（2002）在评估了吉隆坡大都市带区信息、技术和运输交流联系特征的基础上，分析了近几十年全球化进程发展过程中该城市的社会空间扩展演变过程。同时，3S技术的发展为研究城市形态提供了有力的工具。例如，Huang等（2007）借助遥感手段，利用77张遥感影像对亚洲、美国、欧洲、拉丁美洲和澳大利亚的城市群进行了研究，发现发展中国家的城市群聚集程度反而比发达国家更为强烈。

20 世纪 80 年代以来，中国学者借鉴了西方相关城市（镇）群体空间的理论与概念，也提出了一系列基于中文语境的相关理论概念。Zhou（1988）提出都市连绵区（metropolitan interlocking region，MIR）概念；崔功豪和王本焱（1992）结合长江三角洲城市群的研究，指出根据城市群发展的不同阶段与水平，前瞻性地划分城市群结构为 3 种类型：城市区域（city region）、城市群组（metropolitan complex）和巨大都市带（metropolis）；姚士谋等（2001）出版了专门以城市群为研究对象的著作《中国城市群》。

针对城市群区域的大气污染、水污染和土壤污染等，也有很多学者从环境科学的角度进行了研究。例如，Jacobson 等（1976）很早就研究了美国东北城市群地区的酸雨问题；Longhurst（1989）研究了英国曼彻斯特地区的 NO_x 污染问题；Wackernagel 和 Rees（1996）则以生态足迹（ecological footprint）的概念来反证人类必须有节制地使用"空间"这种资源。但相比较城市群的空间结构和经济体系，对城市群地区的生态环境问题研究相对薄弱，从系统层面开展城市群生态经济系统的研究几乎空白，关注经济竞争力，却不关心生态竞争力。

9.2.2 城市生态研究现状

城市化过程中所产生的一系列生态、环境和社会问题早为各国所重视。过去几十年来，为探索一条人与自然协调发展的道路，各国学者从不同层次、不同角度及不同时空尺度对城市这样一个复杂的巨系统开展了研究，产生了大量的科研成果（黄国和等，2006）。例如，不少学者从景观生态学角度，借助于 GIS 研究了城市土地利用变化、生境破碎的生态效应特别是对生物多样性的影响进行了分析（Marzluff，2001；Miller and Hobbs，2002；Berling-Wolff and Wu，2004）；Butler 和 Schütze（2005）、Huang 等（2007）研究了城市的污水排放和管理系统；当然，城市森林（Tyrväinen et al., 2003）、能源消费（Lenzen et al., 2004）和城市大气污染（Hao et al., 2007）等方面也是研究的热点，在此不再一一赘述。

从系统性研究城市生态问题的角度来看，美国的 LTER（long term ecological research）网络最有代表性，从 1997 年开始对巴尔的摩和凤凰城的生态系统进行研究，并首次对城市中的生态学研究与城市生态学研究加以区分：指出前者是研究城市中的生态过程与其他环境的差异、城市（人口集中与人类活动）对生态过程的影响等，主要研究内容包括城市中的动植物分布特征、物种多样性与外来物种的影响等，城市过程与城市环境变化对物种空间分布的影响等；而后者则是真正将城市作为生态系统来研究，即如何将城市中的不同组成部分联结为一个有机整体，研究有机体与环境之间的能量与物质联系、有机体的新陈代谢、景观单元（patch）的动态变化和土地利用的生态影响等。巴尔的摩和凤凰城城市生态系统研究不仅研究城市中的生态学，而且更努力开发城市生态学。可以说，巴尔的摩和凤凰城城市生态系统研究，不仅建立了一体化的城市生态系统的理论框架，而且在研究方法上也取得了重要进展。尽管这项研究还处于起步阶段，但在推动城市生态学系统研究方面是卓有成效的，是继 MAB（人与生物圈计划）之后在城市生态系统研究方面最重要的实践领域，对城市生态学理论体系的完善发挥重大作用（刘力，2001）。

随着对城市生态系统复杂性的认识不断深化，学者也深刻地认识到对城市生态系统的研究必须是自然科学与社会科学的方法综合。近几十年来，生态学、环境科学及社会科学的研究方法在城市生态系统的研究中得到成功的应用，并发展了一系列将自然过程与社会经济过程联系起来的综合分析方法，如 Odum（1996）提出的能值分析法（emergy analysis）、Wackernagel 和 Rees（1996）提出的基于土地利用的生态足迹法、Costanza 等（1997）提出的自然资产评价法及 Sciubba（2001）提出的扩展方法等，以及基于人类行为的或综合自然与社会经济的城市生态系统模型（Helbing et al.，1997；Berkowitz et al.，2002）。此外，生态健康、城市代谢和物质流分析等概念和方法也逐渐被引入城市生态系统的分析（Wolman，1965；Newman，1999；Huang et al.，2006；Tzoulas et al.，2007）。这些研究逐渐形成三门城市可持续发展的应用生态学分支（王如松，2000）：一是产业生态学（industrial ecology），研究产业及流通、消费活动中资源、产品及废物的代谢规律和耦合方法，促进资源的有效利用和环境正面影响的生态建设方法；二是人居生态学（built ecology），研究按生态学原理将城市住宅、交通、基础设施及消费过程与自然生态系统融为一体，为城市居民提供适宜的人居环境（包括居室环境、交通环境和社区环境）并最大限度减少环境影响的生态学措施；三是城镇生命支持系统生态学（life-support system ecology），研究城镇发展的区域生命支持系统的网络关联、景观格局、风水过程、生态秩序、生态基础设施及生态服务功能等（图 9-4）。

近年来，中华人民共和国科学技术部、国家自然科学基金委员会及一些国际合作项目又在北京市及周边地区、长江三角洲、长江上游和珠江三角洲等区域开展水、气、土污染形成机制与调控原理的研究，但长期以来城市生态环境问题的研究多是针对特定的生态环境问题或城市生态系统的单一要素（如空气污染、水问题等）进行研究，没有从城市生态系统的整体来研究问题的成因与解决途径，而且对城市生态系统的生态过程及城市生态系统演变趋势与规律认识不足，难以满足现代城市规划、管理的需要。

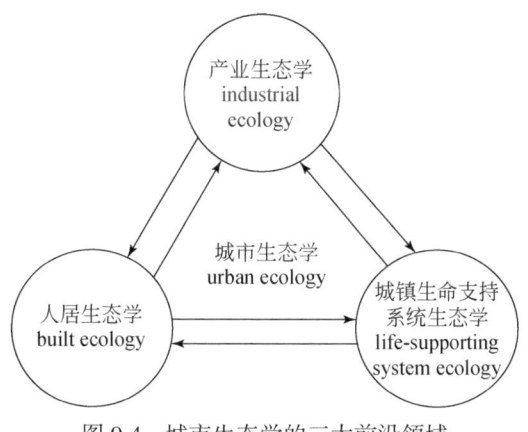

图 9-4 城市生态学的三大前沿领域

9.2.3 能值分析研究现状

Odum（1982）认为城市生态系统和自然生态系统有相似的演替规律，都有发生、发展、兴盛、波动和衰亡等过程，并且认为城市演替过程是能量不断聚集的过程。Sciubba 等（2008）认为解决系统复杂性问题最好的办法就是研究系统的热力学属性。黄书礼（2004）也认为生态系统结构与功能的复杂性，可以通过"能量"贯穿其中来描述系统的复杂性，并进一步了解能量驱动生态系统的作用机理。

大多数关于能量方面的研究，基本上都重在探讨热力学定律，或者从生物能量学方面进行研究。仅有极少数生态学家和环境学家，坚持由广义、系统的观点出发，探讨人类、生态系统与能量流动之间的关系，进而提出能量流动在人地关系中所扮演的角色，Odum 就是其中的典型代表（Odum，1971，1983，1996）。

能值理论是 Odum 在生态学研究中的一个伟大创举，也是从生态系统食物链和热力学原理中引申出来的重要概念，以能量定律、系统学和系统生态学为理论基础，将生态系统和经济系统的各种形式的能量归为太阳能来评价自然过程和人类经济活动，对自然系统和经济系统的资源、服务或商品的价值进行定量分析。它为定量分析生态系统和复合生态系统提供了一个衡量和比较各种不同种类、不可比较能量（能量流、物质流、经济流和信息流）的共同尺度和标准（Odum，1996；蓝盛芳等，2002），单位为太阳能焦耳（solar emjoules，缩写为 sej）。

作为一种全新的生态核算方法，能值理论尽管曾备受批评和争议（Hau and

Bakshi, 2004a; Maud, 2007), 但经过 30 多年的发展, 能值理论已形成了相对比较完整的理论体系, 提供了一系列用于生态系统可持续性分析与评价的指标体系 (Brown and Ulgiati, 1997, 2004), 被广泛应用于对湿地生态系统、农业生态系统、工业生产系统及区域生态系统的发展现状与可持续性的评价与分析中 (Nelson et al., 2001; Brown and Ulgiati, 2002; Lefroy and Rydberg, 2003; Yang et al., 2003; Higgins, 2003; Zuo et al., 2004; Chen et al., 2006; Cavalett et al., 2006), 为生态管理与生态设计提供决策上的指导。

目前, 研究领域的扩展和方法的改进仍然是能值分析方法研究的重点, 如将能值方法和其他生态热力学方法、环境核算方法（如生态累积㶲、体现能、扩展㶲）等评价方法进行比较和融合 (Sciubba and Ulgiati, 2005; Chen and Chen, 2006; Bastianoni et al., 2007)。其中, Hau 和 Bakshi (2004b) 认为: 当确定合理的参照系和系统范围后, 生态累积㶲和能值就达到了概念上的统一, 可以将两种方法的优点结合起来。殊途同归, Chen (2005, 2006) 提出了宇宙 (cosmic exergy) 的概念, 并建立了体现㶲 (embodied exergy) 和能值的换算关系。

但是, 将能值方法应用于城市生态方面的研究却非常少, 黄书礼的工作几乎独树一帜 (Huang et al., 1995; Huang, 1998; Huang et al., 2001; Huang and Hsu, 2003; Huang and Chen, 2005; Huang et al., 2006; Huang et al., 2007)。他在其专著《都市生态经济与能量》中大力倡导城市能量学, 为从系统生态学角度研究城市生态经济系统提供了可供参考的分析框架和体系。

9.3 珠江三角洲城市群概述

9.3.1 珠江三角洲范围界定

珠江三角洲是我国南亚热带最大的、濒临南海的冲积平原。从地理学的角度, 珠江三角洲通常是指西江羚羊峡、北江芦苞和东江石龙以下的平原地区, 实际上是由西江三角洲、北江三角洲和东江三角洲复合而成的、边缘由山地所围绕的古海湾充填式三角洲。

经过不断的发展, 珠江三角洲由地理概念延伸到现在经济区域的概念。广东省人民政府在 1995 年编制《珠江三角洲经济区域城市群规划》时, 规定了本区的范围包括 25 个城市和 3 个县 (未包括港澳), 具体包括广州市、深圳市、珠海市、佛山市、江门市、中山市、东莞市和惠州市的惠城区、惠阳区、惠东区和博罗区, 以及肇庆市的瑞州区、鼎湖区、高要区和四会区等地, 总面积有 4.16 万 km^2, 占广东省总面积的 23.4%。

9.3.2 自然社会经济概况

由于地处亚热带季风气候区,珠江三角洲暖湿多雨:北部以广州市为代表,多年平均气温为21.8℃,1月平均气温为13.3℃,7月平均气温为28.4℃,年平均降水量为1694mm;南部河口海岸区以深圳市为代表,多年平均气温为22.4℃,1月平均气温为14.1℃,7月平均气温为28.2℃,年平均降水量为1925mm。

珠江三角洲属于由珠江水系带来的泥沙堆积而成的复合型三角洲,包括低山丘陵、台地或侵蚀阶地、堆积阶地平原、泛滥平原、现代三角洲平原和滨海滩涂六类地貌类型,西、北、东三面环山,南部河口山岭升高,形成珠江三角洲独特的"三江汇合,八口分流"地貌特征。与黄河、长江三角洲不同,珠江三角洲地貌水文上表现为多汊道的良好水网,广宽深水河道众多,多年年平均当地径流总量为420.5亿m^3。

珠江三角洲地带性植被是亚热带常绿阔叶林,受人类频繁活动的影响,区域内原生植被破坏严重,目前大部分林地为人工林,地带性土壤主要为赤红壤和红壤。由于气候上热量和辐射丰富,植被生长旺盛,种类众多,动物繁生,对农业生产至为有利。从类型上看,珠江三角洲与红河及湄公河三角洲等热带型三角洲近似。在我国热带地区较稀少的国情下,应重视充分发挥珠江三角洲的热带性优势和潜力。

作为我国改革开放最早的地区,20多年来珠江三角洲劳动密集型加工制造业及外向型经济的快速发展,吸引了大量人口向珠江三角洲迁移集聚。随着经济的快速发展,该地区的社会发展呈现出农村工业化程度高、城乡一体化进程快等特点,土地利用率高达96.53%。根据2000年第五次人口普查结果,珠江三角洲总人口为4150万人,人口密度已达1028人/km^2。与此同时,珠江三角洲的经济呈现稳定增长趋势,2005年,珠江三角洲GDP达到了18 059亿元,占全国GDP的9.86%,人均GDP达到了41 990元,其中,第一、第二、第三产业结构比是3:51:46,制造业是珠江三角洲经济发展的主要动力。

9.3.3 城市群生态经济系统特点

珠江三角洲由于经济结构中重工业、高污染产业所占的比重小,在能耗的控制方面一直较好。2005年广东省万元GDP能耗为0.79tce,名列全国前茅。但是,在快速城市化的过程中,珠江三角洲城市群凸显如下问题:城市群发展导致了土地、水等自然资源的短缺,城市群规模及经济发展使得水质性缺水及水源地保护问题更为突出;城市群空间布局不合理造成了跨区域复合性污染;环境污染的加剧，城市生态的失衡，使人居环境日显脆弱；城市在空间区域上的逐渐蔓延与融合使废弃物的处置成为新的难题。

就土地而言，首先，珠江三角洲本身腹地过于狭隘，直接影响了其进一步发展。经过20多年的开发，可建设用地已十分有限（图9-5），在珠江三角洲任一县市，土地问题都是头号难题。据推测，按照现在的发展速度，中山市再开发7年、深圳市再有15年就无地可用（严红梅，2003）。其次，土地资源的浪费也比较严重。例如，仅佛山市就有90多个工业园，分散、粗放、项目少且小。珠江三角洲可建设用地潜力主要分布在外圈层的江门市、惠州市和肇庆市，其中，江门市和惠州市可建设用地达2980km²，占珠江三角洲可建设用地潜力总量的64%。

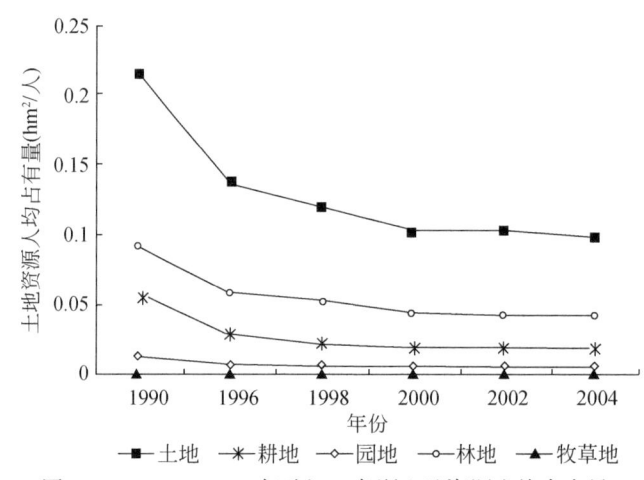

图9-5　1990～2004年珠江三角洲土地资源人均占有量
资料来源：根据广东省国土资源厅土地资源利用数据整理

除了近些年由工业生产发展导致的废水、废气、废渣排放引起的环境污染外，由交通及石油开采引发的珠江口石油污染及赤潮现象引人注目。夏秋季台风登陆造成的狂风、暴雨危害极大。受人类活动对珠江三角洲上游来水来沙的影响及珠江三角洲河道的快速改变，洪水威胁也越来越大。此外，水污染也带来了水质性缺水，2004年珠江流域废污水排放总量达182亿多吨，超过珠江河口的自净能力。

9.4　长江三角洲城市群概述

9.4.1　长江三角洲范围界定

长江三角洲是我国最大的河口三角洲，泛指镇江市、扬州市以东长江泥沙积成的冲积平原，位于江苏省东南部、上海市及浙江省杭嘉湖地区。长江三角洲顶点在仪征市真州镇附近，以扬州市、江都市、泰州市、海安市和栟茶镇一线为其北界，镇江市、宁镇山脉、茅山东麓、天目山北麓至杭州湾北岸一线为西界和南界，东至黄海和东海。

国家发展和改革委员会组织编制的《长江三角洲地区区域规划》包括上海市、江苏省中南部8市（南京市、扬州市、泰州市、南通市、镇江市、常州市、无锡市和苏州市）、浙江省北部7市（杭州市、嘉兴市、湖州市、宁波市、绍兴市、舟山市和台州市），共16市，总面积11.08万 km²（图9-6），约占全国土地总面积的1.15%。相应地，长江三角洲城市群，就是指在长江入海而形成的扇形冲积平原上，以上海市为龙头，由浙江省的嘉兴市、杭州市、绍兴市、宁波市、舟山市和江苏省的苏州市、无锡市、镇江市和南京市等16个城市所组成的城市带。

图9-6 长江三角洲各城市区域位置图

9.4.2 自然社会经济概况

长江三角洲地处东部长江的入海口，又位于我国18 000km海岸线的中部，拥有"外通大洋、内联深广腹地"的优越自然区位条件。长江三角洲地处亚热带的中北部,受东亚季风的影响,气候温和,光、热、水分均较充足,年降雨量为 1000 ~ 1500mm,当地水资源年均达到 570 多亿 m^3,长江及众多的河流提供的过境水每年达到甚至超过万亿立方米。区域土地以平原为主,土地肥沃,自古以来农业发达,有"鱼米之乡""丝绸之府"的美誉。本区域内河湖分布密集,水产资源也非常丰富,著名的舟山渔场、嵊泗渔场和长江口渔场均在附近海域。长江三角洲人口密度高,自然资源占有量严重不足,土地资源、矿产和能源尤为紧缺。

2005 年长江三角洲人口达到 8265 万人,GDP 达到 33 963 亿元,占全国总量的 18.55%(表 9-4),2005 年长江三角洲的第一、第二、第三产业结构比是 4∶55∶41(国家统计局,2006)。长江三角洲产业结构的最大特点是缺乏矿产资源,区内条件极为相似,从而导致各城市在经济发展过程中均以加工业为主,产业结构严重趋同。

表 9-4 2005 年长江三角洲基本情况统计

城市	年末总人口 (万人)	土地面积 (km^2)	人口密度 (人/km^2)	GDP (亿元)	人均 GDP (元/人)
上海市	1 360.26	6 341	2145	9 154.18	67 297.28
南京市	595.8	6 582	905	2 411.11	40 468.45
无锡市	452.84	4 788	946	2 804.68	61 935.34
常州市	351.63	4 375	804	1 303.36	37 066.23
苏州市	607.31	8 488	715	4 026.52	66 300.9
南通市	770.86	8 001	963	1 472.08	19 096.59
扬州市	456.31	7 500	608	922.02	20 206
镇江市	267.61	3 847	696	871.67	32 572.4
泰州市	502.05	5 791	867	822.26	16 378.05
杭州市	660.45	16 596	398	2 942.65	44 555.23
宁波市	556.70	9 672	576	2 449.31	43 996.95
嘉兴市	334.33	3 915	854	1 159.66	34 686.09
湖州市	257.58	5 818	443	644.25	25 011.65
绍兴市	435.09	8 256	527	1 447.47	33 268.29
舟山市	96.73	1 440	672	280.16	28 963.09
台州市	559.85	9 411	595	1 251.77	22 359.02
合计	8265.4	110 821	746	33 963.15	41 090.75

资料来源:国家统计局,2006。

9.4.3 城市群生态经济系统特点

早在 20 世纪 70 年代，戈特曼就指出：除了纽约都市圈、东京都市圈、巴黎都市圈、伦敦都市圈和五大湖都市圈外，世界上最有可能成为第六大都市圈的就是以上海市为中心的长江三角洲都市圈。戈特曼这样预测，在于长江三角洲区位条件优越，城镇发展历史悠久，农业和手工业发达，有良好的商业基础和交通条件。

20 世纪 80 年代，长江三角洲实行内生性增长模式，出现了以乡镇企业为主体的"苏南模式"和以专业市场网络为导向、以个体私营企业为主体的"温州模式"。但由于整个 80 年代上海市经济发展相对滞后，GDP 年均增长明显低于全国平均水平，致使长江三角洲整体发展速度落后于珠江三角洲。20 世纪 90 年代，上海市调整发展战略，开放开发浦东新区，长江三角洲的外向化程度大幅度提高，一体化进程不断加快（刘艳强，2006），并在 2003 年后 GDP 开始超过珠江三角洲。

同珠江三角洲一样，长江三角洲资源特别是矿产资源匮乏，以小城镇模式为主的内生性增长模式导致土地资源的巨大浪费，新建的开发区和乡镇企业由于缺少规划而占用了大量的土地，使得耕地面积迅速减少。现在长江三角洲人均土地面积仅为 2 亩，仅为全国平均的 1/6；人均耕地 0.675 亩[①]，远低于全国平均水平（1.17 亩），而且已在联合国规定的警戒线 0.8 亩之下；人均占有粮食 371.3kg，与小康型生活所要求的 460kg 尚有一定差距，特别是随着经济的发展和城市化的推进，耕地占用现象并没有得到有效遏制，城镇数目增多，开发区也在增加、扩张，城市建成区面积不断扩大，而且交通用地、旅游休闲用地及乡村居住用地等都逐渐增加。据统计资料，1979～2001 年（不包括 1997 年）长江三角洲累计流失耕地达 45.21 万公顷，年均递减 5.9‰，高于全国水平（全国年均递减 2.98‰）（孙晓霞，2007）。

长江三角洲湖泊众多，河网纵横，是典型的水网化平原区，本来应是水资源异常丰富的地区。但是，随着经济发展和城市化的推进，水资源需求增加，工业和生活废水及污染物的排放又给河流造成污染，致使该区地下水开采的强度在不断增长。例如，上海市开采的地下水从 1980 年的 11 亿 t 增至 1996 年的 15 亿 t。地下水的超量开采，无疑又改变了地下基层和土层的原有应力状态和平衡条件，从而使岩体结构和稳定性变差，导致地面沉降塌陷。例如，苏州市、无锡市和常州市在 20 世纪 60 年代后期出现沉降，70～80 年代三市中心地带沉降速率为 32～38mm/a，80 年代至 1994 年形成城市区域性沉降，速率达 30～90mm/a。限制地下水开采后，至 1995 年，沉降速率减少为 20～30mm/a；截至 2003 年底，三市

---

① 1 亩 ≈ 666.67m^2

中心地区累计沉降量超1m，有的地区超过2m，局部地区出现地裂缝。上海市在1990~1996年中心城市平均沉降61.2mm，年平均沉降10.2mm。长江三角洲已成为我国发生地面沉降现象最典型的地区之一，地面沉降区内累计沉降已超过200mm，面积近1万km^2（刘飞等，2001；孙晓霞，2007）。此外，近些年长江水质污染更是直接影响长江口的生态环境，致使长江口赤潮频发，并出现大面积低氧水域（沈焕庭等，2003）。

此外，长江三角洲历史悠久，河姆渡文化表明，这一地区是中华民族的重要发祥地之一。区内有着众多的历史文化名城和名镇，加之气候温和，河网密布，形成集自然景观和人文景观于一体的独特的江南风光，是我国极其重要的文化遗产和旅游资源。然而，在20多年的经济发展和城市化过程中，长江三角洲的景观资源受到极大破坏，景观的多样性正在消失，景观的价值也在下降。

9.5 京津唐城市群概述

9.5.1 京津唐城市群范围界定

京津唐城市群地区地处东北亚的中心位置，位于我国华北大平原的北隅，西面和西北为太行山脉和燕山山脉所环绕，东南面为华北平原的北部平川，东有渤海与东北亚各国隔海相望，海岸线北起山海关，南至天津岐口，全长约560km，包括北京市、天津市及河北省的唐山市和廊坊市等（图9-7），共有城市10个，土地总面积为52 635.8km^2，约占全国土地总面积的0.55%，其中，山地丘陵约占全区面积的37%，平原和滨海洼地约占全区的63%（姚士谋等，2001）。

9.5.2 自然社会经济概况

京津唐地区位于华北平原，地处暖温带半湿润季风气候带，多年平均降水量为550~750mm，水面蒸发量年均1100~1200mm。京津唐的气候条件及所处的地理位置决定了该地区水资源的多寡，本区年均可供水量约为127亿m^3，其中地下水约占50.4%，但在枯水年地表水可供水量大大减少，地下水开采资源占可供水量的71%（吴玉成，1999），远高于国内其他地区。

相比较于珠江三角洲和长江三角洲，该地区矿产资源非常丰富，煤矿、海盐、石油和建材等储量非常丰富。资源分布比较集中，形成了大型和较大型矿区，历史悠久的如唐山开滦煤矿、冀东铁矿、汉沽盐场。

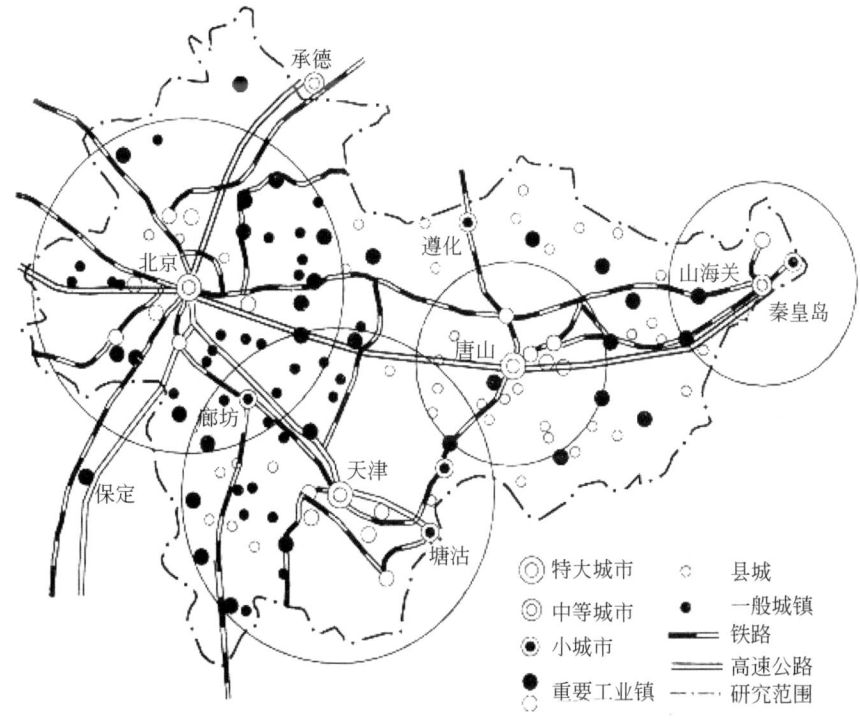

图 9-7　京津唐城市群规模分布图（姚士谋等，2001）

区内有山地、丘陵和平原等各种类型的地貌结构，因此，整个区域内城市生态系统、平原农业生态系统和山地生态经济系统相互镶嵌，交错分布，组成完整的区域生态景观。三大生态系统通过物质、能量的转换及输入、输出，相互依存，相互影响。

本区自然条件相对优越，又有丰富的土地、生物和矿产等资源，是我国古文明的发源地之一，开发历史悠久，是我国城镇发展较早的区域之一，历史上就是我国北方的政治、文化、商贸中心地带和军事战略要地，尤其自北京市1000多年前建都以来。但是，该城市群除了三个特大城市外，大城市数量较少，中小城市也相对缺乏，总体经济发展水平也较珠江三角洲和长江三角洲低。2005年京津唐地区总人口为3892.71万人，其中北京市和天津市城镇人口约占京津唐地区城镇总人口的82.4%，人口主要集中在两个直辖市市区，特别是北京市城区人口密度更是达到了22 210人/km^2。2005年该区GDP总量为12 781亿元，占全国的6.98%（表9-5），在三大区域中最低，三次产业之比为5.6∶46.5∶47.9。

表 9-5　京津唐地区主要城市基本情况统计

城市	年末总人口（万人）	土地面积（km²）	人口密度（人/km²）	GDP（亿元）	人均GDP（元/人）
北京市	1 538	16 410	937	6 886	44 772
天津市	1 043	11 920	875	3 664	35 129
唐山市	710	13 472	527	1 626	22 901
廊坊市	390	6 429	607	605	15 513
合计	3 681	48 231	763	12 781	34 722

资料来源：北京市统计局，2006；天津市统计局，2006；河北省统计局，2006。

9.5.3　城市群生态经济系统特点

与珠江三角洲和长江三角洲相比，京津唐地区各城市经济发展水平不均衡，相互依存度不高，内部没有形成有序的梯度。北京市、天津市的综合实力最强，成为区域发展的"飞地"，其余城市的经济实力相对薄弱，与两大直辖市形成巨大的反差和落差。这一方面反映出北京市、天津市对周边地区的带动作用不够，另一方面也决定了周边城市对北京市、天津市的经济支撑力相对不足。

京津唐城市群中的北京市、天津市和唐山市三大城市，由于历史的原因，人口和工业高度集中，许多工厂企业和居民区杂居，三废排放量大，严重影响城市的生态环境。城市规模无序扩张，能源、水资源供需矛盾突出，交通运输紧张，住房和绿地缺乏。例如，北京市和天津市人均道路面积仅为 $9.45m^2$ 和 $9.33m^2$，低于全国平均水平 $10.34m^2$，远低于上海 $15.36m^2$。能源消耗结构仍以煤炭为主，这些因素对城市和区域的环境质量产生了较大的负面影响。特别是北京市的环境恶化问题已成为其建设国际化大都市的重要瓶颈之一（于维洋，2006）。

京津唐水资源供给仍以自产水资源为主，水资源不足是一个区域性的突出矛盾，集中反映在区域地下水位降落漏斗的产生、地面沉降、水质恶化及水污染、海水入侵及生态环境用水被挤占等方面，其中区域地下水位降落漏斗的产生和地面沉降问题最为突出。20世纪50年代末至1988年，天津市区、塘沽区及汉沽区三个地下水降落漏斗中心地面累计沉降量已分别达到 2.63m、2.83m 和 2.15m。其中地下水开采量迅速增加的 1967～1988 年的沉降量分别为 2.28m、2.29m 和 2.02m，也就是说累计沉降量的 81%～94% 是在这一时期发生的。北京市由于过量开采承压水已在东郊、东北郊出现地面沉降，到1987年，沉降中心累计沉降量达 0.62m（吴玉成，1999）。

城市空气质量问题在京津唐城市密集区较为普遍。以煤为主的能源结构和郊区乡镇工业迅速发展所排大气污染物的增加,加上不断开工建设项目的扬尘污染和不断发展的荒漠化,使城市密集区大气污染日趋严重。特别是近年来不断发展的机动车尾气污染,已成为大气环境中继燃煤废气污染之后的又一重点污染源。

城市的快速发展还导致植被退化、湿地减少及生物多样性减少。例如,天津平原是由海退地而成,历史较短,由于濒临渤海及长期以来河流的来回摆荡,形成了众多湖和泡塘、洼淀,有海岸湿地、内陆湿地,近一个世纪以来,天津湿地面积呈现持续减少趋势:天然湿地面积已由20世纪初占全区总国土面积的45.9%减少至50年代的27.9%,80年代又降至7.5%,至2000年降至3.6%。湿地减少的原因,除自然因素外,河流改造、大范围修建水库堤坝等人工设施,使区域外来水量急剧减少,导致河流断流、地下水过量开采、地下水位下降,筑堤、分流等切断或改变了湿地的水分循环过程,使大片湿地因得不到水源补给而干涸。经济发展使城市的土地利用更加紧张,城市的拓展、工农业生产及交通占用湿地和开发区建设及石油开采占用湿地等更是现代湿地减少的主要原因。

"推进天津滨海新区开发开放,支持海峡西岸和其他台商投资相对集中地区的经济发展,带动区域经济发展"(《"十一五"规划纲要》),首钢迁入曹妃甸(2005年2月国家发展和改革委员会正式批复),以及新近冀东南堡10亿t油田都预示着京津唐引来新一轮的城市群发展高潮,要使京津唐在进一步工业化与城市化的过程中,经济和人口的发展及其空间布局的演化与当地的水土资源和生态环境状况相协调。

9.6 三大核心城市主要指标比较

毫无疑问,北京市、上海市和广州市是上述三大城市群的核心城市,也是我国经济最有活力的三个城市,其发展演化的过程也必然影响着三大城市群的发展轨迹。所处的自然地理区位、资源禀赋、产业结构和发展历史等方面的不同,使这三大城市的城市生态经济系统有很大程度上的差异(表9-6)。由表9-6中可见,北京市的土地面积最大、人口最多,分别为16 410.54 km^2、1538.0万人,但是其人口密度最低,而上海市的人口密度最高,达2133人/km^2;经济总量上海市最大,但人均GDP却是广州市最大(68 674元/人)。由于依托不同的流域,广州市的人均水资源总量最丰富。其万元GDP能耗、水耗也有很大的差异,北京市由于水资源极度缺乏,其水资源消耗比上海市和广州市少1倍多。

以上仅对主要指标做了简单比较,本研究运用能值分析方法,通过对三大城市经济系统的整体评价,希望从整体上揭示三大城市的生命支持系统和总体生态效率，从而一定程度上反映三大城市群生态经济系统的特征。

表 9-6　北京市、上海市和广州市基本情况统计（2005 年）

项目	北京市	上海市	广州市
面积（km^2）	16 410	6 341	7 434.4
主要依托流域	海河流域	长江流域	珠江流域
总人口（万人）	1 538.0	1 360.26	750.53
人口密度（人/km^2）	937	2 145	1010
GDP（亿元）	6 886.3	9 154.2	5 154.20
人均 GDP（元/人）	44 774	67 492.28	68674
人均水资源（m^3/人）	212.61	203.71	993.26
万元 GDP 水耗（m^3/万元）	50.63	125.17	131.4
万元 GDP 能耗（tce/万元）	0.80	0.88	0.78

资料来源：北京市统计局，2006；上海市统计局，2006；广州市统计局，2006。

参 考 文 献

北京市统计局.2006.北京统计年鉴 2006.北京：中国统计出版社.
崔功豪，王本炎.1992.城市地理学.南京：江苏教育出版社.
傅筑夫.1982.中国封建社会经济史（第二卷）.北京：人民出版社.
广州市统计局.2006.广州统计年鉴 2006.北京：中国统计出版社.
国家统计局.2006.长江和珠江三角洲及港澳特别行政区统计年鉴 2006.北京：中国统计出版社.
河北省统计局.2006.河北统计年鉴 2006.北京：中国统计出版社.
黄国和，陈冰，秦乃生.2006.现代城市"病"诊断、防治与生态调控的初步构想.厦门理工学院学报，14（3）：1-10.
黄书礼.2004.都市生态经济与能量.台北：詹氏书局.
江家驷.1997.可持续发展的支撑结构.北京：科学出版社.
蓝盛芳，钦佩，陆宏芳.2002.生态经济系统能值分析.北京：化学工业出版社.
刘飞，慎乃齐，陈华英.2001.上海市地面沉降的发展过程与危害.深矿工程（增刊）：94-96.
刘力.2001.国外城市生态研究的主要方向与研究进展.世界地理研究，141（3）：86-91.
刘敏.2005.大都市连绵带：美国城市化的新舞台——以"BosWash"为例.浙江学刊，（5）：18.
刘荣增.2003.城镇密集区发展演化机制与整合.北京：经济科学出版社.
刘艳强.2006.长江三角洲区域综合竞争力研究.华东师范大学硕士学位论文.
上海市统计局.2006.上海统计年鉴 2006.北京：中国统计出版社.

沈焕庭, 茅志昌, 朱建荣. 2003. 长江河口盐水入侵. 北京: 海洋出版社.
史育龙, 周一星. 1996. 戈特曼关于大都市带的学术思想评价. 经济地理, 16 (3): 32.
孙晓霞. 2007. 长江三角洲城市化与可持续发展的对策研究. 农业经济问题, 3: 101-105.
天津市统计局. 2006. 天津统计年鉴 2006. 北京: 中国统计出版社.
王如松. 2000. 转型期城市生态学前沿研究进展. 生态学报, 20 (5): 830-840.
闻泽. 2006. 灰霾: 珠三角城市公害. 环境, 9: 30-33.
吴兑, 毕雪岩, 邓雪娇, 等. 2006. 珠江三角洲大气灰霾导致能见度下降问题研究. 气象学报, 64 (4): 510-517.
吴玉成. 1999. 缓解和解决京津唐地区水资源供需矛盾探讨. 高原气象, 18 (4): 625-631.
严红梅. 2003. 关于珠三角区域竞争力的思考. 特区经济, (11): 35-38.
杨时民, 刘兵, 李玉文. 2006. 组团式城市群生态安全系统分析. 林业科学, 42 (1): 100-104.
姚士谋, 朱英明, 陈振光, 等. 2001. 中国城市群. 合肥: 中国科学技术大学出版社.
于洪俊, 宁越敏. 1983. 城市地理概论. 合肥: 安徽科学出版社.
于维洋. 2006. 京津唐经济区协调发展的思路. 燕山大学学报 (哲学社会科学版), 7 (4): 72-75.
张京祥. 2000. 城镇群体空间组合. 南京: 东南大学出版社.
周一星, 杨焕彩. 2004. 山东半岛城市群发展战略研究. 北京: 中国建筑工业出版社.
邹军, 王学峰. 2005. 都市圈规划. 北京: 中国建筑工业出版社.

Baccini P, Brunner P. 1991. Metabolism of the Anthroposphere. Berlin: Springer-Verlag.

Bastianoni S, Facchini A, Susani L, et al. 2007. Emergy as a function of exergy. Energy, 32: 1158-1162.

Berkowitz A R, Nilon C H, Hollweg K S, et al. 2002. Understanding Urban Ecosystems: a New Frontier for Science and Education. New York: Springer.

Berling-Wolff S, Wu J G. 2004. Modeling urban landscape dynamics: a case study in Phoenix, USA. Landscape Urban Plan, 69: 1-16.

Brown M T, Ulgiati S. 1997. Emergy-based indices and ratios to evaluate sustainability: monitoring economies and technology toward environmentally sound innovation. Ecological Engineering, 9: 51-69.

Brown M T, Ulgiati S. 2002. Emergy evaluation and environmental loading of electricity production systems. Journal of Cleaner Production, 10: 321-334.

Brown M T, Ulgiati S. 2004. Energy quality, emergy, and transformity: H. T. Odum's contribution to quantifying and understanding systems. Ecological Modelling, 178: 201-213.

Bunnell T, Barter P A, Morshidi S. 2002. Kuala Lumpur metropolitan area: a globalizing city-region. Cities, 19 (5): 357-370.

Butler D, Schütze M. 2005. Integrating simulation models with a view to optimal control of urban wastewater systems. Environmental Modelling Software, 20: 415-426.

Cavalett O, Queiroz J F, Orteg E. 2006. Emergy assessment of integrated production systems of grains, pig and fish in small farms in the South Brazil. Ecological Modelling, 193: 205-224.

Chen B, Chen G Q. 2006. Ecological footprint accounting based on emergy—a case study of the Chinese society. Ecological Modelling, 198: 101-114.

Chen G Q. 2005. Exergy consumption of the earth. Ecological Modelling, 184: 363-380.

Chen G Q. 2006. Scarcity of exergy and ecological evaluation based on embodied exergy. Commun Nonlinear Sci Numer Simul, 11: 531-552.

Chen G Q, Jiang M M, Chen B, et al. 2006. Emergy analysis of Chinese agriculture. Agriculture Ecosystems Environment, 115: 161-173.

Costanza R, Arge R, Groot R, et al. 1997. The value of the world's ecosystem services and natural capital. Nature, 387: 253-260.

Friedmann J, Weaver C.1979. Territory and Function: the Evolution of Regional Planning. Berkeley: University of California Press.

Geddes P. 1915. Cities in Evolution. London : Williams &Norgate Ltd.

Gottmann J. 1957. Megalopolis or the urbanization of the northeastern seaboard. Economic Geography, 189-200.

Gottmann J, Harper R A. 1990. Since Megalopolis: the Urban Writings of Jean Gottmann. Baltimore and London: the Johns Hopkins University Press.

Hao J M, Wang L T, Shen M J, et al. 2007. Air quality impacts of power plant emissions in Beijing. Environ Pollut, 147: 401-408.

Hau J L, Bakshi B R. 2004a. Promise and problems of emergy analysis. Ecological Modelling, 178: 215-225.

Hau J L, Bakshi B R. 2004b. Expanding exergy analysis to account for ecosystem products and services. Environmental Science Technology, 38（13）: 3768-3777.

Helbing D, Joachim K, Molnar P. 1997. Modeling of the evolution of human trials. Nature, 388: 47-50.

Higgins J B. 2003. Emergy analysis of the Oak Opening region. Ecological Engineering, 21: 75-109.

Howard E. 1898. Tomorrow: a Peaceful Path to Real Reform. London: Routledge.

Huang D B, Bader H P, Scheidegger R, et al. 2007. Confronting limitations: new solutions required for urban water management in Kunming City. Journal of Environmental Management, 84: 49-61.

Huang S L, Wu S C, Chen W B. 1995. Ecosystem, environmental quality and eco-technology in the Taipei metropolitan region. Ecological Engineering, 4: 233-248.

Huang S L. 1998. Urban ecosystems, energetic hierarchies, and ecological economics of Taipei metropolis. Journal of Environmental Management, 52: 39-51.

Huang S L, Lai H Y, Lee C L. 2001. Energy hierarchy and urban landscape system. Landscape Urban Plan, 53: 145-161.

Huang S L, Hsu W L. 2003. Materials flow analysis and emergy evaluation of Taipei's urban construction. Landscape Urban Plan, 63: 61-74.

Huang S L, Chen C W. 2005. Theory of urban energetics and mechanisms of urban development. Ecological Modelling, 189: 49-71.

Huang S L, Lee C L, Chen C W. 2006. Socioeconomic metabolism in Taiwan: emergy synthesis versus material flow analysis. Resources Conservation Recycling, 48: 166-196.

Jacobson J S, Heller L I, Leuken P V. 1976. Acidic precipitation at a site within the northeastern conurbation. Water Air Soil Pollution, 6: 339-349.

Lenzen M, Dey C, Foran B. 2004. Energy requirements of Sydney households. Ecological Economics, 49: 375-399.

Lefroy E, Rydberg T. 2003. Emergy evaluation of three cropping systems in southwestern Australia. Ecological Modelling, 161: 195-211.

Longhurst J W S. 1989. Oxides of nitrogen in the Greater Manchester Conurbation, UK. The Environmentalist 9, 253-260.

Marzluff J M. 2001. Worldwide urbanization and its effects on birds//Marzluff J M, et al. Avian Ecology and Conservation in an Urbanizing World. Dordrecht: Kluwer Academic Publishers: 19-38.

Miller J R, Hobbs R J. 2002. Conservation where people live and work. Conservation Biology, 16: 330-337.

Martinez-Alier J. 1987. Ecological Economics. Oxford: Blackwell.

Maud S. 2007. Sustainability of poultry production. Agriculture Ecosystems Environment, 120: 470-471.

Nelson M, Odum H T, Brown M T, et al. 2001. "Living off the land": resource efficiency of wetland wastewater treatment. Advances in Space Research the Official Journal, 27: 1547-1556.

Newman P W G. 1999. Sustainability and cities: extending the metabolism model. Landscape Urban Plan, 44: 219-226.

Odum E P. 1989. Ecology and Our Endangered Life-Support Systems. Sunderland: Sinauer Associates.

Odum H T. 1971. Environment, Power and Society. New York: John Wiley and Sons.

Odum H T. 1982. Systems Ecology: an Introduction. New York: John Wiley and Sons.

Odum H T. 1983. System Ecology. New York: John Wiley and Sons.

Odum H T. 1996. Environmental Accounting: Emergy and Environmental Decision Making. New York: Wiley.

Sciubba E. 2001. Beyond Thermoeconomics? The concept of Extended. Exergy Accounting and its application to the analysis and design of thermal systems. Exergy an International Journal, 1 (2): 68-84.

Sciubba E, Ulgiati S. 2005. Emergy and exergy analyses: complementary methods or irreducible ideological options? Energy, 30: 1953-1988.

Sciubba E, Bastianoni S, Tiezzi E. 2008. Exergy and extended exergy accounting of very large complex systems with an application to the province of Siena, Italy. Journal of Environmental Management, 86: 372-382.

Tyrväinen L, Silvennoinen H, Kolehmainen O. 2003. Ecological and aesthetic values in urban forest management. Urban for Urban Gree, 1: 135-149.

Tzoulas K, Korpela K, Venn S, et al. 2007. Promoting ecosystem and human health in urban areas using green infrastructure: a literature review. Landscape Urban Plan, 81: 167-178.

Wackernagel M, Rees W E. 1996. Our Ecological Footprint: Reducing Human Impact on the Earth. Gabriola Island, B.C.. Canada: New Society Publishers.

Warren-Rhodes K, Koenig A. 2001.Escalating trends in the urban metabolism of Hong Kong: 1971–1997. AMBIO, 30: 429-438.

Wolman A. 1965. The metabolism of cities. Scientific American, 213: 179-190.

Yang H, Li Y R, Shen J Z, et al. 2003. Evaluating waste treatment, recycle and reuse in industrial system: an application of the emergy approach. Ecological Modelling, 160: 13-21.

Zhou Y X. 1988. Definition of urban place and statistical standards of urban population in China: problem and solution. Asian Geography, 7（1）: 12-18.

Zuo P, Wan S W, Qin P, et al. 2004. A comparison of the sustainability of original and constructed wetlands in Yancheng Biosphere Reserve, China: implications from emergy evaluation. Environmental Science Policy, 7: 329-343.

第 10 章　生态能量视角下的城市群可持续性分析

10.1　城市群生态经济系统分析方法

如第 9 章所述，当今城市发展所面临的经济、资源、环境与社会问题，已经不是单纯解决各要素就可以的，其间的关系错综复杂，而传统的货币价值的评价方法已经不能全然表现整个系统内部各部门之间的交互关系，经济系统与自然系统间应该有更密切的联系，而能值分析正可以弥补此缺憾（黄书礼，2004）。

本章正是受黄书礼工作的启发，基于系统、生物物理（biophysical）的视角，运用生态能量学的方法，对中国内地城市特别是典型城市群的城市生态系统进行系统解析，选择能值分析为主要的评价方法，试图揭示我国不同的城市群典型城市生态经济系统的特点、生态效率及其演化规律等，并进一步考察其生态竞争力，从而为城市群的发展战略规划提供可供参考的理论依据。

应用能值分析来研究城市生态经济系统，基本上可分为七个步骤，如图 10-1 所示，详细可参阅蓝盛芳等（2002）、黄书礼（2004）等的相关著作的介绍。

图 10-2 是黄书礼（2004）在分析台北市时所建立的城市生态经济系统的分析框架图，反映了城市经济系统的主要系统输入，包括可再生自然资源、外界购入的不可再生资源和服务[①]，系统中实线箭头，代表各子系统间的能量流动。城市本身自然资源匮乏，因此本土资源几乎无输出。本章基本沿用该分析框架，将其应用于珠江三角洲、长江三角洲和京津唐城市群典型城市（北京市、上海市和广州市）之间的比较及城市群内部典型城市之间的比较中（选择京津唐的北京市、天津市和唐山市），并希望将得到的结果和台北市进行比较，研究期限选择 1990～2005 年，主要是因为这个时期是中国经济发展的重要转型期，也是中国城市化的快速发展期。本研究试图从根本上揭示三个地区的经济发展与综合效益差异，探讨不同的发展模式和城市群组团方式对区域可持续发展的影响。

---

① 包括从国内其他地区或者从国外进口。

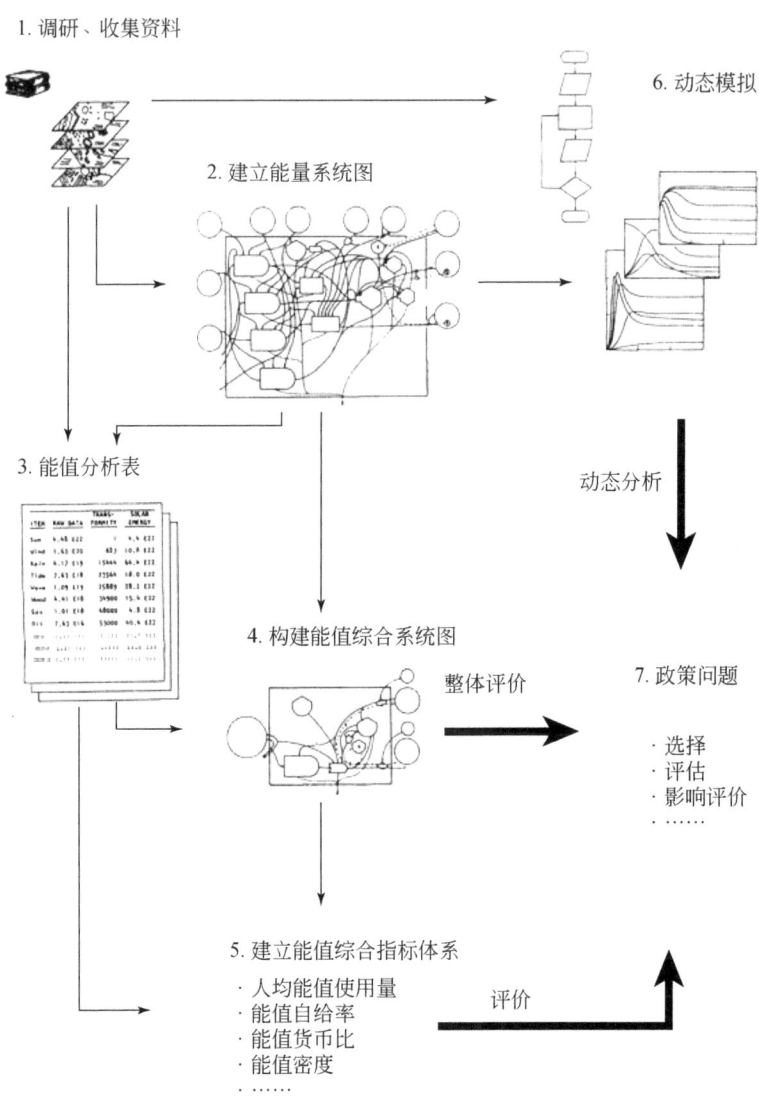

图 10-1 能值分析步骤图（黄书礼，2004）

第 10 章 生态能量视角下的城市群可持续性分析

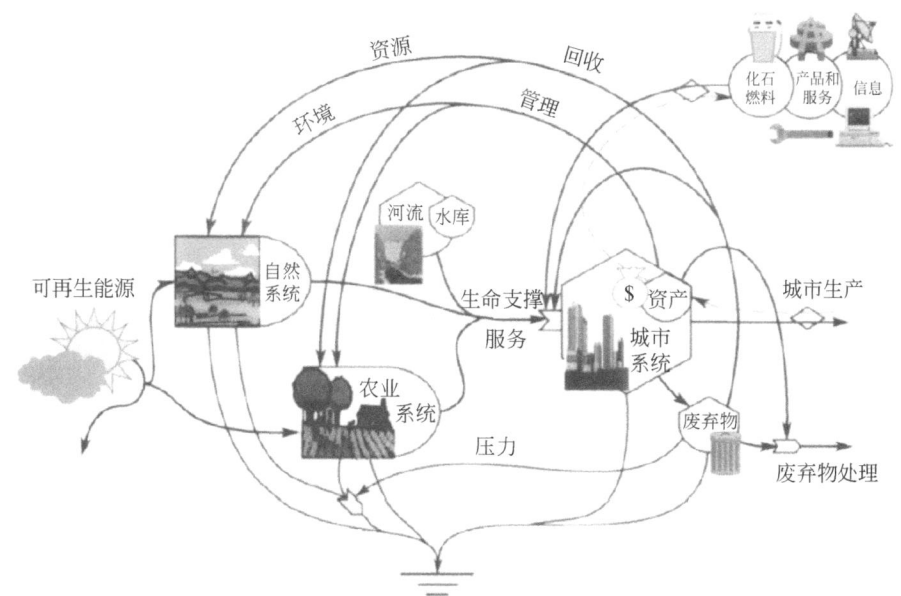

图 10-2 城市经济系统的能量图示（Huang et al., 1998）

10.2 城市群间的资源支撑系统分析

无论是自然环境系统，还是人类经济系统，其存在、运动、发展和变化均依赖于能量流动、转化和储存，因而研究能量流动的规律和特征十分重要。按照 Odum 的观点，城市属于异养型生态系统（heterotrophic ecosystem），其经济活动需依赖城市外围区域提供生命支持服务及同化城市经济活动所产生的污染物、废弃物等，具体讲就是，城市的运行需要依赖外界的食物、原料和燃料等，因此，"能量"[①]是结合城市生命支持系统（life-support system）与经济系统的最好媒介（黄书礼，2004），其能量供应、分配和消耗是城市发展水平和潜力的重要指标。本章核算了北京市、上海市和广州市 1990～2005 年城市生态经济系统的能值流动，试图揭示这三个城市在研究期内生态经济系统动态演化的轨迹，并通过相互比较来反映其生态竞争力的差异。

10.2.1 能值利用强度

如前所述，城市生态经济系统的能量流动可分为：本地可再生资源（R），

---

① 广义的生态能量观点将物质和能量统一在一起。

本地不可再生资源（N），外部输入的燃料（F）、货物（G）和服务（S），向外部输出的货物和服务及相应的废弃物（W）[①]。2005年北京市、上海市和广州市城市生态经济系统的能值使用总量分别是 3.76×10^{23}[②] sej、3.54×10^{23} sej 和 2.52×10^{23} sej（表10-1~表10-3），北京市和上海市的能值使用量相差不大，广州市略小。

表10-1 2005年北京市生态经济系统能值分析

		项目	原始数据	能值转换率（sej/单位）	参考文献	太阳能值（sej）	能值货币价值（美元）
北京市本地可再生资源	1	太阳能（J）	7.02×10^{19}	1	Odum et al., 2000	7.02×10^{19}	1.57×10^{7}
	2	风能（J）	4.31×10^{16}	2.45×10^{3}	Odum et al., 2000	1.05×10^{20}	2.35×10^{7}
	3	雨水势能（J）	1.62×10^{15}	4.70×10^{4}	Odum et al., 2000	7.62×10^{19}	1.70×10^{7}
	4	雨水化学能（J）	3.33×10^{16}	3.05×10^{4}	Odum et al., 2000	1.02×10^{21}	2.27×10^{8}
	5	地球循环能（J）	1.81×10^{16}	5.80×10^{4}	Odum et al., 2000	1.05×10^{21}	2.35×10^{8}
	6	河流（J）	3.75×10^{15}	3.05×10^{4}	Odum et al., 2000	1.15×10^{20}	2.56×10^{7}
北京市本地可更新产品	7	水利发电（J）	5.04×10^{14}	2.77×10^{5}	Odum, 1996	1.40×10^{20}	3.12×10^{7}
	8	农产品（J）	1.84×10^{16}	1.98×10^{5}	Cohen et al., 2006	3.65×10^{21}	8.15×10^{8}
	9	畜牧产品（J）	1.08×10^{16}	3.42×10^{5}	Cohen et al., 2006	3.68×10^{21}	8.21×10^{8}
	10	渔产品（J）	3.02×10^{14}	5.04×10^{6}	Cohen et al., 2006	1.52×10^{21}	3.40×10^{8}
北京市本地不可再生资源	11	燃料（J）	2.77×10^{17}	3.98×10^{4}	Odum, 1996	1.10×10^{22}	2.46×10^{9}
	12	土壤流失（g）	1.58×10^{12}	1.71×10^{9}	Huang and Chen, 2005	2.70×10^{21}	6.03×10^{8}
	13	石灰石（g）	1.42×10^{13}	1.68×10^{9}	Brandt-Williams, 2002	2.39×10^{22}	5.33×10^{9}
	14	砂石（g）	4.00×10^{13}	1.68×10^{9}	Cohen et al., 2006	6.72×10^{22}	1.50×10^{10}
	15	铁矿（g）	1.83×10^{13}	1.44×10^{9}	Odum, 1996	2.63×10^{22}	5.88×10^{9}
北京市由外输入的商品和服务	16	商品物资（美元）	4.91×10^{10}	6.92×10^{12}	Jiang et al., 2007	1.21×10^{23}	2.71×10^{10}
	17	服务（美元）	6.93×10^{9}	5.85×10^{12}	Jiang et al., 2007	4.05×10^{22}	9.05×10^{9}
	18	燃料（J）	1.33×10^{18}	6.19×10^{4}	Odum, 1996	8.24×10^{22}	1.84×10^{10}

---

①目前将能值分析应用于城市生态系统中，对废弃物问题的处理并不理想，从理论上并没有真正纳入体系的核算，只是简单地将其计算，然后作为外部指标和总核算体系的指标进行比对。
②能值分析中常用太阳能焦耳（solar emjoules，sej）为单位。

续表

项目			原始数据	能值转换率（sej/单位）	参考文献	太阳能值（sej）	能值货币价值（美元）
北京市输出到外的商品和服务	19	商品物资（美元）	4.26×10^{10}	6.92×10^{12}	Jiang et al., 2007	1.47×10^{23}	3.29×10^{10}
	20	服务（美元）	3.62×10^{9}	5.85×10^{12}	Jiang et al., 2007	2.12×10^{22}	4.73×10^{9}
资源消耗	21	水资源（J）	1.70×10^{16}	3.05×10^{4}	Odum et al., 2000	5.20×10^{20}	1.16×10^{8}
	22	燃料（J）	1.51×10^{18}	5.17×10^{4}	Odum, 1996	7.81×10^{22}	1.74×10^{10}
	23	电力（J）	2.04×10^{17}	1.59×10^{5}	Odum, 1996	3.25×10^{22}	7.25×10^{9}
废弃物能值	24	固体废弃物（J）	7.34×10^{16}	1.80×10^{6}	Huang and Chen, 2005	1.32×10^{23}	2.95×10^{10}
	25	废水（J）	8.36×10^{15}	6.66×10^{5}	Huang and Chen, 2005	5.57×10^{21}	1.24×10^{9}
货币流	26	GDP（美元）	8.40×10^{10}	4.48×10^{12}		3.76×10^{23}	8.40×10^{10}

注：系统总应用能值包括三部分：本地可更新资源量（为避免重复计算，只取所列项最大的项目）；本地不可更新资源量；外界输入的商品和服务的能值量。

表 10-2　2005 年上海市生态经济系统能值分析

项目			原始数据	能值转换率（sej/单位）	参考文献	太阳能值（sej）	能值货币价值（美元）
上海市本地可再生资源	1	太阳能（J）	2.55×10^{19}	1	Odum et al., 2000	2.55×10^{19}	8.06×10^{6}
	2	风能（J）	3.94×10^{16}	2.45×10^{3}	Odum et al., 2000	9.66×10^{19}	3.05×10^{7}
	3	雨水势能（J）	9.71×10^{13}	4.70×10^{4}	Odum et al., 2000	4.56×10^{18}	1.44×10^{6}
	4	雨水化学能（J）	3.32×10^{16}	3.05×10^{4}	Odum et al., 2000	1.01×10^{21}	3.19×10^{8}
	5	地球循环能（J）	1.28×10^{16}	5.80×10^{4}	Odum et al., 2000	7.42×10^{20}	2.34×10^{8}
	6	河流（J）	1.21×10^{16}	3.05×10^{4}	Odum et al., 2000	3.69×10^{20}	1.16×10^{8}
上海市本地可更新产品	7	农产品（J）	1.96×10^{16}	1.98×10^{5}	Cohen et al., 2006	3.88×10^{21}	1.23×10^{9}
	8	畜牧产品（J）	4.99×10^{15}	3.42×10^{5}	Cohen et al., 2006	1.70×10^{21}	5.38×10^{8}
	9	渔产品（J）	1.66×10^{15}	5.04×10^{6}	Cohen et al., 2006	8.37×10^{21}	2.64×10^{9}
上海市本地不可再生资源	10	燃料（J）	3.22×10^{16}	5.46×10^{4}	Odum, 1996	1.76×10^{21}	5.55×10^{8}
	11	土壤流失（g）	1.93×10^{12}	1.71×10^{9}	Huang and Chen, 2005	3.31×10^{21}	1.04×10^{9}

续表

		项目	原始数据	能值转换率（sej/单位）	参考文献	太阳能值（sej）	能值货币价值（美元）
上海市本地不可再生资源	12	石灰石（g）	8.64×10^{12}	1.68×10^{9}	Brandt-Williams, 2002	1.45×10^{22}	4.58×10^{9}
	13	砂石（g）	5.76×10^{12}	1.68×10^{9}	Cohen et al., 2006	9.68×10^{21}	3.05×10^{9}
上海市由外输入的商品和服务	14	商品物资（美元）	9.89×10^{10}	1.44×10^{12}	Jiang et al., 2007	1.42×10^{23}	4.48×10^{10}
	15	服务（美元）	1.23×10^{10}	5.38×10^{12}	Jiang et al., 2007	6.61×10^{22}	2.09×10^{10}
	16	燃料（J）	2.37×10^{18}	4.88×10^{4}	Odum, 1996	1.16×10^{23}	3.65×10^{10}
上海市输出到外的商品和服务	17	商品物资（美元）	9.45×10^{10}	1.44×10^{12}	Jiang et al., 2007	1.36×10^{23}	4.29×10^{10}
	18	服务（美元）	3.56×10^{9}	5.38×10^{12}	Jiang et al., 2007	1.91×10^{22}	6.03×10^{9}
资源消耗	19	水资源（J）	5.99×10^{16}	3.05×10^{4}	Odum et al., 2000	1.83×10^{21}	5.77×10^{8}
	20	燃料（J）	2.40×10^{18}	4.87×10^{4}	Odum, 1996	1.17×10^{23}	3.68×10^{10}
	21	电力（J）	2.67×10^{17}	1.59×10^{5}	Odum, 1996	4.24×10^{22}	1.34×10^{10}
废弃物能值	22	固体废弃物（J）	9.18×10^{16}	1.80×10^{6}	Huang and Chen, 2005	1.65×10^{23}	5.21×10^{10}
	23	废水（J）	1.48×10^{16}	6.66×10^{5}	Huang and Chen, 2005	9.85×10^{21}	3.11×10^{9}
货币流	24	GDP（美元）	1.12×10^{11}	3.17×10^{12}		3.54×10^{23}	1.12×10^{11}

表 10-3　2005 年广州市生态经济系统能值分析

		项目	原始数据	能值转换率（sej/单位）	参考文献	太阳能值（sej）	能值货币价值（美元）
广州市本地可再生资源	1	太阳能（J）	2.66×10^{19}	1	Odum et al., 2000	2.66×10^{19}	6.81×10^{6}
	2	风能（J）	1.13×10^{16}	2.45×10^{3}	Odum et al., 2000	2.77×10^{19}	7.08×10^{6}
	3	雨水势能（J）	3.68×10^{15}	4.70×10^{4}	Odum et al., 2000	1.73×10^{20}	4.42×10^{7}
	4	雨水化学能（J）	7.12×10^{16}	3.05×10^{4}	Odum et al., 2000	2.17×10^{21}	5.56×10^{8}
	5	地球循环能（J）	1.69×10^{16}	5.80×10^{4}	Odum et al., 2000	9.82×10^{20}	2.51×10^{8}
	6	河流（J）	3.57×10^{16}	3.05×10^{4}	Odum et al., 2000	1.09×10^{21}	2.79×10^{8}
广州市本地可更新产品	7	水利发电（J）	1.28×10^{15}	2.77×10^{6}	Odum, 1996	3.55×10^{21}	9.09×10^{8}

续表

项目			原始数据	能值转换率（sej/单位）	参考文献	太阳能值（sej）	能值货币价值（美元）
广州市本地可更新产品	8	农产品（J）	1.19×10^{16}	1.98×10^{5}	Cohen et al.，2006	2.35×10^{21}	6.01×10^{8}
	9	畜牧产品（J）	3.60×10^{15}	3.42×10^{5}	Cohen et al.，2006	1.23×10^{21}	3.15×10^{8}
	10	渔产品（J）	1.83×10^{15}	5.04×10^{6}	Cohen et al.，2006	9.20×10^{21}	2.35×10^{9}
广州市本地不可再生资源	11	土壤流失（g）	1.61×10^{12}	1.71×10^{9}	Huang and Chen，2005	2.76×10^{21}	7.07×10^{8}
	12	石灰石（g）	2.30×10^{13}	1.68×10^{9}	Brandt-Williams，2002	3.87×10^{22}	9.91×10^{9}
	13	砂石（g）	1.54×10^{13}	1.68×10^{9}	Cohen et al.，2006	2.59×10^{22}	6.64×10^{9}
广州市由外输入的商品和服务	14	商品物资（美元）	5.32×10^{10}	5.89×10^{12}	Jiang et al.，2007	1.13×10^{23}	2.89×10^{10}
	15	服务（美元）	4.91×10^{9}	5.18×10^{12}	Jiang et al.，2007	2.54×10^{22}	6.51×10^{9}
	16	燃料（J）	8.44×10^{17}	5.18×10^{4}	Odum，1996	4.37×10^{22}	1.12×10^{10}
广州市输出到外的商品和服务	17	商品物资（美元）	4.47×10^{10}	5.89×10^{12}	Jiang et al.，2007	2.63×10^{23}	6.73×10^{10}
	18	服务（美元）	2.29×10^{9}	5.18×10^{12}	Jiang et al.，2007	1.19×10^{22}	3.04×10^{9}
资源消耗	19	水资源（J）	4.13×10^{16}	3.05×10^{4}	Odum et al.，2000	1.26×10^{21}	3.22×10^{8}
	20	燃料（J）	7.59×10^{17}	3.98×10^{4}	Odum，1996	3.02×10^{22}	7.73×10^{9}
	21	电力（J）	1.53×10^{17}	1.59×10^{5}	Odum，1996	2.44×10^{22}	6.24×10^{9}
废弃物能流	22	固体废弃物（J）	1.81×10^{16}	1.80×10^{6}	Huang and Chen，2005	3.26×10^{22}	8.34×10^{9}
	23	废水（J）	9.32×10^{15}	6.66×10^{5}	Huang and Chen，2005	6.21×10^{21}	1.59×10^{9}
货币流	24	GDP（美元）	6.44×10^{10}	3.91×10^{12}		2.52×10^{23}	6.44×10^{10}

图 10-3 是这三个案例城市在研究时段内的能值使用总量变化趋势和变化速率图。可以看出，从 20 世纪 90 年代初期开始，这三个城市的能值使用总量的变化趋势基本相同，呈快速的指数趋势增长。相比较而言，北京市和上海市的增长趋势基本相同，而广州市增长的阶梯性特征明显。从总体看，20 世纪 90 年代初期和 21 世纪初期是两个快速增长期。能值使用总量的变化很大程度上体现了城市的发展态势。同中国经济的发展脉络一样，从 20 世纪 90 年代开始，大的政治经济体系变化进一步激活了城市生态经济系统活力，这种变化最先在广州市展现，北京市和上海市的反应要慢一些。进入 21 世纪后，随着中国加入 WTO（世界贸易组织）、住房体制改革和"民工潮"的大量涌入等多方面的原因，三个城市生

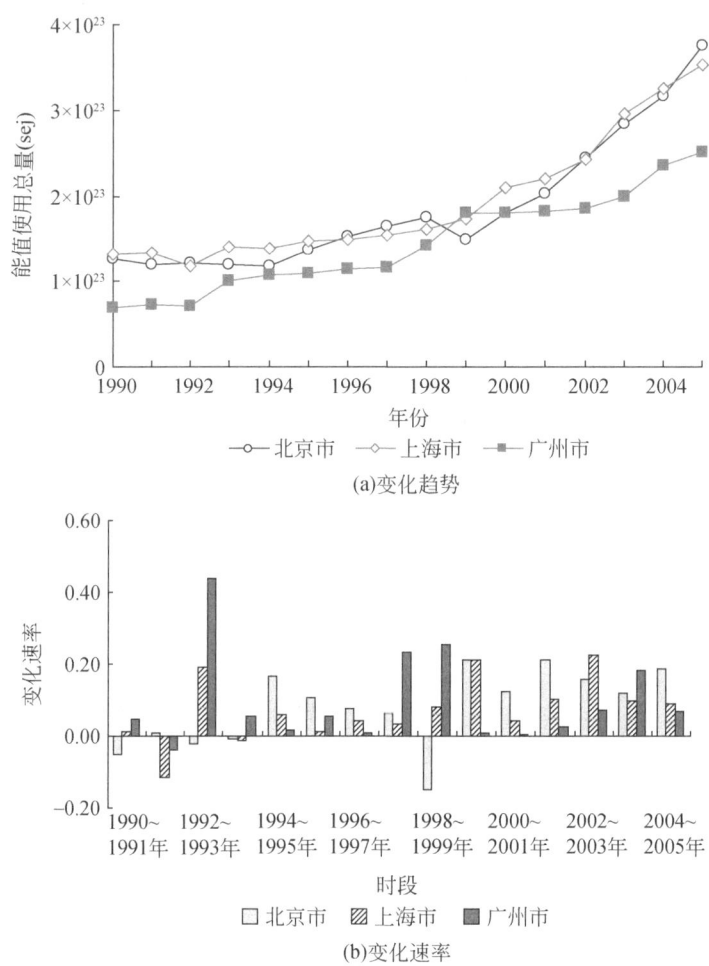

图 10-3　北京市、上海市和广州市能值使用总量变化趋势与变化速率

态经济系统出现了一个更加快速的增长期。

能值密度代表单位土地面积上能值的使用量,可客观评价系统经济发展程度和水平,能值密度越大,表明系统经济开发程度越高,发展等级越高。图 10-4 反映了北京市、上海市和广州市的能值密度变化趋势和能值总使用量不同,三个城市的能值使用密度拉开了一定的梯度。上海市的能值密度最大,广州市次之,北京市最小,反映出从总体上看还是上海市经济发展程度相对较高。从实际情况来看,北京市和广州市都有一些欠发达的郊区区县,而上海市总体区域发展相对均衡。即使如此,将核算结果进一步和台北市相比,北京市、上海市和广州市在 1991 年和 1998 年的能值密度都远小于台北市,中国内地城市的总体发展情况在

世界范围内处于中上等水平,有待继续提高自己的等级地位和影响力。从实际的情况来比,台北市(尤其是台北盆地),大部分土地都是建筑用地,几乎没有直接的生产性用地(黄书礼,2004)。

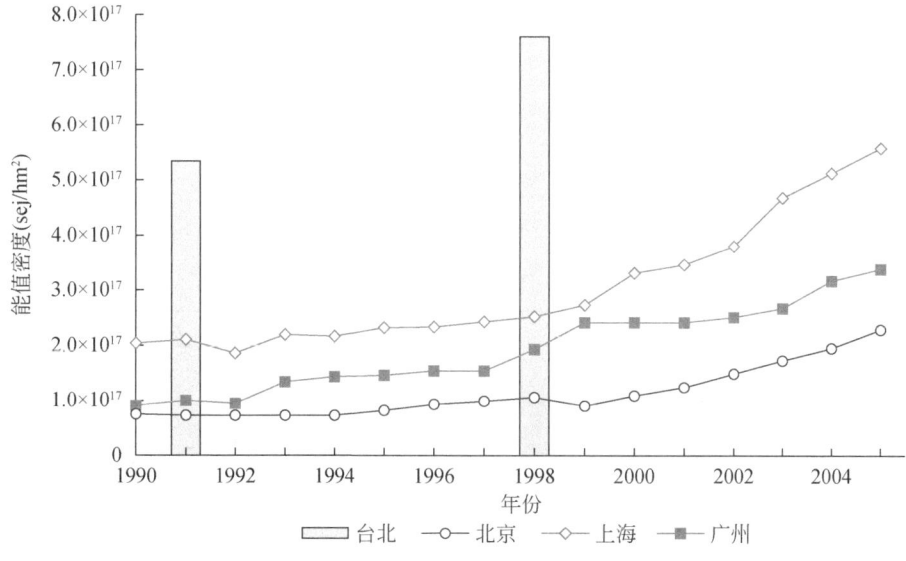

图 10-4　北京市、上海市和广州市能值密度变化趋势

从宏观的生态经济学观点来看,人均能值使用量可以客观评价一个国家或地区人民的能值福利情况,比传统的人均收入更具科学性和全面性。个人拥有的真正财富包括没有被市场货币量化的自然环境无偿能值、与他人物物交换而未参与货币流的能值和通过市场交换用货币体现的能值,人们享有的这几个方面"财富",只以个人经济收入是不可能全面体现的(蓝盛芳等,2002)。1990 年北京市、上海市和广州市人均能值使用量分别为 1.17×10^{16} sej/ 人、1.02×10^{16} sej/ 人和 1.11×10^{16} sej/ 人,到 2005 年就上升至 2.45×10^{16} sej/ 人、2.60×10^{16} sej/ 人和 2.65×10^{16} sej/ 人,说明城市的人均能值财富占有量和生活水平都在迅速提高。从总的趋势上看,广州市比北京市和上海市略高,而上海市和北京市相差不大,只是有些年份略大(图 10-5),说明我国三大城市群城市虽然经济发展水平有一些差距,但是人均能值福利水平差别并不明显,城市要改善人们的生活质量和提高生活水平,应从提高系统总能值使用量和控制人口增长两个方面考虑。同现有结果对应年份的比较发现:三个城市人均能值使用量远高于宁波(李加林和张忍顺,2003),比台北市略低[①],尽管北京市、上海市和广州市代表了国内最好水平,

---

① 虽然台北的能值利用强度远高于北京市、上海市和广州市,但由于台北市处在一个发展的停滞时期且人口密度非常高,其人均能值并不高,2005 年台北市人口密度达 9655 人 $/km^2$。

和发达城市比较还有一定差距。

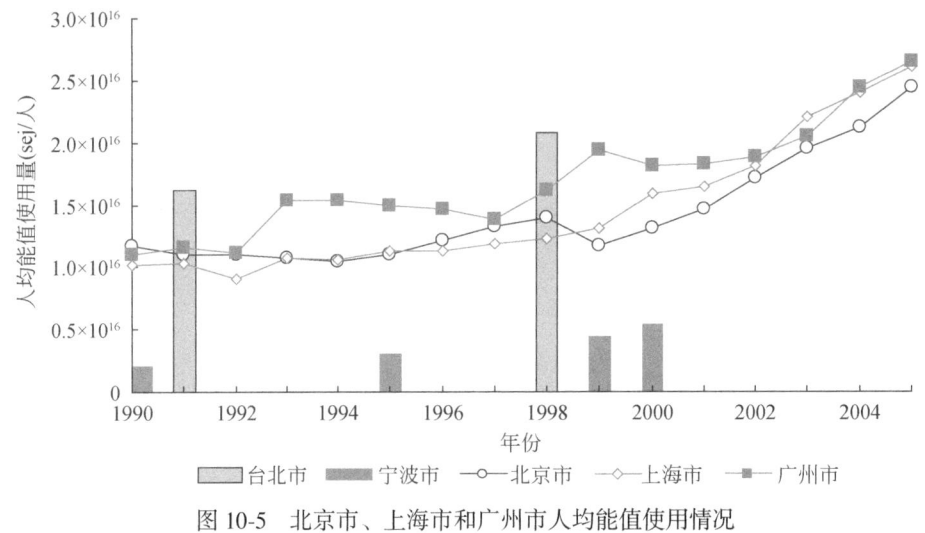

图 10-5　北京市、上海市和广州市人均能值使用情况

10.2.2　能值使用结构

城市生态经济系统能值使用结构一定程度上体现其生命支持系统的稳定性和安全性,也在很大程度上决定其发展的方向和水平。从资源供给的方向来看,城市所"消耗"的资源有辖区内开发的本地资源,也有从外地输入的资源和产品。可再生资源主要有太阳能、风能和雨水的能量等,其直接关系到工农业生产和居民生活,具有重要作用(如风对污染扩散的积极作用)。不可再生资源则主要有化石燃料和电力的输入等,其直接影响到该生活圈的工业发展,尤其是在自然资源相对缺乏的地区,充足的化石燃料输入是维持城市生态系统运行的必要条件。

按照黄书礼的假说Ⅰ:能量来源。城市的能量来源自足性随城市化程度增强而减小,但能量利用的多样性随着来源种类的增加先增加,后因高度依赖化石燃料而变小。由于研究时段较短,无法验证假说的后半部分,只能看结果是否能够支持假说的前半部分,即随着城市化的发展,能值自给率会不断降低。

从图10-6可较清晰地看到,三个城市在研究期间内,能值自给率都呈不同程度的下降趋势。北京市和广州市在研究期内能值自给率分别从1990年的0.44、0.54下降至2005年的0.35、0.28,而上海市由于资源禀赋较差,对外界资源的依存度一直较高,相应的能值自给率一直维持在0.1左右,也在一定程度上验证

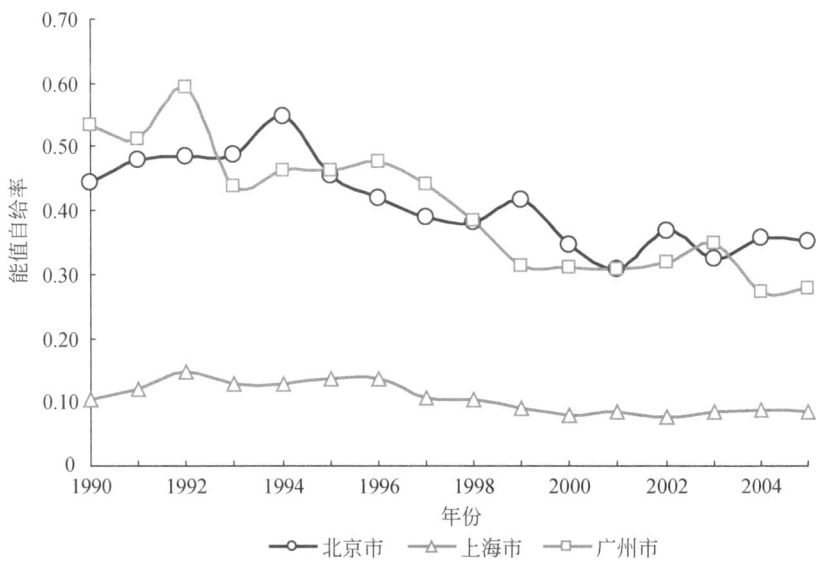

图 10-6　北京市、上海市和广州市能值自给率

了黄书礼的能量来源假说 I。

相应地，从外界输入的燃料和电力能值就会持续增加，尽管北京市和广州市的年输入量小于上海市，但三个城市都保持了较高的增长率（图 10-7），这主要是因为：①城市本身的资源禀赋一般都较差，城市的发展需要大量的资源输入作为支撑；②经历近 15 年的快速发展，三个城市带动区域城市群发展的过程，也是以高能值输入作为代价的，也可以说其经济模式是"能量经济"，以上海市为例，其经济发展与能量消耗的相关性系数 R^2 达 0.9688（图 10-8）。

从图 10-9 可以看到，研究期内三个城市的可更新资源占总能值比重总体上非常低且逐年下降，分别从 1990 年的 0.015、0.009 和 0.021 下降至 2005 年的 0.003、0.003 和 0.009，这也说明我国发达城市已经完全演变成高度依赖不可更新资源和外界输入的生态经济系统。与台北市进一步比较发现，台北市在 1991 年和 1998 年分别为 0.020 和 0.014，基本和案例城市一样。

从上述分析容易发现，北京市、上海市和广州市城市生态经济系统所产生的生产和消费过程日渐增强，但主要来自外界物质资源和商品而非可更新自然资源每年所产生的增量，外界输入的能值总量和比重都在持续上升。

现代社会中，电能是维持城市经济系统发展的关键能源之一，尤其是对工业和信息产业，广泛使用电能有利于以最大限度和最优方式利用各类品质的能量，

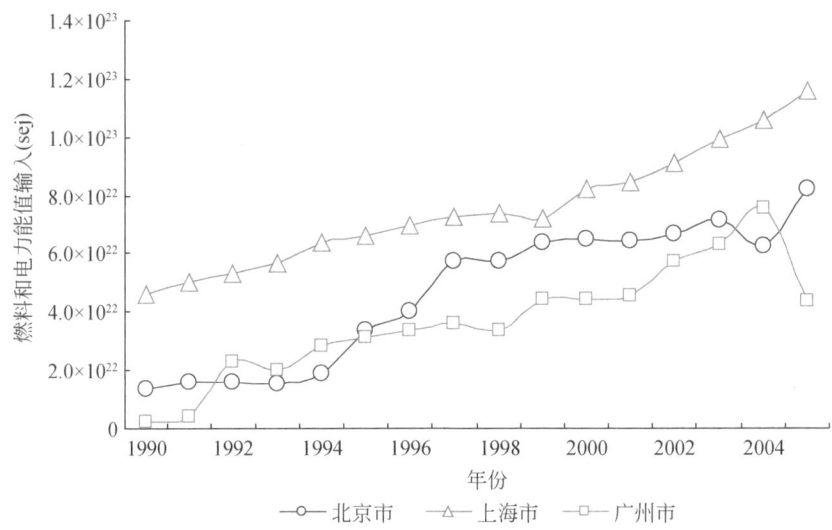

图 10-7　北京市、上海市和广州市燃料和电力能值输入

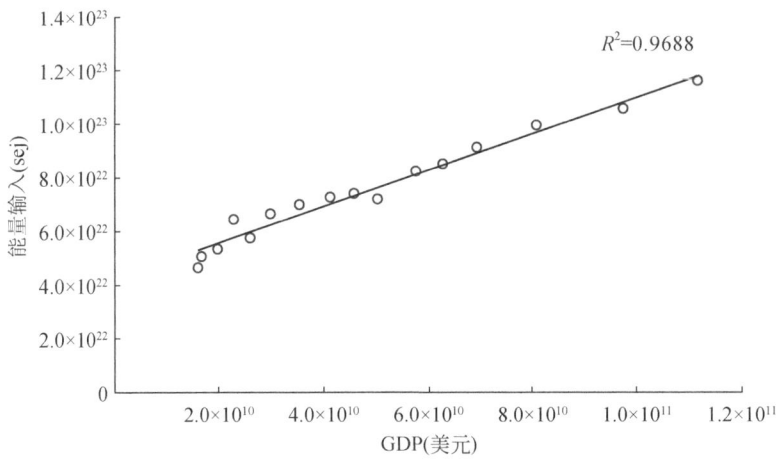

图 10-8　上海市能量输入和 GDP 的相关性

其使用量占总能值投入的比重可以反映区域工业化、电气化水平。图 10-10 很清晰地反映出三个案例城市人均电力能值消耗的变化趋势,上海市的电力消耗比北京市和广州市大一些,北京市和广州市相差不大。尽管中国采取的是联网供电,但是各个城市都不敢忽视自身电力生产建设,仅从生产量上来说,广州市和上海市都可以自给,北京市也维持在 0.5～0.7 的自给水平(图 10-11)。

第10章 生态能量视角下的城市群可持续性分析

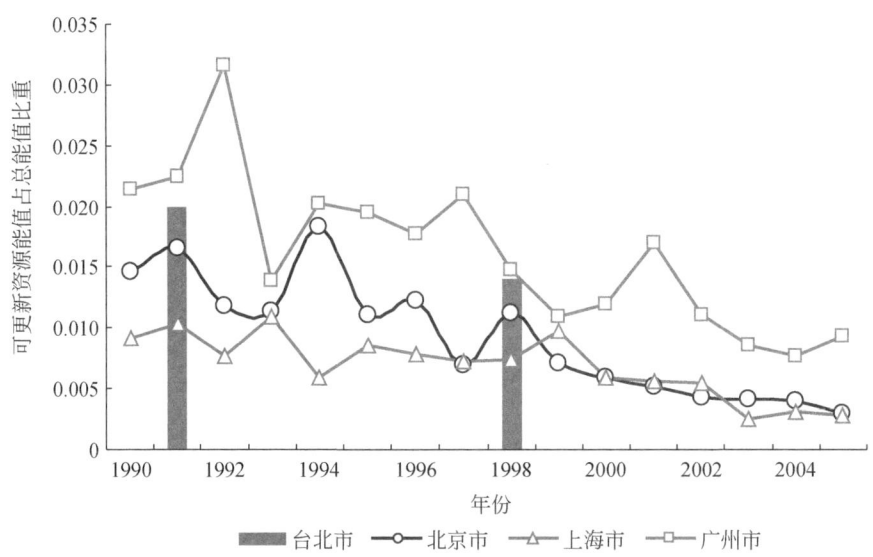

图 10-9 北京市、上海市和广州市可更新资源能值占总能值的比重

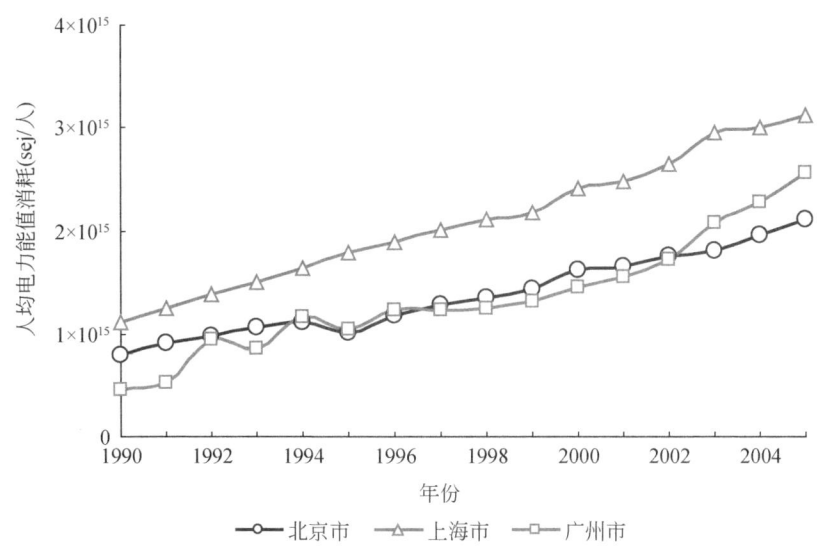

图 10-10 北京市、上海市和广州市人均电力能值消耗

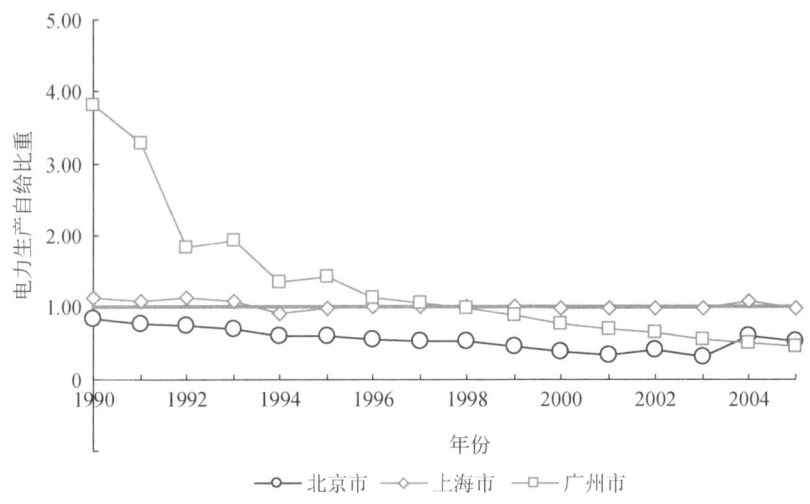

图 10-11　北京市、上海市和广州市的电力生产自给比重

10.3　城市群间的生态经济效率分析

由系统能值使用总量、人均能值使用量等指标，可以看出一个城市生态经济系统的开发程度，但是，更重要的还是考察城市生态经济系统的生态效率，从而可以反映出城市的生态竞争力和活力。

能值货币比显示的是城市生态经济系统能值使用总量与 GDP 之间的比例关系，是在城市生态经济系统生态属性与经济属性之间建立的一种映射关系，其含义是：每流通 1 美元相当于商品或者劳务的能值量。如果能值货币比高，说明生产过程中自然资源使用的比例大；反之，则显示该地区自然资源对经济增长的贡献小，也反映出该区的生态竞争力低。如图 10-12 所示，研究期内三个城市的能值货币比总体呈下降趋势，反映出我国城市群典型城市经济发展平稳进行，工业化和商业化程度逐年提高。相比较而言，上海市的总体发展程度较高，北京市和广州市的比较呈现波动性变化。

虽然高能值量的流通与使用在能值分析中似乎代表了生活水平的提高，但随着区内免费自然资源的投入比例减少，可知每一单位货币换取区内免费资产能值的机会越来越小。流通于城市内部的能值，多需要从外部以货币购买，因此，在城市化过程中，城市的能值货币比，表现在实际的生活中，就是"钱变小了"，这也是城市化程度高且人口稠密地区的普遍现象。上海市的能值货币比远小于广州市和北京市，反映出在这三个城市中，上海市的总体城市化水平较高，也反映出上海对外界资源的依存度越来越大，生态竞争能力较差。

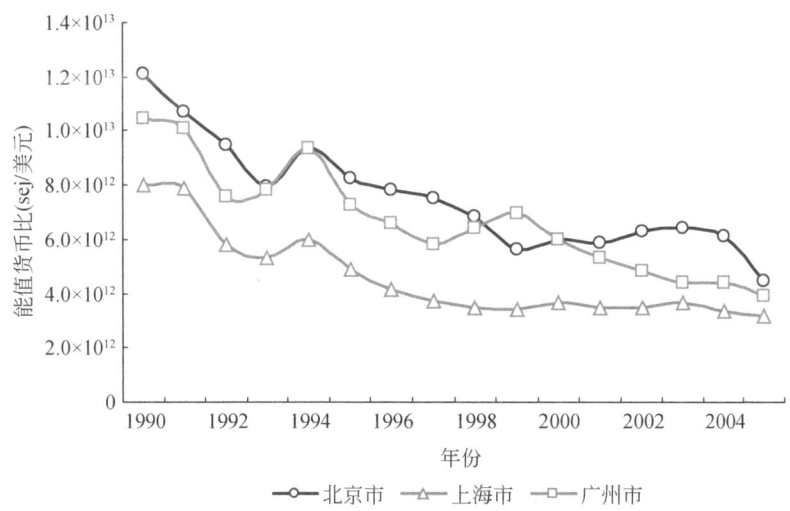

图 10-12　北京市、上海市和广州市能值货币比变化趋势

能值投资比是经济系统投入的能值与自然环境可再生资源能值的比值。一个经济系统要具有竞争性，必须有免费且再生资源与外界输入的高品质的能量进行搭配。如果一个城市生态经济系统几乎都使用来自系统外的购买资源，则能值投资比就会较高。此外，较高的能值投资比，也可以被视为自然资源需承受大量的经济活动，故此值也可以作为测定自然环境对经济活动负荷的指标。北京市、上海市和广州市的能值投资比在研究期间都较高，从 20 世纪 90 年代初期的小于 100 到 2005 年的 343.86、347.15 和 106.39，远高于现有的其他城市的研究结果，表明同样的产品或经济活动，我国三大城市较其他地方缺乏生态竞争性（图 10-13）。

虽然从动力能值的输入上来看，上海市比较大，但从单位 GDP 动力能值消耗来说，广州市一直处于一个比较低的水平，主要是与广州市外向型的经济生产方式有关。上海市在 20 世纪 90 年代初期处于较高位置，但随着产业结构的调整，上海市的动力能值消耗降低比较快，北京市反而在 90 年代中期开始强烈反弹，最近几年随着国家对能源消耗指标的严格控制，三个城市都趋于下降（图 10-14）。

如果再从人均用水量上来说（图 10-15），又能反映出很大的问题。在这三个城市中，北京市是最为缺水的城市，也是流域水资源支持程度最差的城市，北京市的人均用水量维持在一个较低的水平。我们不妨做一个大胆的推断，当城市在发展演变的过程中，生态经济系统的自组织能力一定程度能够调整稀缺资源对其的约束作用,反而提高了对这种资源的利用效率。当然,这种自我调控的能力是有限的,如果稀缺资源突破某一临界,可能就会对系统的运行产生致命的打击。

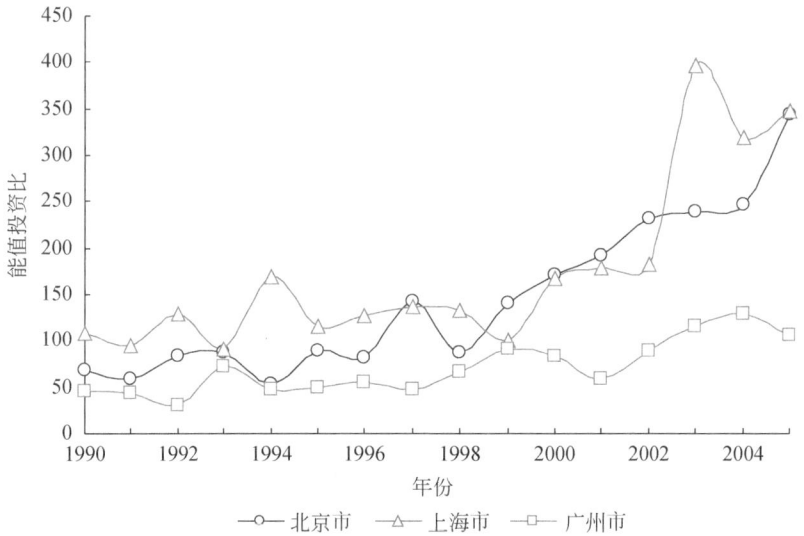

图 10-13　北京市、上海市和广州市能值投资比变化趋势

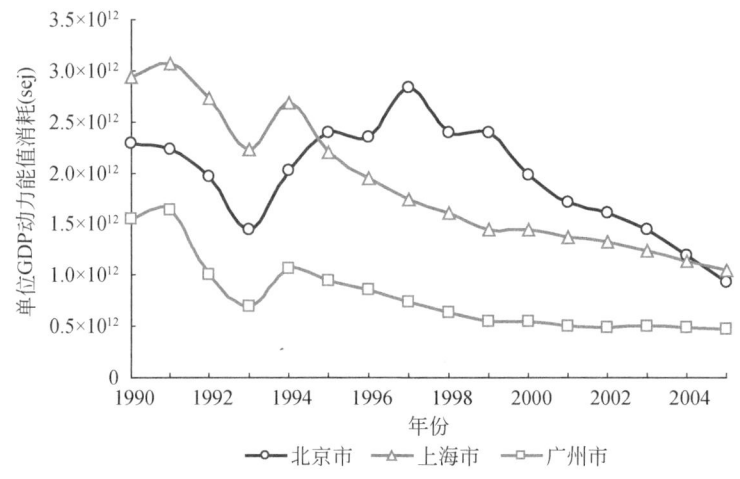

图 10-14　北京市、上海市和广州市单位 GDP 动力能值消耗

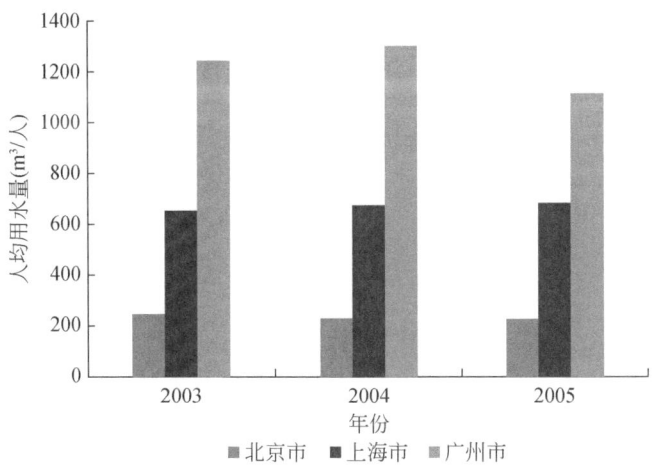

图 10-15　北京市、上海市和广州市人均用水量

10.4　城市群间的环境负荷分析

废弃物能值与可再生能值比及废弃物占总能值使用量比这两个指标，可以展现出系统在运行中所承受的环境污染压力。由图 10-16 可以看出，北京市和上海市的废弃物与可再生能值比分别由 1990 年的 23.34、83.35 增加至 2005 年的 126.12、172.12，且远高于台北市的同期水平。而广州市的该项比值一直维持了比较低的水平，为 16～33，在 1998 年甚至比台北市还要低，从这个指标也进一步反映出广州市的生态竞争力比北京市和上海市高。

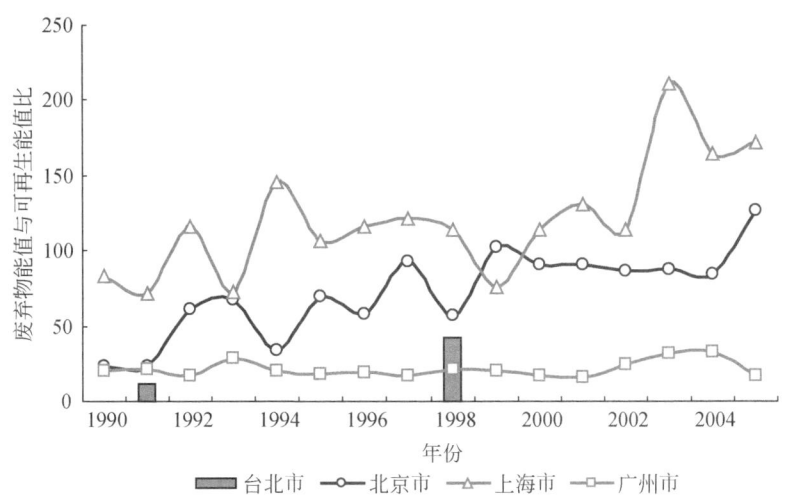

图 10-16　北京市、上海市和广州市废弃物能值与可再生能值比

废弃物占总能值使用量的比进一步反映出上述特征，体现出很大的差异（图10-17）。广州市一直维持比较低的水平，上海市最高，北京市和上海市整体表现出倒"U"形曲线，在20世纪90年代中期最大，之后总能值使用量的增加导致该值趋于下降，这非常符合"环境库兹涅兹曲线"[①]的描述，至于是否完全是"环境库兹涅兹曲线"效应，有待于更多的研究作为辅证。

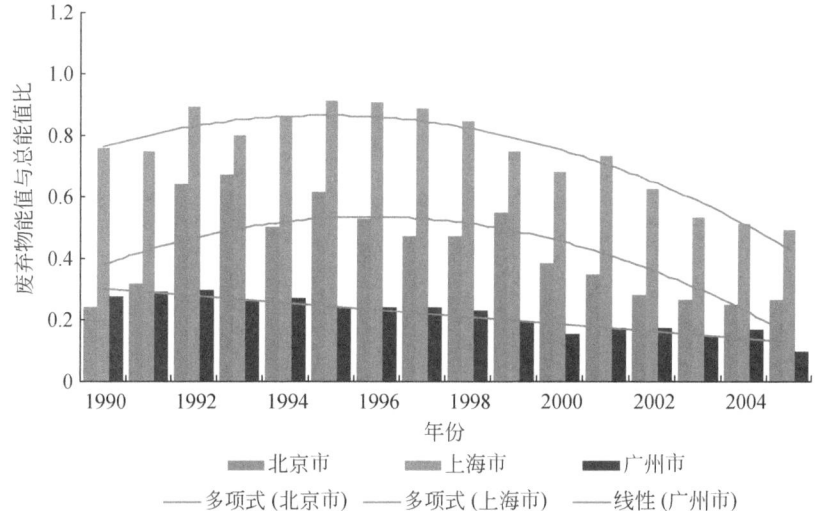

图10-17 北京市、上海市和广州市废弃物能值与总能值使用量比

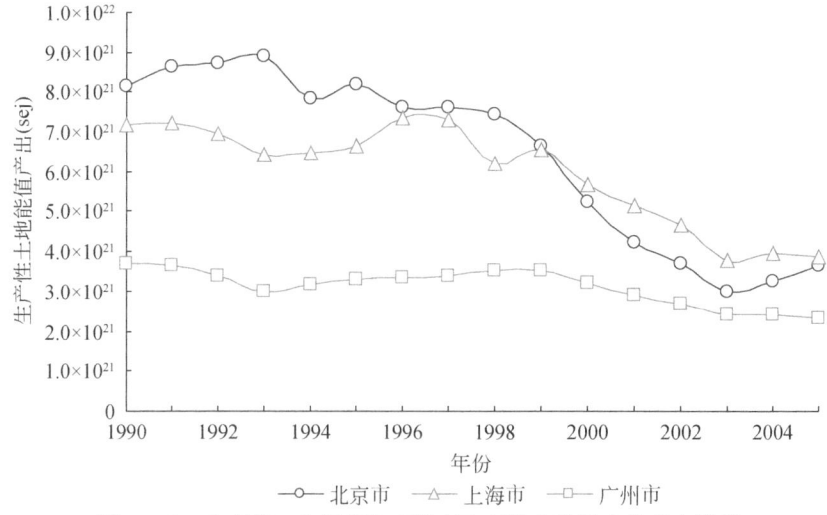

图10-18 北京市、上海市和广州市生产性土地的农业产出能值

---

① 环境库兹涅兹曲线（EKC）是描述污染问题和经济发展之间关系的常用模型。其最早是Grossman和Krueger在1991年研究北美自由贸易协定的环境影响时，参照经济学中的库兹涅茨曲线提出的。一般意义上的EKC就是指，随着经济发展、人均GDP的增长，环境污染与经济发展之间呈倒"U"形的关系。

城市经济系统发展所导致的生态环境后果不仅体现在污染程度的加重，还体现在对生产性土地的侵占，尽管随着化肥农药的使用农作物单产不断增加，但是三个案例城市所辖土地的农业产出能值却持续下降（图10-18）。

10.5　城市群内部城市生态经济系统分析

10.5.1　京津唐城市生态经济系统发展态势分析

(1) 京津唐城市群的基本特征

从全国来看，京津唐城市群作为三大城市群之一，其发展水平已经落后于长江三角洲和珠江三角洲，这也可以很明显地从北京市、上海市和广州市的能值指标比较中得到体现。同时，北京市作为我国的首都，按照辐射理论[①]，应该带动周边地区的发展，呈现区域共同的繁荣现象，但现实并非这样。一般认为，北京市单中心聚焦的发展方式，抑制了周边城市的合理发展，加剧了区域发展不平衡的状况。

按照区域经济地理学，辐射理论发生作用是需要条件的，大体分为如下六点：①经济辐射的前提条件是经济对外开放和资源自由充分流动；②双向辐射，缩小差距。在经济辐射中，发达国家（地区或城市）与落后国家（地区或城市）存在着互相辐射。前者向后者传递先进的科学技术、资本、管理经验、信息、思想观念、思维习惯和生活方式等；后者向前者提供自然资源、人才和市场等。前者向后者传递了丰富的生产资源，通过接触能够缩小两者在经济发展水平上的差距；③辐射的速度和程度与其距离和关系有关。发达国家（地区或城市）对落后国家（地区或城市）的辐射距离越近、关系越好，其辐射越充分、辐射的速度越快、辐射的程度越高，反之亦然；④经济辐射的媒介主要是交通网、信息网和关系网等，即经济辐射是通过交通、信息和各种关系进行的；⑤经济辐射具有积极影响和消极影响两种效应；⑥经济辐射的方式主要有点辐射、线辐射和面辐射。简单说，经济辐射是以空间和产业为途径，以资源（主要是自然资源、资本、技术和劳动等）的流动为纽带来完成的。

那么京津唐城市群生态经济系统到底是哪些因素阻碍了这些条件发生作用呢？如何改变这些因素，以达到调控的目的？

---

① 辐射理论是指经济发展水平和现代化程度相对较高地区与经济发展较落后的地区之间进行资本、人才、技术和市场等要素的流动和转移，以及思想观念、思维方式和生活习惯等方面的传播，以现代化的思想观念、思维方式和生活习惯替代与现代化相悖的旧习惯势力，从而进一步提高经济资源配置的效率。

毋庸置疑，京津唐城市群以北京市、天津市、唐山市为中心，包括天津港和秦皇岛港，是华北地区的经济核心和出口门户，煤、铁、石油、海盐、石灰石和石英玻璃砂等资源丰富，采掘、冶金、化学、机械、电子、建材和轻纺等工业发达。

从能值使用总量上来说，北京市具有明显的优势，天津市次之，唐山市最小（图10-19）。但是，从能值密度和人均能值使用量上来比较，北京市总体上分别居于第二位和第三位（图10-20和图10-21），主要是北京市市辖区内区域发展不均衡及高度密集的人口分布造成的，这也从侧面说明虽然北京市是国内最为发达的城市之一，但如果考虑其全部辖区及大量外来流动人口，北京市总体的城市化程度和人民生活能值福利水平并不高。尽管如此，几项指标上也可以看出，区域内生态经济系统具有很强的相似性。

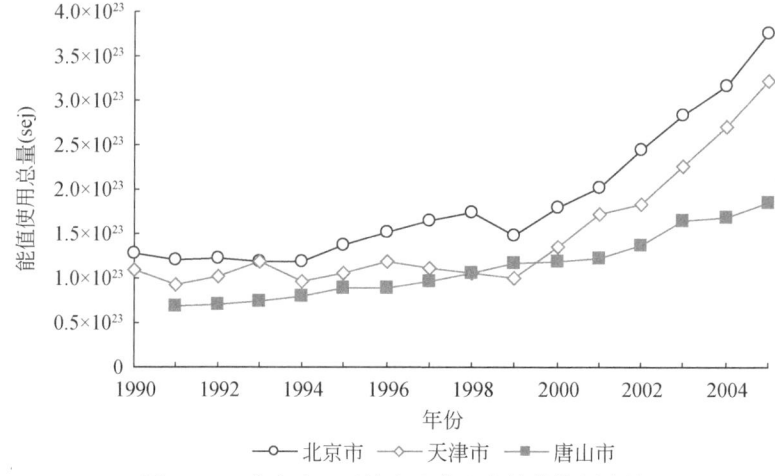

图10-19　北京市、天津市和唐山市能值使用总量

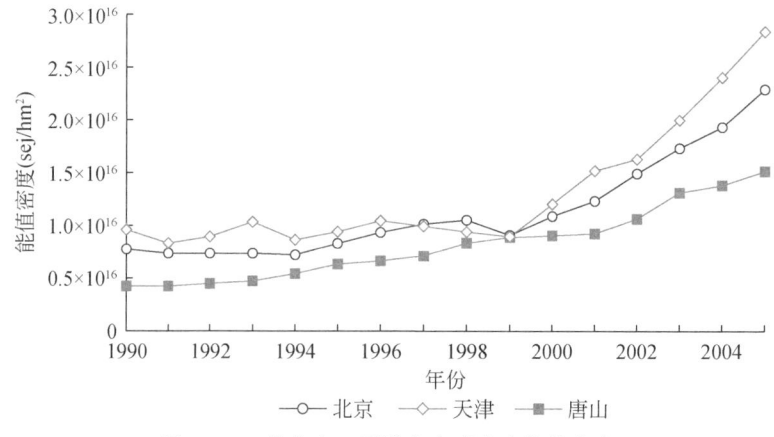

图10-20　北京市、天津市和唐山市能值密度

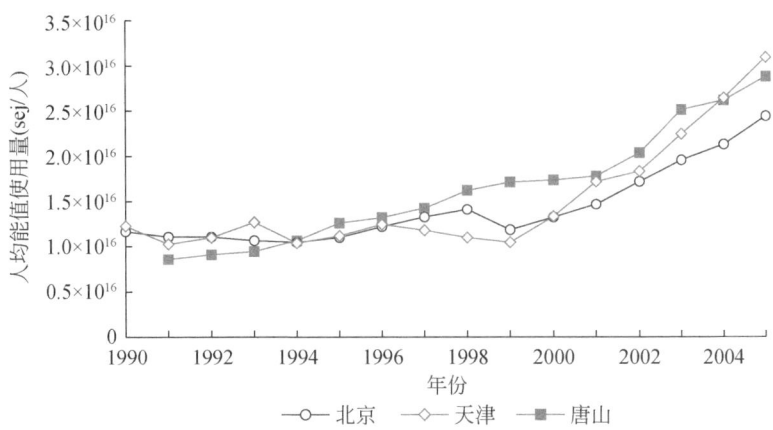

图 10-21 北京市、天津市和唐山市人均能值使用量

（2）京津唐城市群的资源消费特征

同其他地区的城市一样，城市生态经济系统所"消费"的可更新资源能值的比重非常低，且逐年下降，到 2005 年已经下降至 0.003、0.004 和 0.007，几乎可以忽略不计，也反映出我国北方城市生态经济系统运行的生态性基础更加脆弱，如图 10-22 所示。尽管如此，由于资源禀赋相对较好，京津唐城市群保持了较高的能值自给率，如图 10-23 所示，北京市、天津市和唐山市三个城市的能值自给率在研究期内相对稳定，变化趋势不明显。相比较而言，唐山市的能值自给率较高，

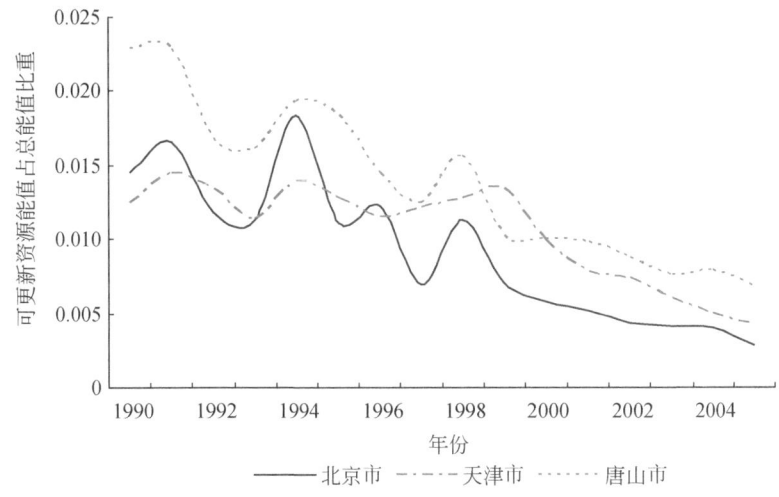

图 10-22 京津唐城市群可更新资源能值占总能值的比重

几乎接近于1，这也很好理解：唐山地区煤炭等资源丰富，且城市发展程度相对较低，资源基本能满足要求，而北京市和天津市相差不大，基本上维持在0.2～0.5的水平。但如果进一步分析化石燃料的输入，就发现情况并不乐观。从图10-24可以看出，1995年基本上是一个转折点，在1995年以前唐山市的化石燃料基本上还有一定量的净输出，北京市和天津市的化石能值输入也保持在较低水平，但是随着新一轮城市化进程快速发展，唐山地区化石燃料的能值产出与消耗基本持平，而北京市和天津市的能值输入急剧增加，好在该区临近山西、内蒙古等能源产区，都能就近保证对本区工业所需燃料和原料的供应。

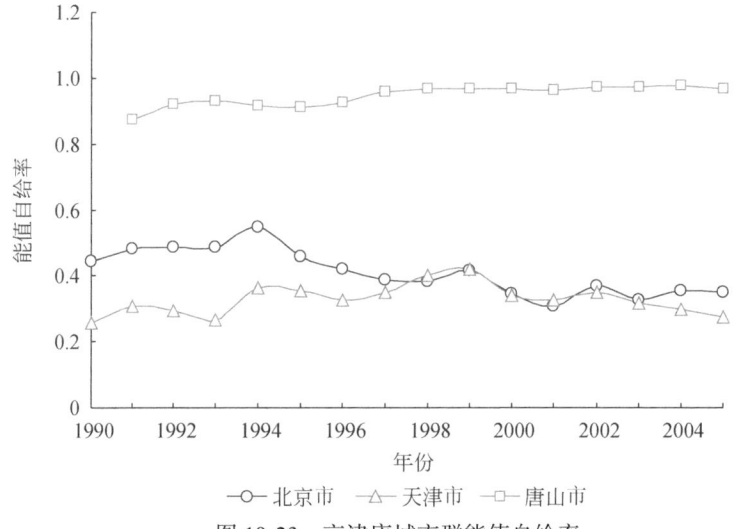

图10-23 京津唐城市群能值自给率

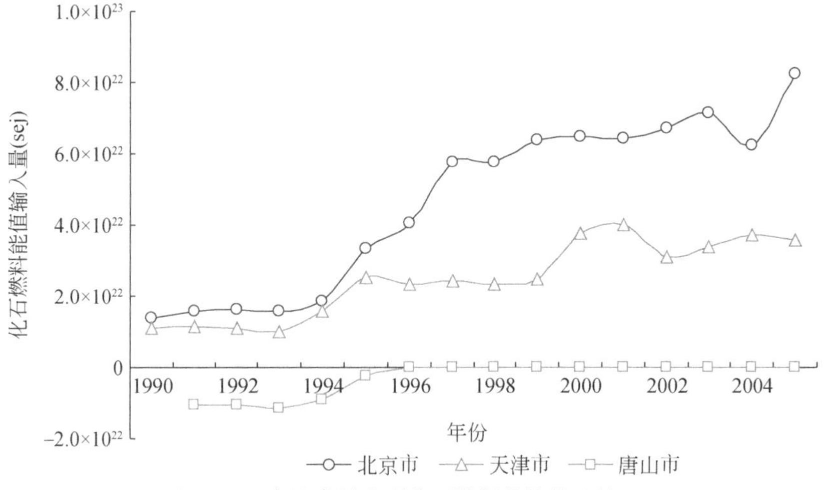

图10-24 京津唐城市群化石燃料能值输入量

就能源使用来看，该区三个城市既有相似的一面，又存在一定的差异（图10-25）。三个城市都是以煤炭为主要能源，但石油和电力的使用存在很大的差异。在北京市的能源结构中，石油和电力都占有很大的份额，但天津市的份额就小得多，而唐山市石油的消耗量非常低，这是因为煤炭工业是唐山市形成和发展的最重要因素，该市其他支柱产业的发展都与煤炭的开发有关。京津唐城市群最接近我国最大的晋陕蒙煤产区，这是相较于其他城市群都优越的条件之一。而且，渤海及其沿岸油气资源丰富，其中天津大港油田总储量21.5亿t；最近发现的冀东南堡油田也有10亿t储量。

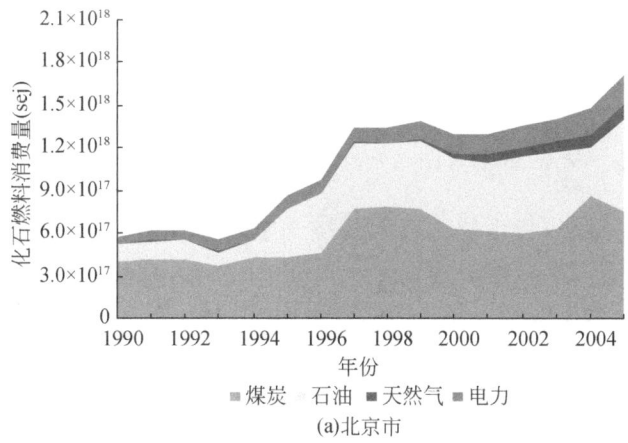
(a)北京市

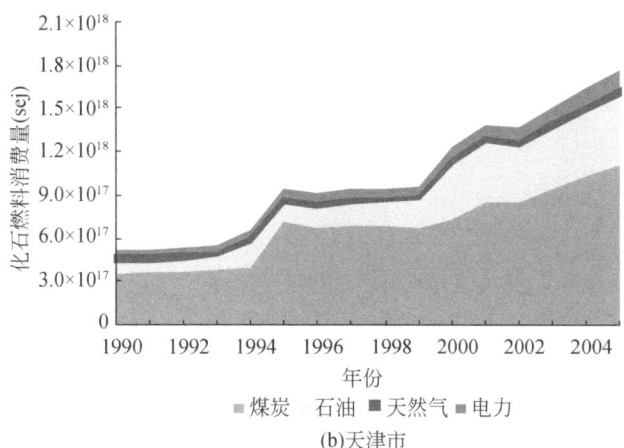
(b)天津市

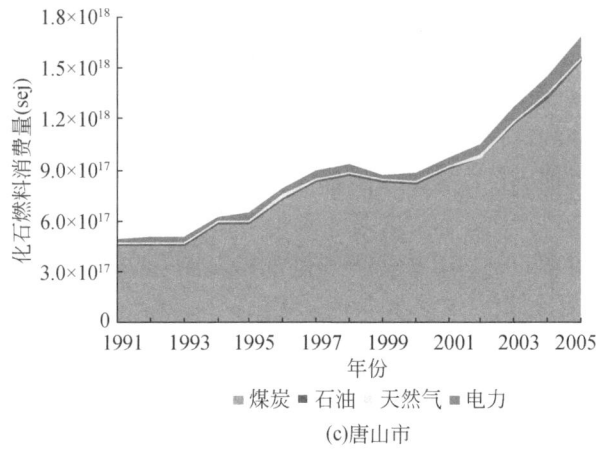

(c)唐山市

图 10-25 京津唐城市群化石燃料消费结构

（3）京津唐城市群的生态效率与环境负荷特征

本研究使用能值货币比来反映区域开发程度（图 10-26）。北京市、天津市和唐山市在研究期，能值货币比从 1.21×10^{13}sej/美元、1.67×10^{13}sej/美元和 2.54×10^{13}sej/美元下降至 4.48×10^{12}sej/美元、7.13×10^{12}sej/美元和 7.47×10^{12}sej/美元，且保持着一致的下降趋势，从总体变化趋势上来看，北京市最小，天津市次之，唐山市最大，这也反映出在该区域内北京市的开发程度最高，天津市次之，唐山市最小。

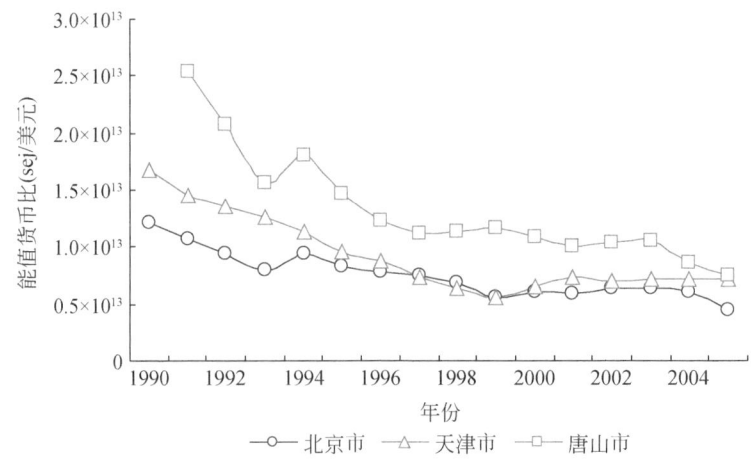

图 10-26 京津唐城市群能值货币比

从经济生产效率指标来看，即GDP与来自经济系统的投入比值，唐山市最高，最高甚至高达41.3，这也是资源性城市的典型特点。而北京市和天津市基本上维持在1~2，反映出唐山市在区域内具有很强的经济竞争性（图10-27）。

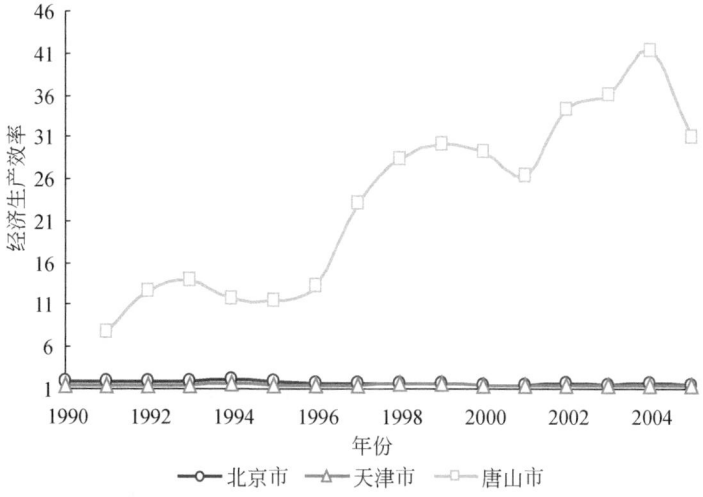

图10-27 京津唐城市群经济生产效率

图10-28和图10-29分别为能值投资比和单位GDP动力能值消耗变化趋势图，这两个指标也可以在一定程度上反映区域生态竞争力的差异。

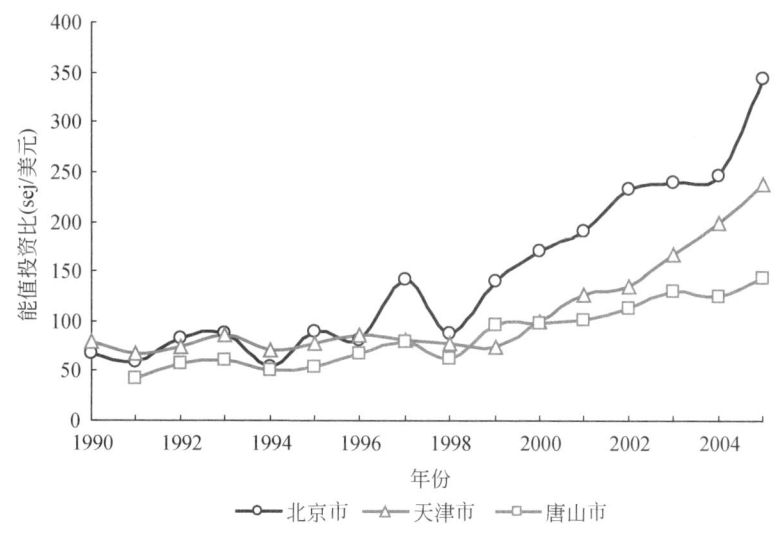

图10-28 京津唐城市群能值投资比

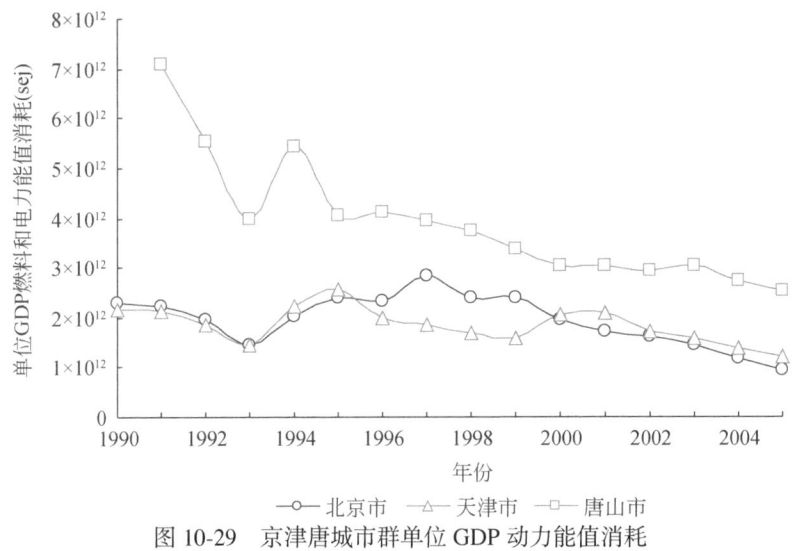

图 10-29 京津唐城市群单位 GDP 动力能值消耗

能值投资比是自经济系统投入的能值与自然环境可再生能值的比值。一个经济系统要具有竞争性，必须有免费的可再生资源与外界购入的高品资源进行搭配。如果一个地区的能值大都来自外界输入，则能值投入比将较高。此外，较高的能值投资比，也可以被视为自然环境承受大量的经济活动，故此值也可以作为测定自然环境对经济活动的负荷量指标。从图 10-28 中可以看出，相比之下，同样的产品或活动，北京市和天津市不具有竞争性，从总体上考量，唐山市的竞争力较强。

但是，如果进一步考察单位 GDP 动力能值消耗的话，却又发现唐山市单位 GDP 能耗远高于北京市和天津市（图 10-29）。通过上述分析，唐山市作为资源型城市，其竞争力虽然较强，但是其粗放发展的模式也一目了然。这种模式的后果就是环境负荷不断增加（图 10-30 和图 10-31），从而制约着城市的可持续发展。需要说明的是，唐山市的废弃物与总能值的比率基本上甚至超过了 1，这说明大量开采煤炭资源，导致的生态后果也许不是目前所获得的经济利益所能补偿的。

前面已经提到，北京市比广州市和上海市缺水，那么北京市的人均水资源使用就远低于上海市和广州市；在产业结构相似的情况下，唐山市的单位 GDP 能耗远远高于北京市和天津市。这种现象进一步验证了前面提出的假说，其另外一种表达就是，在一定的时间和空间范围内，城市生态经济系统对供应相对丰富的资源使用强度往往较大，效率却往往较低，或者说"资源越丰富，效率越低下"。

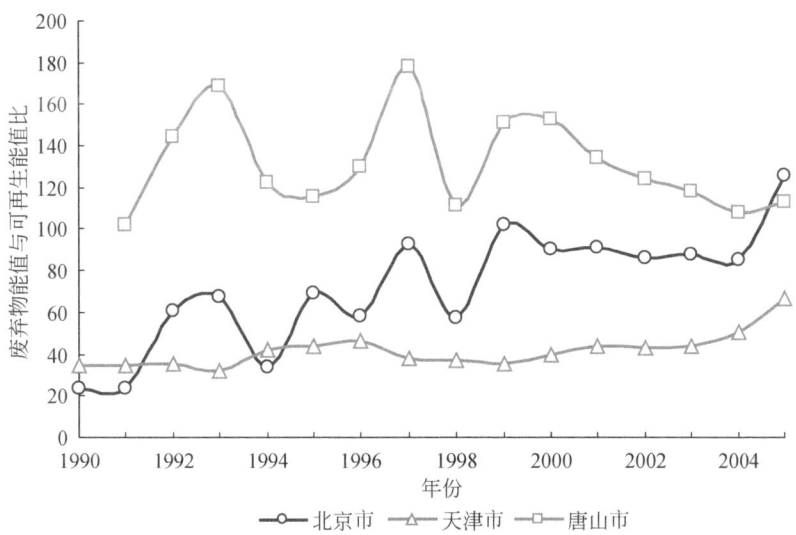

图 10-30　京津唐城市群废弃物能值与可再生能值比

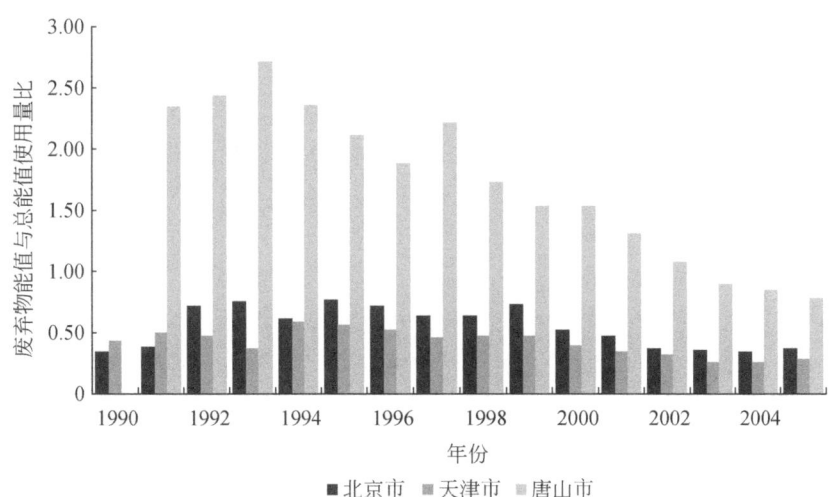

图 10-31　京津唐城市群废弃物能值与总能值使用量比

10.5.2　京津唐城市群区域协调性分析

以前当问到天津市为什么经济发展远不如北京市时，得到的答案是北京市作为首都，其发展对周边城市尤其是天津市造成了资源冲击，天津市原本的优势被北京市吸收殆尽。这些优势包括海港的地理位置、自然资源的富集程度、外国投资、国家政策的偏向等。但是通过前面的分析却发现，京津唐城市群除水资源外，其他资源并不缺乏。究其原因,可能是区域发展的协调性问题。

长期以来,受计划经济体制和行政等级平级的影响,北京市和天津市两大直辖市在产业配置和职能分工上一直处于重复建设和相互竞争之中,特别是在制造业领域,两大城市的综合效益和区域带动作用受到抑制。就城市功能的辐射范围而言,北京市和天津市事实上并不处于同一层面,不论在经济还是社会方面,北京市更多的是面向全国乃至面向全球,而天津市则是面向区域或多区域。

首先,从第三产业的内部结构上看,北京市是以信息、资金和知识服务为载体,其辐射范围可以广及全国甚至全球,而天津市则扮演了物流中心的角色,具有服务范围相对较小的特征。其次,北京市外来人口的数量要远大于天津市的数量,天津市更多的是局限在京津唐城市群及其周围地区的范围内。最后,北京市在京津唐城市群内的技术联系除北京市自身占较大一部分外,它与天津市和河北的合作则只占极少的比例,其55%左右的技术合同是面向全国的。而天津市技术合同的流向则只有不到20%的资金流向了京津唐城市群之外的全国其他地区,绝大部分是与本地签订的[①]。

此外就是观念问题,因为天津市作为我国华北的门户,经济重镇,具有一定程度上的优越感。虽然从感觉上,天津市不大愿意落后于北京市,但是这几年来,天津市落后的现实却已是大家有目共睹的。不少到过天津市的外地游客都对天津市落后的城市建设产生了深刻印象:大家普遍认为,以目前天津市的城市建设而言,充其量在沿海地带也就是一个地级市的城市面貌。这与一个直辖市的形象相差太远。

京津唐地区在三大城市群中,经济联系与协作程度最低。相比于珠江三角洲和长江三角洲城市群的发展程度,京津唐地区城市群的发展属于刚刚起步阶段,北京市单极化发展的特征明显。区域行政壁垒、分工协作的体制障碍较严重,区域经济一体化尚未进入实际操作阶段,仍然停留在理论层面。各个城市经济发展模式仍是内闭式自我循环,发展极不均衡。

就资源供给特征而言,一方面,京津唐城市群内部之间具有很强的互补性,如北京市的智力资源、天津市的油气资源与港口资源及唐山市的煤炭资源等;另一方面,京津唐城市群在自然资源利用方面又具有很强的相似性和竞争性,如降水都是相对较少及水资源都比较紧缺且都属于海河流域等。区域协作程度低,导致区域内产业结构雷同、工业部门重复建设现象严重,资源并没有得到合理优化配置。

以电力供应为例,北京市、天津市和唐山市都在追求自我的电力供应,建设

[①] 摘自《京津冀都市圈区域规划研究报告》。

了大量的电厂,如图10-32所示,其实明确分工后,实现区域一体化建设既能够协调区域发展,又能够发挥高效率,总体上提高城市群的生态竞争力。

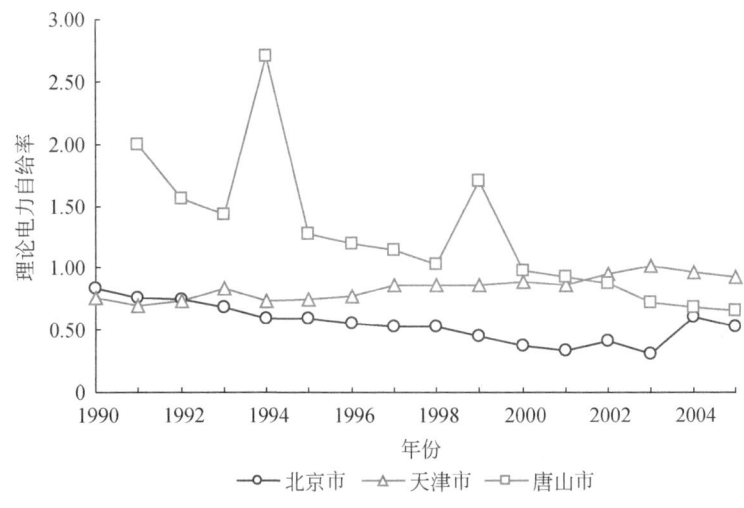

图10-32 京津唐城市群理论电力自给率

10.5.3 京津唐城市群生态经济系统调控策略分析

(1)产业调控

本地区中心城市发展的目标就是成为现代化的国际大都市。京、津两大国家级经济中心城市,在现代国际政治、经济和社会条件下,在高度发达的现代经济技术和广泛联系的基础上,将通过国内和国际的职能分工、经济合作和市场组合,成为能够集聚和配置各种资源,具有世界或东北亚国际区域中心地位的现代化城市[①]。

从北京市的功能定位、资源禀赋及对环境要求的角度出发,冶金、石化、食品和化工等水土能资源消耗大、环境污染重及技术成熟的传统产业将逐步退出北京市,为城市内部的结构调整和人口的重新分布让出空间,促进首都优势产业的成长,进而强化城市职能,提升城市形象。从目前看,房地产业是拉动经济的重要动力,也是北京市今后重点发展的产业。北京移动电话、微型计算机和汽车产量分别占全国产量16.4%、11.2%、10.6%,在高科技产业上有优势。为此,北京市应该重点发展高科技产业、科研、教育、旅游、金融和物流等,逐步淡出传

---
① 中国科学院地理科学与资源研究所. 京津唐地区空间集聚与扩散研究(未定稿),1997。

统的耗能大的钢铁、汽车和石化等产业,而做这些传统工业的营销、管理、信息中心。

在天津市,滨海新区具有富足的土地资源,目前尚有 1214km^2 的荒地、滩涂和盐田可供开发,加之显著的港口优势,发展传统的制造业(如汽车、石化、机械制造、港口等)具有优势,这些传统的产业要继续加强,巩固"中国第二大工业、制造业基地"的地位。对于空运问题,北京市和天津市可以大力合作,天津机场主攻货运、北京机场主攻客运,这样优势互补,相得益彰,同时北京市巨大外贸进出口可以通过天津港完成。所以,天津市应该是华北的制造业中心、经济中心和物流中心,尤其应该以微电子(集成电路、移动电话等)、汽车、石化、机械制造和港口产业为重点发展,而这些特征又与京津唐城市群的整体经济结构相一致。从工业发展态势看,天津市还处于工业经济发展的集聚阶段,与唐山市的联系更具实质性。未来北京市最具活力的产业将是总部经济、高新技术产业、金融管理、中介服务、文化产业、现代物流和都市农业;而天津市最具活力的产业将是汽车工业、电子工业、石化工业、仓储物流和现代制药,从而出现明显的产业分工。

唐山市是河北的经济支柱之一,也是京津唐经济区乃至华北的重要组成部分,唐山市可以借助北京首钢搬迁的契机,着重发展钢铁产业,依托高科技钢材、稀有钢材的精兵发展战略,为京津汽车工业、高科技产业配套服务,成为以能源、原材料为主的国家重化工工业基地。曹妃甸港已经开始建设,规划好临港产业的发展,进一步发展与钢铁有关的煤炭、水泥和陶瓷等产业,形成比较完整的产业链,成为能源、重要原材料运输枢纽和区域性物流中心。同时大力发展农业,为京津提供蔬菜、水果和海产品,特别要巩固奶业的发展(于维洋,2006)。

总之,无论从城市的辐射范围,还是从城市的性质或功能定位,以及影响城市未来发展和空间结构的经济集群等方面来考虑,京、津、唐之间的职能分工会进一步明确,即北京市会继续朝着世界城市的目标迈进,成为中国与世界城市体系相融合的门户城市,而天津市则有可能发展成为京津唐城市群的节点城市,扮演北方经济中心的职能,带领都市圈的城市体系参与全国城市经济的竞争。水资源紧缺是本区城市发展的重要制约因素,除跨流域调水外,宜大力发展节水型经济,开源与节约并举,使经济可持续发展。唐山市可依托煤、铁、建材资源的优势,发展煤炭、钢铁、建材及电力等原材料工业和能源工业;北京市要依托科技优势,发展耗水少、耗能低的高科技产业,发展电子等新兴产业,提高产品的技术含量和附加值;天津市则利用石油和海盐的资源优势,发展石油化工、海洋化工和精细化工,提高加工深度。

（2）资源调控

本来土地资源的稀缺性往往体现在耕地的稀缺性，但在城市化快速发展的城市群地区，土地的稀缺性已演变为空间发展的稀缺性。土地的空间分配是一个棘手的问题，一方面要满足城市建设的需要，另一方面，还要保证一定程度上的生产性用地，来满足人们的生活与生产需要。

在京津唐城市群中，耕地面积最大的是唐山市、秦皇岛市和廊坊市三个市。对耕地资源的利用，首先，要制定科学的土地利用规划，对高产优质农田建立永久性耕地保护制度；其次，要集约利用优质耕地，既实现农业的高产、优质、高效，又要保证农田生态系统的人工生态平衡，保护高产田持久的土壤肥力；再次，要集约利用城镇、工矿和开发区等建设用地，尽量减轻对优质耕地的需求压力；最后，运用生态经济综合措施和现代化科技水平努力改造中低产田，提高耕地的集约化利用程度和总体生产力。虽然从表面上看起来，京津唐土地目前还没有长江三角洲和珠江三角洲紧张，但是合理规划、节约用地是未雨绸缪的策略。

煤、铁、石油是京津唐地区重要的资源，特别是在唐山地区，目前已发现并探明储量的矿藏有47种，煤炭保有量62.5亿t，铁矿保有量57.7亿t，石油储量9亿t，天然气700亿m^3（李霞，2004）。京津唐地区应该抓住资源优势充分地发展自己，提高煤、铁、石油等矿产资源的利用率，延长产业链，提高产业间的关联度，为区域发展提供可靠的物质保障。在政策调控上，首先应该转变观念，不是靠资源"换钱"，而且靠资源"赚钱"，利用丰富的资源作为产业更新和区域发展的催化剂，提高资源的造血功能应是京津唐地区发展的核心理念。

根据最小限制因子原理（或称Liebig定律），稀缺性资源对区域发展起到关键性的限制作用。这与系统中的"水桶原理"含义一致，即一个由多块木板拼成的水桶，当其中一块木板较短时，不管其他木板多么高，木桶装水的总量是受最小木板制约的。根据最小限制性原则，水资源紧缺是本区城市发展的重要制约因素，而作为水资源来说，"开源节流"似乎是唯一的出路。

目前开源的潜力似乎不大，也许只能依赖南水北调的配额了。那么节流就是解决水资源短缺的重要出路了。节流特别是农业节水对缓解京津唐地区水资源供需矛盾潜力巨大。目前，农业用水量占全区总用水量的60%以上，而且用水浪费十分严重，渠系利用系数只在0.5左右，普遍采取漫灌进行充分灌溉。研究表明，若采取经济灌溉（非充分灌溉）或有限灌溉，将分别节水30%和40%左右（鲁益矩和张道，1994）。由此看来，在平水年采取经济灌溉，偏枯年采取有限灌溉，仅农业节水即可基本使京津唐地区水资源供需矛盾得以缓解。同时进一步提高工业用水的利用率，再加上通过地下水库人工调储的开源潜力，京津唐地区水资源供需矛盾是可以解决的。

另外，防治水资源污染是解决京津唐地区水资源问题的重要保证，良好的水质与充足的水量同样重要。所以，必须对已被污染的水体尽快治理，以免污染范围进一步扩展（吴玉成，1991）。

(3) 政策调控

政策对一个地区的发展作用是巨大的，率先改革开放、经济特区成就了今天的珠江三角洲；"浦东大开发"成就了今天的长江三角洲，同时国家正在对中西部、东北实行政策扶持，政策相继出台，诸如"西部大开发""东北振兴""中部崛起"等，都是促进当地经济发展的关键政策。但是相对于长江三角洲和珠江三角洲来说，京津唐地区还没有引起足够的重视，虽然有了滨海新区建设的规划，却没有明确的政策支持。

此外，京津唐城市群发展的障碍之一就是行政壁垒，不同行政主体的政策和制度之间存在冲突和矛盾，这正是导致区域协作成本较高的重要因素。理论上北京市应该有大量和城市功能定位相矛盾的产业向天津市和唐山市甚至其他区域转移。但事实上并没有发生，究其原因，就是因为每个企业代表着当地的GDP和财政收入。

建立合理、高效的区域城市群体系，其政策目标为：一是发挥经济中心的集聚与扩散功能，尽可能更多地获取集聚规模效益；二是在获取集聚经济效益的同时，要兼顾该区域社会效益和生态环境效益的和谐与统一，做到有效防范并遏制大城市膨胀病的发生与蔓延。因此，一方面，京津唐地区应根据全国城市发展规划，并以城市区域承载力为依据，按地区和规模等级分类，分别对其不同等级城市的人口发展进行不同的规模控制。另一方面，中央应通过改善城市地域结构和提供政策优惠，积极引导大城市市区人口向郊区和卫星城疏散。

实施京津唐大城市群投资政策。国家在京津重点项目的投资布局的安排上，既要注重有利于大城市的产业结构调整，又要考虑和衡量是否与区域城市的性质与功能定位相匹配。实施基于城市群的调节政策，中央应充分利用价格、税收和利率等经济杠杆，结合国家产业政策，重点支持与限制大城市产业发展，引导高耗能和高耗原材料等传统产业向外扩散，逐步实现京津唐地区的产业结构高度化和城市综合服务功能水平的提高。

10.5.4 小结

同珠江三角洲和长江三角洲一样，京津唐城市群也处在快速的发展之中，但京津唐地区内部没有形成有序的梯度，北京市对周边地区的带动作用不够，同时也决定了周边城市对北京市、天津市的经济支撑力相对不足。

从能值分析的结果来看，区域内生态经济系统具有很强的相似性。北京市的经济开发程度较高，但是，从能值密度及人均能值使用量上来比较，北京市总体上分别居于第二位和第三位，说明如果考虑其全部辖区及大量外来流动人口，北京市总体的城市化程度和人民生活能值福利水平并不高。

尽管京津唐城市群的资源禀赋相对较好，保持了较高的能值自给率，但可再生资源能值的比重非常低，且逐年下降，反映出我国北方城市生态经济系统运行的生态性基础也非常脆弱。

北京市、天津市和唐山市在研究期，能值货币比从 1.21×10^{13} sej/美元、1.67×10^{13} sej/美元、2.54×10^{13} sej/美元下降至 4.48×10^{12} sej/美元、7.13×10^{12} sej/美元、7.47×10^{12} sej/美元，且保持着一致的下降趋势，从总体变化趋势上来看，北京市最小，天津市次之，唐山市最大，这也反映出在该区域内北京市的开发程度最强，天津市次之，唐山市最小。如果进一步考察经济生产效率、能值投资比等指标，发现唐山市总体的竞争力最强，天津市次之，北京市最差。尽管如此，唐山市的 GDP 能耗和污染物排放都处在一个较高的水平，说明唐山市生态经济系统的运行仍然存在很大的问题，其生态竞争性较强也是相对的、暂时的。如果要保持较高的竞争力水平，必须对其生态经济系统结构进行调整。

前面已经提到，北京市比广州市和上海市缺水，那么北京市的人均水资源使用就远低于上海市和广州市；在产业结构相似的情况下，唐山市的单位 GDP 能耗远高于北京市和天津市。这种现象进一步验证了本章提出的假说。

当城市在发展演变的过程中，生态经济系统的自组织能力一定程度上能够调整稀缺资源对其的约束作用，反而提高了对这种资源的利用效率。当然，这种自我调控的能力是有限的，如果稀缺资源突破某一临界，可能就会对系统的运行产生致命的打击。其另外一种表达就是，在一定的时间和空间范围内，城市生态经济系统对供应相对丰富的资源使用强度往往较大，效率却往往较低，或者说"资源越丰富，效率越低下"。

总体来说，京津唐地区城市群的区域分工、合作、发展的局面尚未形成，仍未摆脱单体城市或行政区经济封闭发展的旧有模式。虽然依托雄厚的矿产资源、智力资源，可以为发展现代制造业等提供强有力的支撑，但是水资源极度短缺极大地限制了京津唐城市群的生态竞争力。

10.6 结论与展望

10.6.1 主要结论

1)世界城市发展的进程呈现出区域化、群体化的发展态势,即城市在一定的范围内聚集、组合而逐步形成区域性的城市群体。城市群地区日益成为国内外城市发展和经济增长最具活力的地区,不同规模、不同类型和不同结构的城市在平面上集结成群,在整体结构上呈现出产业结构、社会结构和人才结构的调配,从而在区域发展上产生规模效应、辐射效应和联动效应。但城市群的发展也使城市生态环境问题变得更加复杂,呈现区域性和复合性发展的趋势。

2)作为我国三大城市群领头城市的北京市、上海市和广州市总体城市化水平远高于国内其他大多城市(如宁波),研究期内三个城市的能值使用总量的变化趋势基本相同,呈快速的指数趋势增长。从能值密度上来说,上海市最大,广州市次之,北京市最小,反映出从总体上看上海市经济发展程度相对较高。从发展效率来看,广州市的城市发展更具生态竞争力,体现在可再生资源利用的比重较高、单位 GDP 能耗低及污染排放也相对较低三方面,上海市的生态竞争力最差。

3)从能值分析的结果来看,京津唐城市群生态经济系统具有很强的相似性。北京市的经济开发程度较高,天津市次之,唐山市发展程度最低,但如果考虑北京市全部辖区及大量外来流动人口,其总体城市化程度和人民生活能值福利水平并不高。进一步考察经济生产效率、能值投资比等指标,发现唐山市总体的竞争力最强,天津市次之,北京市最差。尽管如此,唐山市的 GDP 能耗和污染物排放都处在一个较高的水平,说明唐山市生态经济系统的运行仍然存在很大的问题,其生态竞争性较强也是相对的、暂时的。如果要保持较高的生态竞争力水平,必须对其生态经济系统结构进行调整。

4)城市经济系统的高速发展建立在对环境资源过度利用基础上,在短期内促进了经济的发展,但从长远利益看,却导致了人类生命支撑系统崩溃的潜在危机,因而系统的发展是难以持续的。生态经济系统的持续发展必须保持开放,并不断从区外引入原材料、资金、劳动力和信息等负熵流。因此,应加强城市群生态经济系统的开放性,同时改变经济增长方式,优化产业结构,尽量减少对环境资源的破坏。

5)在研究中,我们提出了一个假说:当城市在发展演变的过程中,生态经济系统的自组织能力一定程度能够调整稀缺资源对其的约束作用,反而提高了对这种资源的利用效率。当然,这种自我调控的能力是有限的,如果稀缺资源突破某一临界，可能就会对系统的运行产生致命的打击。其另外一种表达就是，在一定的时间和空间范围内，城市生态经济系统对供应相对丰富的资源使用强度往往较大，效率却往往较低，或者说"资源越丰富，效率越低下"。

10.6.2 研究展望

尽管本章通过能值分析的相关指标给出了案例城市生态竞争力的比较，但是这种比较仅限于定性理解，并没有给出严格的概念界定，也没有构建出完整的生态竞争力评价指标体系。那么城市生态竞争力的概念到底包括哪些方面，如资源利用效率、生命支持系统的稳定性、废弃物代谢水平。这些问题都有待于进一步开展细致深入的研究。

本章选择了城市群作为案例对象和切入点，但是，研究中并没有真正将"群"的问题剖析清楚，更多的是对"群"中城市的"点"分析。而城市群更多体现出来的是"面"的概念，对城市群空间集聚与扩散的能量学机制的研究更显紧迫，下一步的工作应寻求 GIS 等空间分析技术的支持，来研究城市群能量的空间分布式特征。

参考文献

黄书礼.2004.都市生态经济与能量.台北：詹氏书局.
蓝盛芳，钦佩，陆宏芳.2002.生态经济系统能值分析.北京：化学工业出版社.
鲁益矩，张道.1994.全国国土综合开发重点地区水资源和地质环境评价.北京：地质出版社.
李加林，张忍顺.2003.宁波市生态经济系统的能值分析研究.地理与地理信息科学，19（2）：73-76.
李霞.2004.唐山市县域经济现状及对策.河北理工学院学报（社会科学版），（4）：73-75.
吴玉成.1991.缓解和解决京津唐地区水资源供需矛盾探讨.高原气象，18（4）：625-631.
于维洋.2006.京津唐经济区协调发展的思路.燕山大学学报（哲学社会科学版），7（4）：72-75.
Brandt-Williams S L. 2002. Handbook of Emergy Evaluation A Compendium of Data for emergy Computation Issued In a Series of Folios. University of Florida, Gainesville, FL. Center for Environmental Policy.
Cohen M J, Brown M T, Shepherd K D. 2006. Estimating the environmental costs of soil erosion at multiple scales in Kenya using emergy synthesis. Agriculture, Ecosystems and Environment, 114: 249-269.
Huang S L. 1998. Urban ecosystems, energetic hierarchies, and ecological economics of Taipei metropolis. Journal of Environmental Management, 52: 39-51.
Huang S L, Chen C W. 2005.Theory of urban energetics and mechanisms of urban development. Ecological Modelling, 189: 49-71.

Jiang M M, Chen G Q. 2006. Emergy analysis of Chinese society 1980-2004. Systems Ecology Reports. National Laboratory for Turbulence and Complex Systems, Peking University.

Odum H T. 1996. Environmental Accounting: Emergy and Environmental Decision Making. New York: Wiley.

Odum H T, Brown M T, Brandt-Williams S. 2000. Folio #1: Introduction and Global Budget. Handbook of Emergy Evaluation. Center for Environmental Policy, University of Florida, Gainesville, FL.

第 11 章　结论与展望

11.1　主 要 结 论

1）随着我国城市化进程的进一步加快和经济的高速发展，城市空间大规模拓展，城市人口急剧膨胀，与城市系统能量输入（资源支撑）、输出（环境负荷）相关的资源环境问题越来越严重，成为制约城市发展的重要障碍，而对城市单一要素（如空气、水等）问题的研究难以系统地表征城市内部经济、资源和环境间错综复杂的关系。从广义生态系统的观点来看，城市是生态系统的一部分，而生态系统中的任何结构与功能的实现，均需要能量作为驱动力，均涉及能量的流动、储存与转换，城市的运转也依赖于持续不断的能量、资源和信息的供应。因此，可从"能量"角度出发，从物质输入、转化、储存及废弃物的排放等过程对复杂的城市生态系统进行分析，了解城市动态机理、空间结构及功能原理，以满足现代城市规划、管理的需要。

2）北京市作为我国特大城市及节能减排的先行先试地区，长期致力于产业结构调整、技术进步和优化能源结构等工作，并取得了一定的成效。目前，北京市已经发生了较为显著的能源转型变化，即由以煤炭为主的单一能源消费结构逐渐转向电力、天然气等多元化、清洁化的能源结构。在能源转型过程中，北京市能源消费态势也随之发生变化，其能源消费总体规模不断扩大、间接能耗日渐成为能源管理的重要部分，而能源消费强度大幅下降，第三产业能源消费比重持续增长，第一、第二产业的能源消费占比逐渐缩小。通过结构分解分析法发现，驱动北京市能源消费变化的主要影响因素是直接能源消费强度和最终需求的变化效应，前者对削减能源消费起到正向作用，后者则是促进能源消费增长。最后借助 Stella 建模平台，在国内率先预测特大城市能源消费与碳排放的峰值与拐点，预计北京市将在 2030 年左右达到峰值，其中服务业将逐步取代工业成为能源消费的主要行业，而经济发展方式的转变与人口的合理增长将对能源消费和碳排放产生深远影响。

3）基于投入产出分析方法，对北京市能耗部门的分配结构及其能量网络关系进行分析发现，1987~2007 年北京市主要的能耗部门逐渐由化学工业部门和金属冶炼及压延加工业部门等转向具有低直接能耗、高间接能耗特征的产业部门（如建筑业部门、服务业部门和电子通信设备制造业部门等），而且这些部门的影响力弹性系数较高，具有较强的能耗下游传导作用，是实施消费源头控制的重要部门。总体上，能耗强度20年间呈现下降趋势，高体现能耗强度部门仍然集聚在直接能耗水平较高的金属冶炼及压延加工业部门、石油加工炼焦及煤制品业部门、建材及非金属矿物制品业部门和化学工业部门等重化工部门和能量提供部门，而且这些部门作为重要的中间投入部门，感应度弹性系数较大，具有很强的上游传导作用。因此，城市能源政策的制定，需要基于全产业链过程，根据城市产业部门上下游的传导机制，采用末端技术节能与源头消费相结合、多产业部门协调调控的系统性能源政策。

4）基于生态能量视角，利用能值分析方法分别对1990～2005年我国三大城市群的典型城市（北京市、上海市和广州市）、同一城市群内部典型城市（北京市、天津市和唐山市）的生态经济系统进行评价与对比分析。结果表明在研究期内，北京市、上海市和广州市三个城市的能值使用总量变化趋势相同，呈快速的指数趋势增长；从能值密度上来说，上海市最大，广州市次之，北京市最小，反映出上海市经济发展程度相对较高；从发展效率来看，广州市的城市发展更具生态竞争力，体现在可再生资源利用的比重较高、单位GDP能耗低及污染排放也相对较低三方面，上海市的生态竞争力最差。在京津唐地区中，北京市的经济开发程度较高，天津市次之，唐山市发展程度最低；进一步考察经济生产效率、能值投资比等指标，发现唐山市总体的竞争力最强，天津市次之，北京市最差，尽管如此，唐山市的GDP能耗和污染物排放都处在一个较高的水平，说明唐山市生态经济系统的运行仍然存在很大的问题，其生态竞争性较强也是相对的、暂时的，如果要保持较高的生态竞争力水平，必须对其生态经济系统结构进行调整。

11.2 研究展望

总体来说，一方面，能量是城市化进程和经济发展的重要驱动；另一方面，城市对能量的需求不断增加，能量的开采、转化与供给（如煤炭能源的消费）也是诸如大气雾霾等城市病的重要根源。因此，伴随着城市化进程的进一步加快和经济的高速发展，城市空间大规模拓展，城市人口急剧膨胀，与城市系统能量输入（资源支撑）、输出（污染负荷）相关的资源环境问题越来越严重，成为制约城市持续健康发展的重要障碍。相应地，对区域性污染（如大气雾霾）的防治措施不能脱离对城市能量过程的关注；与此同时，在我国经济新常态的形式下，城市的发展驱动也在发生着悄然的变化，城市能量消费过程也将经历深刻的转型过程。例如，投资、出口及消费"三驾马车"的经济驱动、"工业化"及"去工业化"过程等，对城市能量代谢过程的影响等重要问题亟待理清。

因此，系统研究城市能量在各个行业部门之间的流动过程、转换关系及其驱动机理，了解能量收集、输送、转换和消耗及其与城市载体的关系，认识城市化过程中能量类别的结构转型与部门分配重构等过程属性，不仅对基于能量视角下认识城市系统的动态变化机理、产业结构调整和政策传递效应等具有重要意义，也是探索和挖掘城市系统开源节流、实现低碳化转型的迫切需求。下一步可进一步拓展能量的视角，从广义能量的视角，或者说物质能量信息的视角下，研究城市与区域之间的物质能量交互机制与耦合关系，具体来说包括：

1）城市与区域能流－物流－信息流传输机理与动态模拟。基于"存量－流量"二元解析方法，对城市扩张与运行过程中城市与区域之间架构性材料、能源及信息的交互流动进行机制识别与系统核算；借助系统动力模拟方法，重点模拟其通量、结构与效率等方面的动态变化过程。

2）城市与区域能流－物流－信息流的生态网络关系与关联性分析。借助生态网络分析手段，剖析城市与区域能流－物流－信息流在功能单元或产业部门内的复杂网络代谢关系，重点围绕"合成－分解""协同－替代"等内容，揭示能流－物流－信息流的传输、转化、循环和耗散等基本规律。

3）城市与区域能流-物流-信息流的环境足迹与生态健康影响。利用生命周期与投入产出等分析技术，系统研究城市与区域能流－物流－信息流在更大范围内所造成的间接能源消耗、污染物排放和生物多样性等影响；在此基础上，进一步揭示城市与区域能流－物流－信息流过程与城市生态健康之间的响应关系。

附　　录

附表1　投入产出表调整情况

投入产出表 部门调整	基本表 1987年、1992年	延长表 1990年、1995年	基本表 1997年	延长表 2000年	基本表 2002年、2007年	延长表 2005年	基本表 2012年	延长表 2010年
30部门	33部门		40部门		42部门		42部门	
1 农业	农业		1 农业		农林牧渔业		1 农林牧副渔产品和服务	
2 煤炭采选业	煤炭采选业		2 煤炭采选业		煤炭开采和洗选业		2 煤炭采选产品	
3 石油和天然气开采业	石油和天然气开采业		3 石油和天然气开采业		石油和天然气开采业		3 石油和天然气开采产品	
4 金属矿采选业	金属矿采选业		4 金属矿采选业		金属矿采选业		4 金属矿采选产品	
5 其他非金属采选业	其他非金属采选业		5 其他非金属采选业		非金属矿及其他矿采选业		5 非金属矿和其他矿采选产品	
			26 自来水生产和供应业		水生产和供应业		27 水的生产和供应	
6 食品制造业	食品制造业		6 食品制造及烟草加工业		食品制造及烟草加工业		6 食品和烟草	
7 纺织业	纺织业		7 纺织业		纺织业		7 纺织品	
8 缝纫机及皮革制品业	缝纫机及皮革制品业		8 服装皮革毛皮羽绒及其他纤维制品制造业		纺织服装鞋帽皮革毛皮（绒）及其制品业		8 纺织服装鞋帽皮革羽绒及其制品	
9 木材加工及家具制造业	木材加工及家具制造业		9 木材加工及家具制造业		木材加工及家具制造业		9 木材加工品和家具	
10 造纸及文教用品制造业	造纸及文教用品制造业		10 造纸印刷及文教用品制造业		造纸印刷及文教体育用品制造业		10 造纸印刷和文教体育用品	
11 电力及蒸汽、热水生产供应业	电力及蒸汽、热水生产供应业		24 电力蒸汽热水生产和供应业		电力、热力的生产和供应业		25 电力、热力的生产和供应	

续表

部门调整\投入产出表	基本表 1987年、1992年	延长表 1990年、1995年	基本表 1997年	延长表 2000年	基本表 2002年、2007年	延长表 2005年	基本表 2012年	延长表 2010年
12 石油加工业、炼焦及煤气制品业	石油加工业		11 石油加工及炼焦业		石油加工、炼焦及核燃料加工业		11 石油、炼焦产品和核燃料加工品	
	炼焦、煤气及煤制品业		25 煤气生产和供应业		燃气生产和供应业		26 燃气生产和供应	
13 化学工业	化学工业		12 化学工业		化学工业		12 化学产品	
14 建材及其他非金属矿物制品业	建材及其他非金属矿物制品业		13 非金属矿物制品业		非金属矿物制品业		13 非金属矿物制品	
15 金属冶炼及压延加工业	金属冶炼及压延加工业		14 金属冶炼及压延加工业		金属冶炼及压延加工业		14 金属冶炼和压延加工品	
16 金属制品业	金属制品业		15 金属制品业		金属制品业		15 金属制品	
							24 金属制品、机械和设备修理服务	
17 机械工业	机械工业		16 机械工业		通用、专用设备制造业		16、17 通用、专用设备	
18 交通运输设备制造业	交通运输设备制造业		17 交通运输设备制造业		交通运输设备制造业		18 交通运输设备	
19 电器机械及器材制造业	电器机械及器材制造业		18 电气机械及器材制造业		电气机械及器材制造业		19 电气机械和器材	
20 电子及通信设备制造业	电子及通信设备制造业		19 电子及通信设备制造业		通信设备、计算机及其他电子设备制造业		20 通信设备、计算机和其他电子设备	
21 仪器仪表及其他计量器具制造业	仪器仪表及其他计量器具制造业		20 仪器仪表及文化办公用机械制造业		仪器仪表及文化、办公用机械制造业		21 仪器仪表	
22 其他工业	机械设备修理业		21 机械设备修理业		工艺品及其他制造业		22 其他制造产品	
	其他工业		23 废品及废料		废品废料		23 废品废料	
			22 其他工业					
23 建筑业	建筑业		27 建筑业		建筑业		28 建筑	
24 交通运输及邮电、仓储业	货运邮电业		28 货物运输及仓储业		交通运输及仓储业		30 交通运输、仓储和邮政	
	旅客运输业		32 旅客运输业		邮政业			
			29 邮电业					

续表

投入产出表 部门调整	基本表 1987年、1992年	延长表 1990年、1995年	基本表 1997年	延长表 2000年	基本表 2002年、2007年	延长表 2005年	基本表 2012年	延长表 2010年
25 商业	商业		30 商业		批发和零售业		29 批发和零售	
26 饮食业	饮食业		31 饮食业		住宿和餐饮业		31 住宿和餐饮	
27 公用事业及居民服务业	公用事业及居民服务业		34 房地产业		房地产业		34 房地产	
					租赁和商务服务业		35 租赁和商务服务	
			35 社会服务业		水利、环境和公共设施管理业		37 水利、环境和公共社会设施管理	
					居民服务和其他服务业		38 居民服务、修理和其他服务	
					信息传输、计算机服务和软件业		32 信息传输、软件和信息技术服务	
28 文教卫生科研事业	文教卫生科研事业		36 卫生体育和社会福利事业		教育		39 教育	
			37 教育文化艺术及广播电影电视事业		研究与试验发展业		40 卫生和社会工作	
					卫生、社会保障和社会福利业		41 文化、体育和娱乐	
			38 科学研究事业		文化、体育和娱乐业		36 科学研究和技术服务	
			39 综合技术服务业		综合技术服务业			
29 金融保险业	金融保险业		33 金融保险业		金融业		33 金融	
30 行政机关	行政机关		40 行政机关及其他行业		公共管理和社会组织		42 公共管理、社会保障和社会组织	

注：部门合并过程中主要是参照《国民经济行业分类》（GB/T 4754—2002）及《国民经济行业分类》（GB/T 4754—2011）。

附表2 能量转化系数

能源名称	折标准煤系数
原煤	0.7143kgce/kg
燃料油	1.4286kgce/kg
汽油	1.4714kgce/kg
煤油	1.4714kgce/kg
柴油	1.4571kgce/kg
天然气	1.33kgce/m^3
电力	0.1229kgce/kW·h

附表3 我国区域划分

项目	时期	区域	省份构成
两分法	"六五"计划	内地地区	黑龙江、吉林、山西、内蒙古、安徽、江西、湖北、湖南、河南、四川、重庆、贵州、云南、西藏、陕西、甘肃、青海、宁夏、新疆
		沿海地区	北京、天津、河北、辽宁、上海、江苏、浙江、福建、山东、海南、广东、广西
三大地带	"七五"计划	东部地区	北京、天津、河北、辽宁、上海、江苏、浙江、福建、山东、海南、广东
		中部地区	内蒙古、山西、吉林、黑龙江、安徽、江西、河南、湖北、湖南
		西部地区	新疆、青海、甘肃、宁夏、四川、重庆、贵州、云南、广西、西藏、陕西
八大区域	"十一五"规划	东北综合经济区	辽宁、吉林、黑龙江
		北部沿海综合经济区	北京、天津、河北、山东
		东部沿海综合经济区	上海、江苏、浙江
		南部沿海综合经济区	福建、广东、海南
		黄河中游综合经济区	陕西、山西、河南、内蒙古
		长江中游综合经济区	湖北、湖南、江西、安徽
		大西南综合经济区	云南、贵州、四川、重庆、广西
		大西北综合经济区	甘肃、青海、宁夏、西藏、新疆